MENTALIDADE DE RIQUEZA

CARO(A) LEITOR(A),

Queremos saber sua opinião
sobre nossos livros.
Após a leitura, siga-nos no
linkedin.com/company/editora-gente,
no TikTok **@EditoraGente**
e no Instagram **@editoragente** e
visite-nos no site
www.editoragente.com.br.
Cadastre-se e contribua com
sugestões, críticas ou elogios.

JANGUIÊ DINIZ

MENTALIDADE DE RIQUEZA

Desperte sua obstinação e construa um mindset de sucesso e prosperidade

Diretora
Rosely Boschini

Gerente Editorial Sênior
Rosângela de Araujo Pinheiro Barbosa

Editora Júnior
Rafaella Carrilho

Assistente Editorial
Fernanda Costa

Produção Gráfica
Fábio Esteves

Preparação
Amanda Oliveira

Capa
Plinio Ricca

Foto de capa
Paula Lopes

Projeto Gráfico e Diagramação
Linea Editora

Revisão
Wélida Muniz

Impressão
Gráfica Terrapack

Copyright © 2023 by Janguiê Diniz
Todos os direitos desta edição
são reservados à Editora Gente.
Rua Natingui, 379 – Vila Madalena
São Paulo, SP – CEP 05435-000
Telefone: (11) 3670-2500
Site: www.editoragente.com.br
E-mail: gente@editoragente.com.br

Dados Internacionais de Catalogação na Publicação (CIP)
Angélica Ilacqua CRB-8/7057

Diniz, Janguiê
    Mentalidade de riqueza : desperte sua obstinação e
construa um mindset de sucesso e prosperidade / Janguiê
Diniz. - São Paulo : Editora Gente, 2023.
    256 p.

ISBN 978-65-5544-417-9

1. Desenvolvimento profissional I. Título

23-5605   CDD 658.3

Índice para catálogo sistemático:
1. Desenvolvimento profissional

Nota da Publisher

A busca pela fórmula infalível para o sucesso é um assunto amplamente estudado, tema de pesquisa nas mais diversas áreas, sejam elas filosóficas ou técnicas. Embora ainda se discuta dentro e fora da academia os segredos do triunfo, é praticamente consenso que a resposta está na determinação e na resiliência de quem o busca.

Mas por que ainda há tão poucos exemplos de sucesso exponencial? Por que ainda hoje a trilha para o sucesso pleno – seja profissional ou pessoal – parece, para muitos, tão tortuosa? Ao iniciar a jornada em busca da realização, boa parte das pessoas se frustra ao sentir dificuldade em um processo que, embora reconhecidamente árduo, sempre impulsionou a psique humana.

Em *Mentalidade de riqueza*, Janguiê Diniz, autor best-seller da casa, alia todo o conhecimento que adquiriu por meio da vasta experiência como empreendedor às descobertas da Neurociência para ensinar que tudo começa com a construção de um mindset de abundância, pavimento fundamental para a trilha de conquistas rumo à prosperidade. Nas páginas que você está prestes a ler, Janguiê elenca os pontos essenciais da ciência da mente e generosamente oferece os aceleradores fundamentais de uma mentalidade realizadora, passos que evidenciam a importância da determinação na construção do sucesso.

É sempre um prazer publicar obras como esta, um convite a quem não se contenta com menos do que o extraordinário.

Boa leitura!

ROSELY BOSCHINI
CEO e Publisher da Editora Gente

Dedico esta obra à minha amada esposa,
Sandra Cristina Lourette Janguiê.
Minha outra metade.
Sem ela, eu não seria eu!

Agradecimentos

Agradeço a todos aqueles que participaram das edições da imersão do meu método CSR – Código Secreto da Riqueza. Graças a eles, me inspirei em estudar com mais profundidade o poder da mente, que foi o que me impulsionou a escrever esta obra.

Sumário

Prefácio 12

Apresentação 16

1. O cérebro, a mente e a mudança de mindset 20

2. A neurociência e o mindset de riqueza e prosperidade 32

3. A mudança de mindset e a geração de riqueza 47

4. Acelerador 1 – ter clareza sobre o seu mindset atual 56

5. Acelerador 2 – praticar a autogestão emocional e do pensamento 76

6. Acelerador 3 – enfrentar de modo eficaz as adversidades 107

7 Acelerador 4 – ter uma
postura flexível e adaptável............................ 132

8 Acelerador 5 – estruturar
uma força interior para romper
com as limitações.. 152

9 Acelerador 6 – construir e
manter uma rede de suporte........................ 176

10 Acelerador 7 – cuidar da
manutenção do seu novo mindset.............. 205

11 Um retrato de como andam
os seus aceleradores....................................... 214

12 O poder incomparável
da autossugestão.. 217

13 Quando o caminho está certo 245

Dados do Autor.. 248

Bibliografia.. 250

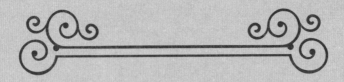

Prefácio

A vida é um grande contrato de risco em que risos e lágrimas, aplausos e vaias, sucessos e fracassos se alternam. Quem tem receio de chorar nunca alcançará os dias mais felizes da sua história! Quem tem medo das vaias nunca será digno dos mais notáveis aplausos. Quem tem aversão aos fracassos terá grandes dificuldades de construir seus sucessos. Não há céus sem tempestades nem caminhos sem acidentes! Pense no fenômeno inexprimível das flores.

Muitos pensam erroneamente que as flores nascem nas primaveras, mas, na realidade, elas são gestadas na angústia dos invernos para, então, desabrocharem! As árvores sofrem todos os anos a escassez hídrica, os cáusticos frios e os ventos cortantes dos invernos e, para sobreviver, secretam as flores que produzem os frutos que contêm as sementes para perpetuar a vida. Perpetuar a vida não é viver sem significado, é viver para exalar um legado! Ah, como é fundamental viver com propósito.

Viver uma história que sai da mediocridade (mediano, no grego) para uma existência altaneira, exuberante, que vale a pena ser vivida, que ganha ares de espetacularidade. E espetacularidade não para promover o culto à celebridade e à necessidade neurótica de evidência social, pois isso revela uma existência diminuta e intelectualmente infantil, mas uma espetacularidade que transforma a jornada de um ser humano em uma irrigada de aventuras! Com destaque para a aventura de contribuir humildemente e de alguma forma com a humanidade, para que a família humana se torne viável, altruísta, generosa, empática.

Como contribuir com a humanidade se vivemos em nossos cárceres emocionais, encapsulados pelo imediatismo e assombrados pelos nossos fantasmas mentais, principalmente nossas fobias? Se os cemitérios pudessem falar, denunciariam altissonante que em seus túmulos foram sepultadas as mais belas poesias que nunca foram verbalizadas, os mais fascinantes livros que nunca foram escritos, as mais incríveis esculturas que nunca foram entalhadas, as mais notáveis músicas que nunca foram compostas, as mais surpreendentes ideias que jamais saíram do hermético mundo das mentes que fecharam os olhos para a vida. O medo de errar, da autocobrança, do vexame, da rejeição, inclusive o medo do medo, asfixiaram seres humanos incríveis, que não entenderam que a exuberância das primaveras precisa dos riscos dos invernos, que não entenderam uma das mais nobres ferramentas de gestão da emoção: quem tem sucesso sem riscos triunfa sem glórias.

Janguiê Diniz, como grande educador, escritor e empresário educacional, toca com maestria em alguns temas caros e fundamentais que envolvem flutuabilidade da jornada de vida dos seres humanos, em especial daqueles que querem lutar pelos seus sonhos. De certo modo, abarca princípios da minha história. Eu mesmo vivi invernos rigorosos, riscos torrenciais e dantescas intempéries para executar alguns dos meus projetos de vida, como o de psiquiatra, escritor e pensador. Quem lê algumas das minhas obras publicadas em mais de setenta países ou lê que algumas editoras me consideram o psiquiatra mais lido do mundo na atualidade não tem ideia dos desertos que atravessei e de como tive que trabalhar nas entranhas da minha mente a tese a pouco descrita "quem vence sem riscos vence sem glórias".

Imagine, em um país que não valoriza seus cientistas, escrever uma nova teoria sobre o funcionamento da mente, sobre o primeiro programa de gestão da emoção e sobre a última fronteira da ciência: o processo de construção de pensamentos? Imagine escrever mais de três mil páginas durante quase vinte anos sem nenhuma garantia de que um dia sua teoria seria analisada, e muito menos de que seria publicada! Quantas editoras pegaram meus manuscritos e sequer folhearam algumas páginas, e as que folhearam raramente entenderam o que estava escrito!

Tanto que, depois de anos, a única editora, a Cultrix, que se arriscou a publicá-los disse que a obra era tão difícil que eu tinha de reescrever mais de quinhentos temas! Sem entrar em mais detalhes, as lágrimas que nunca se expressaram no teatro do meu rosto foram as que mais irrigaram minha resiliência e capacidade de me reinventar diante do caos.

O caos desorganiza os dados e as estruturas mentais, mas abre a possibilidade de pensarmos em outras possibilidades, inclusive para corrigir nossa grave miopia do ego que nos bloqueia de enxergar diariamente que somos apenas e simplesmente um ser humano em construção, um diminuto mortal que cintila suas centelhas existenciais no teatro do tempo e logo as dissipa.

Janguiê Diniz é arguto ao citar sobre a mente dos vencedores, dos que ambicionam as mais legítimas riquezas: "À saúde, à família, à riqueza espiritual, à ampliação do conhecimento, ao respeito e ao cumprimento do seu propósito de vida, aos relacionamentos com amigos e não amigos, à construção de uma rede de suporte e apoio para a sua caminhada e à edificação e à manutenção de uma reputação impecável".

O Eu, que representa nossa consciência crítica, capacidade de escolha e de ser protagonista de nossa história, precisa de ambições que Janguiê disseca.

Saúde física, com alimentação saudável e contemplada com exercícios. A saúde emocional, na qual aprendemos a filtrar estímulos estressantes, abaixar o tom das palavras quando alguém eleva o tom de voz, não sofrer pelo futuro, não ruminar perdas mágoas e frustrações do passado, a distribuir muito mais elogios do que apontamentos de falhas, a descobrir que a mente "mente" e que ela pode nos trair, frustrar e decepcionar mais do que quaisquer inimigos.

Inteligência espiritual, que recicla radicalismo, o egocentrismo e o individualismo e que nos estimula a sermos inclusivos e profundamente humanos, tal como o Mestre dos mestres, que há dois mil anos, no auge do sucesso, foi capaz de valorizar prostitutas como rainhas e leprosos como príncipes.

Saúde financeira, sabendo que sonhos, propósitos, metas e estratégias têm de ser construídos e não são inatos. E saber fazer escolhas, tendo clareza de que todas as escolhas acarretam perdas. Ninguém pode conquistar o essencial se não estiver disposto a perder o trivial. E no mindset de quem busca o sucesso financeiro deve se ter em mente este paradoxo: o excesso de dinheiro jamais garante a felicidade sustentável, mas a falta dele garante a ansiedade. Se esse é o seu caso, é preciso começar a pensar em todas essas teses, e começar a ler este livro pode fazer toda a diferença na sua história! Excelente leitura!

AUGUSTO CURY
Psiquiatra e escritor

Apresentação

Ainda que todos tenham em mãos os recursos e as oportunidades necessários e essenciais para transformar a própria vida e realizar os próprios sonhos mais ousados, algumas pessoas vão mais longe do que outras, têm mais sucesso que a maioria, fazem fortunas substanciais e sólidas, muito acima da média e com as quais grande parte dos indivíduos não ousam nem mesmo sonhar.

O que os megaempresários bilionários têm de diferente, o que os faz atingirem conquistas, cifras e números tão extraordinariamente elevados e muito além do que as pessoas normalmente conseguem?

Existe um fator essencial presente na carreira dos homens e das mulheres de mais sucesso que o mundo já conheceu que faz toda a diferença em seus resultados. Acredito que essa seja a verdadeira pedra filosofal do sucesso, não só no mundo dos negócios como também na vida pessoal de quem ousa aperfeiçoar-se e arriscar-se para realizar seus sonhos.

A pedra filosofal é um objeto lendário e místico que supostamente tem o poder de transformar metais comuns em ouro, além de conceder imortalidade a quem a detém. Ela pode ser vista como uma metáfora para a transmutação espiritual e o processo de autoaperfeiçoamento que acredito ser possível alcançar – e que é essencial para construir uma mentalidade de sucesso e uma riqueza plena. Além disso, ela também está associada a ideias como a busca pela sabedoria, pelo conhecimento divino e a descoberta do segredo da vida eterna.

Neste livro apresento a você a pedra filosofal para todos aqueles que sonham com uma vida rica, plena, bem-sucedida e abundante, e trabalham muito para conquistá-la: ter uma mentalidade vencedora, um mindset de riqueza plena, crescimento e prosperidade.

Somente com uma mente preparada é possível impulsionar o seu desenvolvimento pessoal e profissional e mover-se para transformar seus sonhos em realidade. Apenas com um mindset de riqueza plena, crescimento e prosperidade você tornar-se-á senhor do seu destino e das suas ações, e perseverante o suficiente para moldar a sua vida dentro do que você acredita ser seus melhores sonhos e desejos.

Caso já tenha um mindset dessa natureza, com esta leitura você poderá comprovar a validade de seus métodos e suas convicções, para reforçar ainda mais o seu potencial de gerar riquezas dos mais diversos tipos em sua vida e no mundo. E se ainda não tiver esse mindset, você descobrirá os principais recursos que ajudam a construir uma mentalidade desse tipo. Saiba desde já que isso está ao seu alcance e que é você que decide aprimorar o seu mindset e construir a sua riqueza.

Neste livro, você será estimulado a avaliar e a aplicar posturas que visam fortalecer a sua determinação e a motivação para lutar por uma vida plena de riquezas, de todas as espécies. Quando falo em riqueza plena refiro-me à saúde, à família, à riqueza espiritual, à ampliação do conhecimento, ao respeito e ao cumprimento do seu propósito de vida, aos relacionamentos com amigos e não amigos, à construção de uma rede de suporte e apoio para a sua caminhada e à edificação e manutenção de uma reputação impecável. E, sem dúvida alguma, também falo da construção da riqueza material e financeira, sem as quais muitos dos nossos sonhos e projetos, das nossas ações e contribuições para o mundo não seriam viáveis.

Quero também alertar que acredito que você já é um empreendedor obstinado e poderoso, dotado de uma força espiritual extraordinária, que tem amparo na iluminação divina. No entanto é possível que o seu modo de pensar atual esteja impedindo-o de enxergar isso e que você venha colocando a si próprio em segundo plano, acreditando que não tem o necessário para alcançar sucesso verdadeiro e completo. E o pior, pode até achar que não merece tê-lo. Se esse é o seu caso, é preciso começar imediatamente um processo de mudança de mindset para não deixar que a sua luz seja ofuscada por crenças inadequadas e que não precisam estar com você.

Meu propósito com este livro é ajudá-lo a decidir e fazer a transição de uma mentalidade de conformismo, muitas vezes até de derrotismo, para uma mentalidade de riqueza plena, abundante, de crescimento e prosperidade. Nesta obra, conduzi-lo-ei pelos sete aceleradores que o ajudarão a transformar sua maneira de pensar e, assim, formar uma mentalidade que lhe permita alcançar as riquezas que procura.

Aqui você encontrará uma série de tópicos que serão abordados de maneira prática e objetiva. Poderá, também, avaliar e entender qual é o seu mindset atual, algo muito necessário porque, muitas vezes, não nos damos conta de que nossas crenças limitantes e nossos pensamentos negativos impedem-nos de alcançar nossos objetivos.

Ainda, você será alertado e orientado sobre a importância do otimismo, da positividade e da perspectiva de sucesso. Ter uma visão positiva da vida e dos desafios que se apresentam é fundamental para alcançar a riqueza e a prosperidade, e a perspectiva positiva pode influenciar e transformar todos os aspectos da sua vida.

Além disso, você descobrirá como enfrentar de modo eficaz as adversidades e como transformá-las em oportunidades de crescimento e aprendizado; e entenderá como é possível desenvolver uma mentalidade de resiliência e força que lhe permitirá superar os desafios e alcançar seus objetivos.

A flexibilidade e a adaptabilidade também são tópicos importantes neste livro. Com o estudo deles torna-se viável entender como é possível adaptar-se às mudanças e às transformações que ocorrem na vida e como isso pode ser uma fonte de riqueza e prosperidade. Você verá que é possível tornar-se flexível em relação aos seus planos e aos seus objetivos e como isso pode levar a resultados surpreendentes.

Outro aspecto fundamental – imprescindível, eu posso dizer – para se alcançar a riqueza plena é a força interior. Nesta obra você aprenderá a desenvolver a autoconfiança, a autoestima e outros aspectos de suas posturas pessoal, mental e espiritual, para entender e ampliar a sua força interior e descobrir como ela pode ser uma fonte de motivação e de inspiração para alcançar seus objetivos. Entenderá, ainda, que é possível desenvolver uma forte mentalidade de crescimento, que você tem as condições necessárias para tanto e que isso o levará a resultados incríveis.

Como acredito e tenho comprovado, ninguém vai muito longe sozinho. Isso se aplica a muitas áreas da vida, desde o ambiente de trabalho até a vida pessoal. É sempre muito importante contar com o suporte emocional, a ajuda prática e o encorajamento de amigos, parceiros e familiares. Ao lidar com desafios ou oportunidades, ter uma rede de apoio confiável faz a diferença entre desistir e seguir em frente. Por isso, também falarei de assuntos ligados à construção e à manutenção de um grupo de suporte que lhe dê apoio nas horas mais difíceis e comemore com você as suas vitórias.

Com este conteúdo, você terá uma visão clara do quanto uma rede de suporte é um aspecto fundamental para alcançar a riqueza plena – e, principalmente, mantê-la. Adquirirá conhecimentos sobre como desenvolver relacionamentos saudáveis e significativos, verá a importância de identificar as pessoas certas que o apoiarão em sua jornada e que é possível construir uma rede de suporte forte e confiável, que pode ser uma fonte de força e de inspiração.

Vamos desenvolver também o tema de como manter o mindset conquistado. De nada adianta conquistar algo e depois não conseguir mantê-lo – por exemplo, de que adianta conseguir um cliente e depois abandoná-lo à própria sorte? Com certeza, ele irá embora e todo o trabalho e todos os custos envolvidos para conquistá-lo serão perdidos, além de cessarem os benefícios gerados por ele. Logo, falaremos de como manter suas vitórias, o fortalecimento e o desenvolvimento da mudança de mindset por você conquistados.

Por fim, o livro abordará o poder incomparável da autossugestão como base para fazer tudo isso acontecer e tirar o melhor proveito, além de consolidar seus resultados para servirem de base para seus próximos avanços na direção do sucesso e da riqueza plena.

Você compreenderá como a autossugestão é uma ferramenta poderosa para reprogramar sua mente e mudar a forma como pensa sobre si mesmo e sobre suas possibilidades de sucesso, superar crenças limitantes e construir uma mentalidade de riqueza. Também conhecerá estratégias eficazes e práticas para incorporar a autossugestão em sua rotina diária e garantir que ela se torne parte integrante de sua jornada de crescimento.

Com esta leitura, você aprenderá a usar a autossugestão para programar sua mente para a riqueza plena e de crescimento, e receberá orientações sobre quais atitudes ter para manter o mindset conquistado e ampliar sua força e sua área de ação.

Seja bem-vindo ao mundo que lhe será proporcionado por sua pedra filosofal. Meu desejo é que você use-a para construir uma vida de sucesso, de riqueza plena e abundante e de prosperidade.

JANGUIÊ DINIZ

1 O cérebro, a mente e a mudança de mindset

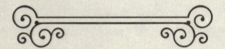

É importante lembrar que embora a mente seja frequentemente associada ao cérebro, ela não se limita a ele. A relação entre o cérebro e a mente ainda é objeto de muitos debates e questões em aberto na Filosofia, na Psicologia e na Neurociência.

Algumas teorias e modelos alternativos argumentam que a mente não pode ser reduzida à atividade cerebral e que outros fatores, tais como a experiência, a cultura e as relações sociais também desempenham um papel fundamental na formação da mente humana.

Dessa maneira, antes de falar em mudança de mindset, considero ser necessário falar um pouco sobre o cérebro, essa máquina incrivelmente perfeita que comanda todos os resultados na nossa vida e gera a nossa realidade.

Graças à capacidade do cérebro de aprender, adaptar-se e mudar ao longo do tempo, somos capazes de ajustarmo-nos às mais diversas situações e de evoluir em resposta ao ambiente e às demandas da vida.

Oliver Sacks foi um neurologista, escritor e professor anglo-americano, conhecido por suas obras que exploram as complexidades da mente humana. Em seu livro *Alucinações musicais*,[1] ele diz: "O cérebro humano é um mistério fascinante. Ele é capaz não só de perceber a realidade, mas também de criar novas realidades através da imaginação e da criatividade".

Mente e cérebro

As palavras mente e cérebro são frequentemente usadas como sinônimos, mas, na verdade, referem-se a coisas diferentes. Embora estejam intimamente relacionados, eles são bem distintos um do outro.

Detalharei cada um a seguir, mas, em termos gerais, o cérebro é um órgão físico do corpo humano que controla as funções corporais, como a cognição, sendo responsável por receber informações do ambiente, processá-las e produzir respostas aos estímulos recebidos.

Quanto à mente, ela é mais um conceito, algo abstrato, que se refere às atividades mentais e cognitivas que ocorrem no cérebro. Dentro da visão da Neurociência, a mente seria resultado da atividade do cérebro e inclui coisas como pensamentos, emoções, crenças, desejos e percepções.

Ela costuma ser considerada como a "parte" do indivíduo responsável pelas suas escolhas e ações.

O que é o cérebro

Deepak Chopra, escritor e palestrante indiano, diz em seu livro *As sete leis espirituais do sucesso*:[2] "O cérebro humano é o produto mais incrível da evolução. É capaz de aprender, criar, compor, imaginar e até mesmo transcender a realidade física".

Em termos fisiológicos, o cérebro é o órgão principal do sistema nervoso central. Ele é o responsável por controlar todas as funções corporais, como a cognição, a emoção, a percepção sensorial, a memória e a consciência. Ele é composto por bilhões de células nervosas chamadas neurônios, que se comunicam entre si por meio de sinais elétricos e químicos.

No cérebro, as diferentes funções são divididas em áreas especializadas em cada uma delas. Como exemplos temos a área frontal, responsável pelo planejamento, pela tomada de decisões e pelo controle dos movimentos voluntários, e a área temporal, envolvida na audição e nos processos de memória.

Além disso, o cérebro é encarregado também da produção de hormônios e neurotransmissores que controlam as mais diversas atividades corporais, incluindo a regulação do sono, do apetite e do humor. Diversos deles ainda hoje não são completamente conhecidos e têm se tornado alvo de intensas pesquisas.

Anatomicamente, o cérebro humano é dividido em diversas áreas, com diferentes funções e processos, incluindo:

- **O córtex cerebral:** é a camada externa do cérebro, responsável por funções como a cognição, a percepção sensorial, a consciência e o controle motor. É dividido em quatro lobos principais:
  - *Lobo frontal*: localizado na parte dianteira do cérebro, é encarregado de várias atividades executivas, incluindo o pensamento abstrato, a tomada de decisões, a coordenação motora voluntária, a linguagem e a personalidade.
  - *Lobo temporal*: situado nas laterais do cérebro, é ele que processa as informações auditivas e visuais, incluindo a linguagem, a memória de curto e longo prazo e o reconhecimento de rostos e objetos.
  - *Lobo parietal*: encontrado na parte superior e traseira do cérebro, é responsável por integrar informações sensoriais de diferentes partes do corpo, incluindo o tato, a temperatura, a dor e a posição espacial do corpo. Ele também desempenha um papel importante na percepção do tempo e na cognição espacial.
  - *Lobo occipital*: fica na parte posterior do cérebro, atrás dos lobos parietais e temporais. Sua principal função é receber e interpretar informações visuais que são enviadas para ele por meio do nervo óptico.
- **O tálamo:** é uma estrutura em forma de ovo que fica no meio do cérebro e atua como um centro de integração sensorial, recebendo informações e encaminhando-as para as áreas apropriadas do córtex cerebral.
- **O hipotálamo:** trata-se de uma pequena estrutura abaixo do tálamo, encarregada por funções importantes, como a regulação da temperatura corporal, do apetite e do equilíbrio de fluidos e eletrólitos no corpo.
- **O cerebelo:** localiza-se na parte de trás do cérebro e é responsável pelo controle motor fino e pela coordenação dos movimentos corporais.
- **O tronco cerebral:** é a parte do cérebro que se conecta à medula espinhal, sendo incumbido de funções vitais, como a respiração, a frequência cardíaca e o controle dos reflexos.
- **O sistema límbico:** é a rede de estruturas cerebrais envolvidas na regulação das emoções, da memória e do comportamento social.

Essas são, de maneira simplificada, apenas algumas das principais estruturas do cérebro, existindo muitas outras que também desempenham funções importantes e diferenciadas.

O lado direito do cérebro

Para efeito de estudos, o cérebro humano pode ser dividido em dois hemisférios distintos – o direito e o esquerdo –, que são conectados por um feixe de fibras nervosas chamado corpo caloso.

De modo geral, o lado direito do cérebro é encarregado de funções diferentes das do lado esquerdo. No entanto, apesar dessa separação de atribuições, ambos trabalham juntos para controlar as atividades cerebrais mais complexas.

Em termos de funções cognitivas, o lado direito é mais associado a habilidades visuais e espaciais, como a percepção de padrões e de profundidade e a capacidade de reconhecer rostos e expressões faciais. Esse lado do cérebro também está envolvido na apreciação de música e da arte e no entendimento de algumas formas de linguagem, por exemplo, a compreensão de metáforas e as sutilezas de uma entonação.

Além disso, ele está envolvido, ainda, em funções emocionais e sociais, como o processamento e a expressão de emoções e a percepção de humor e sarcasmo, assim como da criatividade e da intuição.

Existe uma crença popular bastante difundida em livros e na cultura que diz que o lado direito do cérebro é encarregado pela parte mais criativa da mente. Embora seja verdade que esse lado do cérebro esteja mais associado a funções visuais, espaciais e emocionais, a ideia de ser ele o responsável por toda a criatividade é uma simplificação excessiva da complexidade do seu funcionamento.

A criatividade é uma função complexa não exclusiva do cérebro, que envolve áreas diferentes desse órgão e é influenciada por uma variedade de fatores, como a personalidade, a educação, o ambiente, as experiências de vida, a cultura, a motivação e as oportunidades. Muitas outras áreas do cérebro, incluindo o córtex frontal, o córtex parietal e o sistema límbico, também estão envolvidas na criatividade, que não é uma característica fixa da pessoa, podendo ser desenvolvida ao longo do tempo.

Embora haja uma relativa especialização de funções entre os hemisférios cerebrais, é importante ficar claro que os dois trabalham em conjunto na cognição humana complexa e na maioria das tarefas elaboradas pelo cérebro.

O lado esquerdo do cérebro

O lado esquerdo é responsável por funções relacionadas a linguagem, lógica, análise, números, pensamento sequencial e habilidades matemáticas. Considerado o "cérebro racional" ou "lógico", é responsável por processar informações de modo linear e analítico.

Algumas das áreas mais importantes do cérebro esquerdo incluem o córtex pré-frontal, responsável pelo planejamento, pela tomada de decisões e pelo controle de impulsos; o córtex motor, que controla o movimento voluntário do corpo; e o córtex temporal, que cuida do processamento auditivo e da memória verbal.

Pessoas que usam predominantemente o lado esquerdo do cérebro costumam ser descritas como mais analíticas, lógicas e verbais em sua abordagem no mundo. Porém é importante lembrar que o cérebro humano é altamente complexo e, como já comentado, o hemisfério esquerdo não executa todas as suas tarefas de modo independente e autossuficiente, trabalhando de maneira integrada com o hemisfério direito para realizar as funções mais complicadas.

Também nesse caso, a exemplo do que acontece em relação ao hemisfério direito do cérebro, existe uma crença popular bastante forte de que o lado esquerdo está mais associado à parte racional, principalmente devido ao seu envolvimento em funções como linguagem, lógica e análise. No entanto é bom salientar que essa é uma visão simplista e que essa divisão entre "racional" e "irracional" trata-se de uma dicotomia que não representa a complexidade da mente humana.

De fato, estudos recentes mostram que o cérebro é profundamente interconectado e que as funções racionais e emocionais são realizadas por diferentes partes dele, mas que trabalham em conjunto. Além disso, não devemos nos esquecer que a percepção de uma situação e a tomada de decisões podem ser influenciadas tanto pela razão quanto pelas emoções e experiências pessoais.

O que é a mente

A mente é o resultado da atividade do cérebro. Essa afirmação é uma visão bastante difundida na Neurociência e na filosofia da mente. De acordo com essa perspectiva, todas as funções mentais, como cognição, emoções e consciência, são produzidas pelas atividades neurais que nele ocorrem.

O neurocientista britânico Francis Crick, em seu livro *The Astonishing Hypothesis*,[3] argumenta que todas as funções mentais, incluindo a consciência, a percepção e as emoções, são produzidas pela atividade cerebral como um todo. Ele usa evidências da Neurociência e da Biologia Molecular para apoiar sua teoria.

Já Steven Pinker, psicólogo e linguista canadense, em seu livro *Como a mente funciona*,[4] defende que ela é uma propriedade emergente do cérebro, resultante da atividade de bilhões de neurônios.

Ambos os autores usam uma abordagem científica para defender sua visão de que a mente é o resultado da atividade do cérebro, e apresentam evidências empíricas para apoiar suas teorias.

Enfim, sendo um conceito complexo, a mente mostra-se como um conjunto de processos que normalmente são estimulados por atividades do cérebro, que nos permite processar informações, perceber o mundo ao nosso redor, tomar decisões e agir de acordo com elas.

A mente é responsável por várias funções, incluindo memória, atenção, percepção, pensamento, aprendizagem e linguagem, bem como emoções, tais como medo, amor, tristeza e alegria. Ela é capaz de realizar operações complexas e abstratas, com raciocínio lógico e criatividade, estando voltada para a resolução de problemas.

Ela sofre influência de fatores externos, por exemplo, o ambiente em que vivemos, as nossas experiências de vida e interações sociais. Além disso, ela pode afetar o corpo por meio dos sistemas nervoso e hormonal, influenciando diretamente a nossa saúde física e emocional. Em síntese, podemos dizer que é ela que cria a nossa realidade. Uma citação frequentemente atribuída a Buda e encontrada em diversas fontes budistas, diz: "A mente é tudo. O que você pensa, você se torna".

O dr. Joseph Murphy foi um escritor e palestrante que muito de dedicou aos temas de autoajuda, espiritualidade e desenvolvimento pessoal, e em seu livro *O poder do subconsciente*,[5] descreveu a mente como sendo composta por duas partes: a consciente e a subconsciente. Segundo ele, a mente consciente é responsável por processarmos informações, tomarmos decisões e raciocinarmos com lógica, enquanto a subconsciente trata do armazenamento e da recuperação de memórias, hábitos, emoções e crenças.

O que é e como funciona a mente consciente

A mente consciente é a parte que está a par de nossos pensamentos, emoções e percepções. Ela é composta de processos cognitivos e permite-nos saber da nossa própria existência e do mundo ao nosso redor, e processar informações de maneira ativa e controlada.

Por meio desses processos, conseguimos focar em um estímulo específico enquanto ignoramos outros menos relevantes, temos acesso à memória de curto prazo, mantemos informações na mente por um curto período de tempo e somos capazes de tomar decisões e fazer escolhas com base em nossa compreensão atual do mundo.

A mente consciente é sempre comparada a uma luz que ilumina uma parte dela de cada vez, ao passo que a maioria dos processos mentais acontece fora da consciência, em um nível subconsciente ou inconsciente.

O que é e como funciona a mente subconsciente

Conforme registrado em vários de seus livros, o dr. Murphy acreditava que a mente subconsciente é a fonte do poder pessoal e criativo do indivíduo e que a chave para a transformação e a realização dos objetivos é acessar e utilizar esse poder. Ele defendeu que ela pode ser programada para acreditar e agir de acordo com a realidade que se deseja criar, desde que isso seja feito com consistência e persistência, mediante afirmações positivas, visualizações e outras técnicas de programação mental.

O subconsciente opera abaixo do nível da consciência e sua responsabilidade é processar automaticamente informações que não estão disponíveis na consciência imediata, ou seja, sem que tenhamos que pensar sobre elas conscientemente. Ele é encarregado de muitas funções corporais e mentais automáticas, como respiração, batimento cardíaco e controle de temperatura. Além disso, classifica e registra os impulsos dos pensamentos que são originados pelos cinco sentidos – visão, audição, tato, paladar e olfato.

Ele também cuida do processamento de informações e emoções que não estão disponíveis para a consciência imediata. O que inclui memórias, crenças, valores, desejos e medos, que afetam nossas emoções e nosso comportamento, mesmo que não estejamos cientes disso, definindo os nossos resultados na vida.

Nosso subconsciente processa informações em grande quantidade e velocidade, sem a necessidade de foco ou atenção consciente. Ele é capaz de aprender e criar padrões por intermédio da repetição e é influenciado pelos nossos valores, experiências de vida, emoções e crenças.

No entanto, antes de armazenar essas informações, ele as interpreta a partir das nossas emoções. Ou seja, as emoções atuam como uma espécie de filtro para nossos pensamentos, determinando como percebemos e reagimos aos estímulos que encontramos.

Por exemplo, quando uma pessoa vê um determinado cão pela primeira vez, sua reação inicial pode ser de medo, caso ela tenha tido experiências negativas com cães no passado. Isso foi registrado pelo subconsciente e acaba influenciando a maneira como ela percebe os cães.

Qualquer pensamento que seja repetidamente transmitido ao subconsciente acaba sendo aceito e convertido em ação pela mente, dando início a procedimentos práticos no sentido de se obter o equivalente físico desse pensamento ou a realização do desejo que o originou.

Com relação a isso, é preciso considerar ainda que, segundo afirmou Napoleon Hill (1883-1970), todos os pensamentos aos quais se imprime emoção e que se misturam com a fé ganham mais energia, vida e ação.[6] Em conjunto com a emoção, o pensamento tem o poder e a energia para atrair outros pensamentos e acontecimentos compatíveis e que levam a uma mesma direção, facilitando a realização do desejo original.

Basicamente, a emoção apropriada imprime força e impulso aos pensamentos no subconsciente. Logo, o segredo para a realização do que sonhamos e cultivamos positivamente é a emoção envolvida no processo. O subconsciente apenas manifesta no mundo real os pensamentos potencializados pelas emoções.

Em síntese, o subconsciente classifica e registra os pensamentos originados pelos cinco sentidos depois de interpretá-los com base em nossas emoções. Desse modo, as emoções funcionam como uma espécie de filtro, entregando-os ao subconsciente já devidamente interpretados. Isso tem um significado especial, pois um mesmo fato pode gerar insights diferentes ou de distintos níveis energéticos, de acordo com a emoção presente no momento em que o pensamento é gerado.

Por exemplo, quando você está com raiva, percebe o ambiente diferente de quando está feliz. Logo, um pensamento que você envia ao subconsciente terá conotações diferentes ao passar pelo filtro da raiva e pelo filtro da felicidade. O que chega ao subconsciente é somente o resultado dessa filtragem que, por sua vez, torna-se o elemento com o qual o subconsciente construirá a sua realidade e realizará seus sonhos e desejos. Quanto mais intensa for a emoção, mais forte serão as ações impressas no mundo material e mais rapidamente os resultados chegarão.

A mente subconsciente, enfim, é responsável por muitos comportamentos e hábitos automáticos, que executamos sem pensar, como dirigir um carro, andar de bicicleta, escovar os dentes e outras tantas atividades.

Um exemplo de como a mente subconsciente funciona é o aprendizado de uma nova habilidade. No início, precisamos nos concentrar em cada etapa, mas com a prática e a repetição ela assume o controle e realizamos a atividade automaticamente, sem pensarmos no que estamos fazendo.

Embora muitos processos mentais subconscientes ocorram sem que neles pensemos, eles têm um papel importantíssimo em nossas experiências mental e comportamental e nos resultados que obtemos.

Aqui cabe um alerta: é preciso definir com cuidado os nossos desejos e, então, reunir os pensamentos e as emoções de modo adequado para criarmos no subconsciente as condições ideais que nos impulsionarão para o que realmente desejamos e que seja bom para todos os envolvidos. É relevante lembrar que pensamentos e emoções positivas geram resultados positivos, e emoções e pensamentos negativos levam a resultados negativos. Portanto é preciso ter responsabilidade quanto ao que pensamos e realizamos.

Faço aqui um paralelo dessas ideias com uma frase bastante popular nas redes sociais atualmente, cuja autoria é atribuída ao escritor Richard Bach, mas sua origem exata é desconhecida: "Cuidado com o que você pede a Deus porque você será atendido". Para reforçar esse alerta, cito outra frase, desta vez do presbítero André Sanchez, em um artigo publicado na internet: "Precisamos aprender a refletir nas implicações dos nossos pedidos a Deus".[7]

Pois bem, precisamos tomar cuidado com o que apontamos como nosso desejo ardente para o subconsciente, porque há uma grande possibilidade de ele se tornar realidade. A resposta do subconsciente, o impulso que nos levará a qualquer ação, é equivalente à emoção que emitimos. Se vivemos sob influência maior de emoções negativas, mais resultados negativos obteremos.

Coloque suas ideias, seus planos e sua fé para trabalharem a seu favor. Aprenda a desejar coisas que contemplem o bem de todas as partes envolvidas e cultive pensamentos e emoções positivos e benevolentes. Para isso, domine e pratique regularmente a autossugestão positiva. Aliás, essa é uma técnica tão importante na construção de um mindset de riqueza e prosperidade que dediquei a ela um capítulo exclusivo no fim desta obra.

Como se relacionam a mente consciente e a mente subconsciente

Com base na interação entre nossas mentes consciente e subconsciente, podemos lançar mão de ferramentas que nos permitirão construir uma mente mais poderosa e transformar nosso mindset para a riqueza, para o crescimento e para a prosperidade.

Essas duas mentes trabalham em conjunto para formar nossas experiências mental e comportamental. Embora apenas a mente consciente tenha ciência dos nossos pensamentos, percepções e emoções, uma influencia a outra. Quando estamos cientes de algo, estamos trabalhando com a mente consciente, e quando nos submetemos a processos mentais automáticos, incluindo hábitos, comportamentos e emoções inconscientes, estamos sob a responsabilidade do subconsciente.

Como dito, uma influencia a outra por meio de sugestões, associações e repetições. Por exemplo, se uma pessoa tem medo de voar, a mente subconsciente pode fazê-la ficar ansiosa antes de embarcar em um avião, mesmo que a mente consciente saiba que a probabilidade de um acidente é baixa. E quando estamos conscientes de um comportamento ou pensamento repetido, podemos treinar a mente subconsciente a adotá-lo como um hábito automático.

Em seu livro *O poder do subconsciente*,[8] Joseph Murphy ressalta:

> Tudo aquilo que você afirma mental e emocionalmente como verdade, o subconsciente aceita e materializa em sua experiência. Basta que o subconsciente aceite a ideia. Logo que isso acontece, a lei que o rege gerará a saúde, a paz e a prosperidade que você deseja. Dado o comando, ou a decisão, o subconsciente reproduz fielmente a ideia que foi gravada nele. A lei da mente é a seguinte: a reação, ou resposta, que obtemos da mente subconsciente é determinada pela natureza do pensamento ou ideia que mantemos na mente consciente.

E Murphy complementa:

> O subconsciente aceita o que nele é gravado ou aquilo em que você conscientemente acredita. Não submete as coisas ao crivo do raciocínio, como a mente consciente, nem discute com você. É como uma camada de solo que aceita todos os tipos de sementes, sejam elas boas ou más. Os pensamentos são ativos, são as sementes.

Enfim, a mente consciente e a mente subconsciente estão interconectadas e trabalham juntas para formar as nossas experiências mental e comportamental, influenciando-se mutuamente e definindo o nosso destino.

Harmonizando as mentes consciente e subconsciente

De acordo com Joseph Murphy, a mente consciente é responsável pela razão, pelo pensamento crítico e pela tomada de decisões. É a parte da mente que nos permite pensar, analisar e tomar decisões conscientes. Já a subconsciente, é a parte encarregada pelo armazenamento de informações permanentes e de longo prazo, incluindo memórias, crenças, hábitos e padrões de comportamento, além de controlar nossas emoções, impulsos e comportamentos automáticos.

Ainda dentro desse contexto, a mente subconsciente é muito poderosa e pode influenciar diretamente a nossa vida. Quando os pensamentos conscientes e subconscientes estão alinhados, é possível usar essa força para alcançar nossos objetivos e melhorar nossos resultados. E quando há conflito entre elas, podemos experimentar problemas, dificuldades e até mesmo fracassos.

É importante ressaltar que nossas crenças podem ser influenciadas e alteradas ao longo do tempo, bem como podemos adotar novas crenças, com base em novas experiências, informações e influências.

Murphy acreditava ser possível e importante treinar a mente consciente para trabalhar em harmonia com a subconsciente a fim de alcançarmos os nossos objetivos e vivermos uma vida plena e realizada.

Agora que já conversamos um pouco sobre o nosso cérebro e a nossa mente, considero fundamental falarmos um pouco sobre Neurociência, que, a meu ver, é a base científica para promover qualquer mudança de mentalidade.

2 A neurociência e o mindset de riqueza e prosperidade

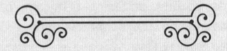

É compreendendo os princípios da Neurociência que atuaremos com mais segurança no nosso processo de transformação rumo à construção de um mindset poderoso de riqueza, crescimento e prosperidade.

Para isso, decidi fazer uma pequena apresentação da área, para você compreender os mecanismos que estão por trás de toda e qualquer mudança de mentalidade. E mais adiante abordarei o tema com mais atenção, falando sobre a construção do mindset de riqueza e prosperidade propriamente dito.

A Neurociência é uma área multidisciplinar que estuda o sistema nervoso e o cérebro do ser humano, proporcionando uma compreensão sobre a relação cérebro-mente e sua influência no nosso comportamento. Seu amplo foco abrange desde os níveis mais básicos, como a atividade elétrica dos neurônios individuais, até os mais complexos, como a cognição, o comportamento e as emoções.

Entre as diversas áreas do conhecimento para as quais a Neurociência tem aplicações práticas, destacam-se a Medicina, a Psicologia e a Educação. Ela também é uma ferramenta poderosa para ajudar a promover as mudanças necessárias na mentalidade de quem busca riqueza, sucesso, prosperidade e paz interior.

Resumidamente, podemos dizer que a Neurociência busca desvendar os mistérios do sistema nervoso para entendermos como pensamos, sentimos, agimos e interagimos com o mundo ao nosso redor. Assim, ela nos fornece elementos para nos prepararmos para fazer as mudanças necessárias em nosso mindset de modo a potencializar resultados.

Os benefícios do estudo da Neurociência incluem uma compreensão mais profunda do funcionamento do cérebro, da cognição, das emoções e do comportamento humano, o que pode levar a uma melhor qualidade de vida, a tomadas de decisões mais bem-informadas e a um maior aprimoramento pessoal e profissional. Fornecendo conhecimentos sobre o cérebro e seu envolvimento na formação de crenças, emoções e comportamentos, ela contribui para a construção e a manutenção de um mindset de sucesso.

Aplicações práticas embasadas na Neurociência

Existe um sem-número de aplicações práticas embasadas na Neurociência que têm impacto em diversas áreas da vida cotidiana. Como exemplo cito o campo da Educação e sua ajuda para entender melhor a aprendizagem e o desenvolvimento do cérebro. Com base em pesquisas neurocientíficas, estratégias educacionais mais eficazes têm sido desenvolvidas para otimizar o processo de ensino–aprendizagem.

No campo da saúde mental, a Neurociência tem contribuído para a melhor compreensão dos transtornos mentais e neurodegenerativos, como a depressão, a ansiedade, a esquizofrenia e os males de Alzheimer e de Parkinson. Novas abordagens terapêuticas têm sido desenvolvidas, incluindo terapias baseadas na plasticidade cerebral, na estimulação cerebral não invasiva e no Neurofeedback. Ela também desempenha um papel fundamental na reabilitação de indivíduos que sofreram lesões no cérebro, como acidentes vasculares cerebrais ou lesões traumáticas.

Na área do Marketing e da Publicidade, a Neurociência vem sendo aplicada na busca por um melhor entendimento dos processos cerebrais ligados ao comportamento do consumidor. Com técnicas que usam a ressonância magnética funcional, por exemplo, é possível investigar as respostas cerebrais a estímulos de anúncios e campanhas, auxiliando no desenvolvimento de estratégias mais eficazes de comunicação de ideias e produtos, visando influenciar as decisões de compra dos indivíduos.

E quando se trata do desenvolvimento tecnológico, a Neurociência tem impulsionado o desenvolvimento de tecnologias inovadoras, como as interfaces entre cérebro e máquina e as próteses neurais, cujo potencial é ajudar pessoas com deficiências físicas ou neurológicas a recuperarem funções motoras e de comunicação.

Além disso, a Neurociência vem sendo usada no campo da inteligência artificial, ajudando o desenvolvimento de algoritmos de aprendizado de máquina, inspirados no cérebro humano, permitindo avanços na visão computacional, no processamento de linguagem natural e em outras áreas.

Finalmente, quando tratamos do tema central desta obra, ou seja, do desenvolvimento de um mindset de riqueza e prosperidade, a Neurociência dá as bases para criar e aperfeiçoar estratégias de treinamento e adaptação do nosso cérebro para nos ajudar a atingir o nosso objetivo.

Essas são apenas algumas das tantas aplicações práticas da Neurociência, apenas para ilustrar a sua grande importância e a necessidade de aprendermos mais a fundo sobre essa área do conhecimento, presente cada vez mais em nosso dia a dia. A lista de aplicações da Neurociência continua crescendo à medida que as pesquisas e o conhecimento nessa área avançam.

Princípios da Neurociência

Entre os princípios gerais da Neurociência que são amplamente aceitos e fundamentais para a compreensão do funcionamento do nosso sistema nervoso e do nosso cérebro, e que também nos ajudam a entender como é o nosso modo de pensar e agir, estão os elencados a seguir.

➡ **O cérebro possui plasticidade:** capacidade de adaptar-se e reorganizar-se em resposta a experiências e estímulos ambientais ou psicológicos. Isso contribui de maneira essencial para o aprendizado, o desenvolvimento da memória e a recuperação do cérebro em caso de lesões.

➡ **Os neurônios são as unidades básicas do cérebro:** como células básicas do sistema nervoso, eles são responsáveis por transmitir e processar informações por meio de sinais elétricos e químicos, utilizando-se de sinapses que, por sua vez, são a junção funcional entre dois neurônios dentro de um esquema de conexões entre as células.

➡ **O cérebro tem alta conectividade:** ele é intensamente conectado em sua estrutura neurológica, com bilhões de neurônios interagindo e formando redes complexas. A conectividade entre eles é fundamental para o processamento de informações e para a coordenação das funções cerebrais.

- **Existe uma hierarquia e uma organização funcional no cérebro:** ele é organizado em diferentes níveis hierárquicos, desde regiões cerebrais especializadas até sistemas funcionais mais amplos. Cada nível contribui para funções específicas e interage com outros níveis para o funcionamento global do cérebro.
- **Interações dinâmicas no cérebro resultam em comportamentos complexos:** esses comportamentos – por exemplo, o pensamento, a emoção e a ação – surgem das interações dinâmicas entre as diferentes regiões e sistemas cerebrais. Essas interações são influenciadas por fatores genéticos, por experiências individuais e pelo meio ambiente em que o indivíduo está inserido.

De modo geral, esses são alguns dos tantos princípios fundamentais da Neurociência que mais nos ajudam a compreender como viabilizar mudanças de mindset. É importante ressaltar que essa é uma área que está em constante evolução e novos princípios são descobertos e potencializados à medida que a pesquisa avança.

O poder da Neurociência na construção de um mindset de riqueza e prosperidade

Logicamente, algumas perguntas pertinentes ao objeto desta obra seriam "Como a Neurociência influi na mudança de mindset?" ou, ainda, "Como a Neurociência ajuda a formar um mindset de riqueza e prosperidade?".

A Neurociência é dona de um poder sem igual em tudo o que visa ao progresso do ser humano, uma vez que desempenha um papel importante no entendimento das bases de uma mudança de mindset. Ou seja, ela apresenta e amplia o rol de conhecimentos úteis para elevar a nossa capacidade de adotar uma nova mentalidade, uma nova perspectiva de vida, e para construir um novo conjunto de crenças mais favoráveis ao sucesso.

Ao investigar os processos cerebrais relativos ao comportamento humano e à cognição, ajudando a entender os caminhos envolvidos na formação dos nossos pensamentos, das nossas ações e posturas e das nossas tomadas de decisões, a Neurociência fornece insights valiosos sobre como ocorrem as mudanças de mentalidade de uma pessoa e como elas podem ser facilitadoras na busca de um mindset de riqueza e sucesso.

Os avanços na Neurociência têm contribuído significativamente para a compreensão de diversas áreas do conhecimento, da aprendizagem, da memória e das emoções, entre outras. Desse modo e especialmente, as bases da Neurociência têm servido de alicerce para fundamentar a aplicação de conceitos, ideias e ações que favorecem uma mudança positiva de mindset visando transformar a nossa mentalidade dentro de um viés vencedor, de riqueza e de prosperidade.

São muitas as maneiras pelas quais a Neurociência pode influenciar a mudança positiva e desejável de mindset. Para entendermos plenamente essa colocação, é preciso lançar mão de alguns conhecimentos que a Neurociência nos apresenta, que nos permitem entender como tudo acontece dentro da nossa cabeça. Vamos, então, analisar algumas delas.

Entre os conceitos e proposições da Neurociência que podem ser usados para construir um mindset de riqueza e prosperidade, algumas das mais importantes são a plasticidade cerebral, a regulação emocional, a otimização do desempenho cognitivo e a compreensão dos processos de aprendizagem. Considero especialmente esclarecedores e estimulantes os pontos elencados a seguir.

Quando a Neurociência revelou que o cérebro é altamente plástico, ou seja, que ele pode adaptar-se e mudar ao longo da vida, trouxe uma nova luz às possibilidades de mudarmos significativamente padrões de pensamentos e de comportamentos por meio da reorganização das conexões neurais. Logo, também se concluiu que é possível desenvolver novas perspectivas e padrões de pensamentos com práticas específicas, como o treinamento mental, a autossugestão e a aprendizagem continuada, isto é, o *lifelong learning*. Tudo isso pode ser usado para favorecer a construção de um mindset vencedor.

A Neurociência demonstrou ainda que a experiência, a vivência e a prática têm um impacto significativo na estrutura e na função do cérebro. Ao nos expormos a novas experiências, desafios e aprendizados, estimulamos nele mudanças neuroplásticas que sustentam a formação, a adoção e a consolidação de um novo mindset, de uma nova mentalidade, de acordo com os nossos objetivos. Desse modo, podemos usar a exposição a diferentes perspectivas e situações, aos novos aprendizados, ao desenvolvimento de novas habilidades e à busca ativa de experiências enriquecedoras como ferramentas de promoção de mudanças que desejamos em nossa mentalidade.

Dentro desse contexto, fica clara a importância do aprendizado contínuo e do mindset de crescimento para alcançar riqueza e prosperidade. Uma vez que o desenvolvimento de novas habilidades é fundamental para o crescimento pessoal e profissional, ao fornecer estratégias eficazes para esse fim, a Neurociência ajuda a moldar um mindset voltado para o crescimento e para a busca de oportunidades.

Explorando técnicas de neurofeedback* nas quais a atividade cerebral é monitorada em tempo real, são levantadas informações fundamentais sobre o funcionamento cerebral. Essas informações são fornecidas ao indivíduo por meio de feedbacks visuais ou auditivos, o que o ajuda a aprender, a adequar, a autorregular e a melhorar o desempenho de cérebro.

Por meio do neurofeedback, ele pode aprender a modificar seus padrões de atividade, com a finalidade de alcançar maior equilíbrio e maior otimização, e inclusive direcioná-los para a potencialização de sua mentalidade.

Essa técnica é aplicada em diversos contextos terapêuticos e de busca de melhoria de desempenho, auxiliando as pessoas a aprenderem a otimizar os estados mental e emocional, permitindo que se desenvolva maior consciência e maior controle sobre os processos neurais relativos aos estados mentais. Ao treinarmos a autorregulação do cérebro, somos capazes de fortalecer e sustentar as mudanças de mindset desejadas.

Compreender como o cérebro cria e mantém certos padrões de pensamento ajuda a identificar estratégias eficazes para desafiar crenças limitantes e substituí-las por outras mais construtivas, promovendo uma mentalidade de crescimento.

A Neurociência também investiga os processos de reestruturação cognitiva, procurando entender como os padrões de pensamento são modificados, visando promover uma perspectiva mais adaptativa e positiva. Essa é uma abordagem que procura identificar e modificar padrões distorcidos, que podem contribuir para a geração ou manutenção de problemas emocionais ou comportamentais que dificultam ou até impedem a formação e o desenvolvimento de um mindset de riqueza e prosperidade.

---

* A técnica de neurofeedback envolve a utilização de dispositivos que medem a atividade elétrica do cérebro, como o eletroencefalograma (EEG), para fornecer feedback visual ou auditivo sobre o estado atual do cérebro.

A reestruturação cognitiva parte do princípio de que os nossos pensamentos influenciam nossas emoções e comportamento, o que acaba determinando os resultados que alcançamos na vida. Se temos padrões de pensamento negativos, com interpretações exageradas de eventos desfavoráveis, autocrítica excessiva ou crenças limitantes, isso afeta negativamente o nosso bem-estar emocional e as nossas ações.

Portanto a reestruturação cognitiva busca identificar e modificar esses pensamentos disfuncionais, preparando nossa forma de pensar para melhor estruturarmos um mindset de riqueza e prosperidade. Além disso, ela também é uma abordagem eficaz para nos ajudar a superar problemas como ansiedade, depressão, estresse, baixa autoestima e outros desafios emocionais.

Ao identificarmos e modificarmos os pensamentos inadequados, desenvolvemos uma visão mais realista e mais saudável de nós mesmos, dos outros e do mundo, contribuindo para uma melhor postura emocional e comportamental e, consequentemente, para a construção e a manutenção de uma mentalidade mais positiva e próspera.

Quando se fala em reestruturar a forma de pensar, fala-se em analisar como as crenças podem estar afetando os resultados e a qualidade de vida de uma pessoa e de ver maneiras diferentes e melhores de se lidar com eles.

A Neurociência já mostrou que nossas crenças e nosso mindset são construídos sobre uma base neural. Ao explorar as características de funcionamento das áreas cerebrais envolvidas na formação de crenças, compreende-se como elas podem ser moldadas e transformadas. Ou seja, essa ciência fornece ferramentas que nos ajudam a desafiar crenças negativas e cultivar uma mentalidade mais positiva e próspera.

A Neurociência tem investigado ainda os sistemas de estímulo e recompensa do cérebro, revelando como eles estão relacionados à busca de objetivos e à obtenção de sucesso. Compreender esses sistemas auxilia-nos a identificar e a impulsionar as motivações necessárias bem como desenvolver estratégias para aumentá-las.

Além disso, a Neurociência também destaca a importância de trabalhar com um sistema de recompensas imediatas para manter a motivação em longo prazo. Pequenas recompensas e motivações ao longo da jornada ajudam-nos a manter a nossa energia em alta, estimulando a nossa determinação de seguir adiante na busca de objetivos maiores. Por isso sou adepto da ideia de comemorar cada conquista que alcançamos, por menor que ela seja. No horizonte maior, cada uma dessas pequenas conquistas, juntas, levam-nos ao nosso objetivo principal, com a nossa motivação e a nossa energia firmes ao longo de toda a jornada.

Outro ponto a considerar é que um mindset de riqueza e prosperidade tem como uma de suas faculdades mais básicas a habilidade de tomar as melhores decisões. Ao nos ajudar a compreender os processos cerebrais envolvidos na tomada de decisões, a Neurociência facilita que adotemos decisões melhor qualificadas para mudar e elevar as nossas ações, com base em um direcionamento adequado. Ela ajuda a entender como o cérebro avalia riscos e recompensas, como ocorre o viés cognitivo em relação ao sucesso e como as emoções influenciam as nossas decisões. Compreender esses processos permite tomar decisões mais bem-informadas e conscientes, alinhadas com os objetivos de construir um mindset mais rico e pleno de prosperidade.

Enfim, podemos resumir que a Neurociência oferece uma base científica sólida para entendermos os processos cerebrais envolvidos nas mudanças de mindset e melhor explorar o potencial do nosso cérebro para seguirmos na direção de uma vida mais realizada e abundante, construindo com eficácia e solidez um mindset de riqueza e prosperidade. Além disso, ela nos ajuda a entender a importância da prática consistente e do ambiente propício para promover tais mudanças de modo duradouro.

E, ainda, que ao aplicar os conhecimentos por ela proporcionados podemos desenvolver estratégias práticas para reprogramar nossas crenças limitantes e potencializar crenças fortalecedoras, ampliar a nossa resiliência mental, cultivar emoções positivas e estimular o nosso crescimento pessoal ao lançar mão de práticas para remodelar circuitos neurais, promover a autorregulação emocional, aprimorar a tomada de decisões e nutrir uma mentalidade de sucesso, plenitude e riqueza.

Praticando construir um mindset de riqueza e prosperidade com a ajuda da Neurociência

Colocando todos esses conceitos e ideias em termos práticos, dentro do objetivo deste livro, vamos conversar sobre algumas atitudes embasadas na

Neurociência que podem nos ajudar a formar uma mentalidade vencedora, um mindset de riqueza e prosperidade.

Levando em conta a neuroplasticidade do cérebro, assuma com responsabilidade a sua capacidade de mudar seus padrões de pensamento e comportamento, adquirindo novas habilidades e crenças que serão fundamentais para alcançar o sucesso e a riqueza. Perceba a possibilidade real que está à sua disposição de desenvolver um mindset flexível e aberto às oportunidades de crescimento e aprendizado.

A Neurociência mostra que o foco e a atenção seletiva são essenciais para alcançar resultados mais significativos. Concentre-se em metas específicas e direcione sua atenção para as atividades relevantes, evitando distrações e maximizando o seu desempenho. Ao desenvolver sua capacidade de concentração e direcionar sua atenção para o que é importante, é possível aumentar a produtividade e conquistar resultados que o levarão ao sucesso e à riqueza.

Trabalhe no objetivo de compreender e gerenciar suas emoções de modo saudável. Isso é crucial para manter a sua motivação e a clareza para lidar com os desafios, além de ajudar a tomar decisões bem-informadas. A Neurociência destaca a importância da regulação emocional para alcançar um mindset de sucesso e riqueza. Ao desenvolvê-la e praticar técnicas de inteligência emocional, é possível superar obstáculos e manter uma mentalidade positiva e resiliente.

Praticar a autogestão emocional envolve reconhecer e lidar de modo saudável com emoções como o medo, a ganância e a ansiedade. Por meio de técnicas como a respiração consciente, o reconhecimento emocional e a reestruturação cognitiva, dedique-se a reprogramar as respostas emocionais relacionadas aos seus receios e inseguranças e passe a tomar decisões mais equilibradas e estratégicas.

Ainda, desenvolva uma mentalidade de crescimento continuado. Suas habilidades e capacidades podem ser desenvolvidas com esforço e prática. Ao adotar essa mentalidade, você perceber-se-á como um eterno aprendiz, aberto a desafios e disposto a persistir diante das dificuldades. Isso lhe permitirá buscar novas oportunidades, aprender com os fracassos e esforçar-se para alcançar sucesso e prosperidade.

Essa prática pode envolver atividades como leitura de livros e artigos direcionados ao seu objetivo, participação em cursos e workshops e contato com pessoas que tenham experiência na área em que você busca ser bem-sucedido.

Em seu livro *Ative sua mente*,[9] Arnoni Caldart comenta:

> **Recentes descobertas da Neurociência indicam que o cérebro trabalha os dados da imaginação da mesma forma que trabalha os dados da realidade; por isso existe uma forte necessidade de pensarmos com qualidade, se o que queremos é uma vida melhor.**

Mentalizar e criar imagens positivas, que ajudem a visualizar nosso objetivo sendo alcançado, são ferramentas que têm grande poder na construção de um mindset de crescimento e prosperidade.

Habitue-se a praticar meditação, em especial o *mindfulness* – atenção plena, em português. Trata-se de uma técnica que também se baseia na Neurociência e tem demonstrado efeitos positivos no desenvolvimento de um mindset de vencedor. Com a sua prática é possível cultivar a consciência do momento presente, reduzir o estresse e fortalecer a resiliência mental. Ela ajuda, ainda, a superar crenças limitantes e a reduzir a ansiedade, o que lhe permite manter-se mais focado nos objetivos e tomar decisões mais conscientes e bem-direcionadas.

A Neurociência destaca também a importância das relações sociais na formação de um mindset de riqueza e prosperidade, assim pratique o networking e a colaboração. Essas atitudes envolvem a busca de conexões e parcerias com pessoas que compartilham dos mesmos objetivos que você. Ao cercar-se de pessoas que têm uma mentalidade de sucesso, você cria um ambiente de apoio e estímulo para alcançar seus objetivos financeiros. Além disso, essas interações sociais ativam áreas do cérebro relacionadas à motivação, à inspiração e à aprendizagem.

Neurociência e pensamento positivo

Não é à toa que o assunto "pensamento positivo" está constantemente presente na grande maioria dos textos, palestras, treinamentos e até mesmo em conversas casuais. Esse é um tema imprescindível para quem busca mais qualidade de vida, felicidade e sucesso. A Neurociência não só demonstra isso como também incentiva a busca por hábitos e modos de ser baseados na positividade.

Qualquer que seja o nosso objetivo, é muito importante focar em atitudes positivas. É claro que, como sempre alerto, não basta apenas pensar positivamente. Como disse o escritor Zig Ziglar,[10] só o pensamento positivo não pode tudo, mas nos ajuda a fazer tudo melhor do que se estivermos com pensamento negativo.

Pensar positivamente leva-nos a ações mais acertadas e bem-direcionadas. Pensar e agir de maneira efetiva são dois dos principais passos para tudo dar certo na busca e na realização dos nossos sonhos, e praticar processos positivos de autossugestão – por exemplo, manter-nos otimistas – favorece sobremaneira os melhores resultados.

Em outra citação em seu livro, Arnoni Caldart orienta:

> Uma pesquisa na Neurociência, em teoria comportamental, do cientista Daniel Kahneman, ganhador do Prêmio Nobel de Economia em 2002, indica que diante das circunstâncias, sejam elas quais forem, é muito mais provável que nosso dia será melhor se nosso foco for nos 50% de chances de termos coisas boas e não nos outros 50% que supõem que as coisas podem ser piores do que o dia anterior. Veja bem, essa pesquisa aponta que a dificuldade é uma questão de ponto de vista, ou seja, depende de para onde você está olhando.[11]

Nesse contexto, destaca-se a ideia de que olhar de modo positivo aumenta as nossas chances de sermos bem-sucedidos, o que nos sugere que devemos sempre considerar a questão: Para onde estamos olhando? Para o lado que acredita em coisas boas, com pensamento positivo e motivador, ou para o lado obscuro das impossibilidades?.

E aqui entra a Neurociência mais uma vez, embasando esses conceitos e ajudando-nos a entender que os pensamentos positivos influenciam nossos padrões de atividade cerebral, gerando emoções positivas, entusiasmo e resiliência, contribuindo para a construção de uma verdadeira mentalidade de sucesso.

Os pensamentos positivos ativam regiões do cérebro associadas ao prazer, à recompensa e ao bem-estar, como o córtex pré-frontal e o sistema límbico, que sempre trazem esperança e autoconfiança, o que favorece o sucesso e as conquistas. Essa ativação leva à liberação de neurotransmissores – dopamina e serotonina, por exemplo – relacionados ao bom humor e ao bem-estar.

A Neurociência mostra que o cérebro processa emoções negativas e positivas de maneiras diferentes. Ao adotarmos o pensamento positivo, conseguimos regular e redirecionar as emoções negativas, promovendo maior equilíbrio e reduzindo o estresse, a ansiedade e a depressão, o que contribui para uma melhor saúde mental.

Quando alguém mantém um mindset positivo acaba tomando medidas proativas em direção aos seus objetivos, estimulando a motivação, a persistência e a resiliência diante dos desafios, engajando-se em ações que levam ao sucesso e à realização. Isso porque, como revela a Neurociência, a nossa percepção e a nossa interpretação da realidade são influenciadas pelo nosso estado mental, assim, ao pensarmos de maneira positiva, melhoramos o modo como percebemos e interpretamos os eventos em nossa vida, vendo oportunidades mesmo diante dos obstáculos mais difíceis.

Compreender essa interação permite-nos utilizar estratégias embasadas na Neurociência para promover uma mentalidade positiva, mais saudável, determinada, resiliente e propensa ao sucesso. Ao aplicarmos tais estratégias, remodelamos os circuitos cerebrais e promovemos mudanças duradouras em nosso pensamento e em nosso comportamento, capacitando-nos também a explorar nosso potencial máximo.

De maneira concisa, ao combinar os princípios da Neurociência com o pensamento positivo, criamos uma mentalidade orientada para o sucesso, impulsionando nossos esforços e alcançando nossos objetivos com confiança e determinação.

Neurociência e PNL

A Programação Neurolinguística (PNL) é outra ferramenta de grande utilidade para a construção de um mindset de riqueza e prosperidade, e que também se beneficia dos conhecimentos fornecidos pela Neurociência.

Trata-se de uma abordagem psicológica que estuda como a linguagem e os padrões de pensamento e de comportamento influenciam a vivência do ser humano e sua forma de comunicação. Ela foi desenvolvida na década de 1970 por Richard Bandler[12] e John Grinder com o objetivo de entender e modelar as habilidades e as estratégias de pessoas bem-sucedidas em diversas áreas.

A PNL baseia-se na premissa de que a mente, a linguagem e o corpo estão interconectados e influenciam-se mutuamente. Ela oferece ferramentas e técnicas para ajudar as pessoas a se comunicarem melhor, a alcançarem metas, a superarem limitações, a mudarem comportamentos indesejados e a desenvolverem novas habilidades. Desse modo, ela vem ao encontro da nossa proposta de construir uma mentalidade de riqueza e prosperidade.

A Neurociência e a PNL estão relacionadas de várias maneiras. Embora a PNL não seja baseada diretamente em descobertas neurocientíficas, ela usa conceitos e técnicas que estão alinhados aos princípios desse campo da ciência, ampliando a compreensão dos processos mentais e da comunicação humana para promover mudanças positivas. O que a Neurociência ensina serve de estrutura para consolidar a compreensão e a aplicabilidade da PNL.

Por exemplo, a PNL tem como base o princípio da modelagem,[13] que envolve observar e replicar os padrões de comportamento bem-sucedidos de outras pessoas. A Neurociência estuda como os circuitos neurais são formados e como o cérebro aprende novos comportamentos, e a PNL usa essas informações nesse princípio.

A PNL explora como a linguagem influencia nossos pensamentos e comportamentos, ou seja, nosso estado mental e emocional e como nos comportamos. A Neurociência estuda os processos neurais envolvidos tanto nisso quanto na produção e na compreensão da linguagem. E ambas se dedicam a estudar e a aplicar, de modo mais completo, conhecimentos e práticas sobre como a comunicação afeta nosso cérebro e nosso comportamento, e como os pensamentos e as emoções podem ser moldados e modificados para promover maior bem-estar.

Como já foi dito, a Neurociência descobriu que o cérebro tem a capacidade de mudar e adaptar-se ao longo da vida. A PNL aproveita-se dessa descoberta para oferecer técnicas que promovem a reestruturação de padrões de pensamento e comportamento indesejados, buscando aproveitar a plasticidade neural para promover mudanças positivas.

Enfim, embora a PNL não seja uma abordagem baseada totalmente em evidências neurocientíficas, ela se fundamenta em princípios e descobertas que são consistentes com a compreensão científica do cérebro e do comportamento humano. A integração de conceitos e técnicas da Neurociência na PNL permite uma abordagem mais fundamentada e mais eficaz para a mudança pessoal e o desenvolvimento do indivíduo.

Como a PNL relaciona-se à mudança de mindset

Assim como a Neurociência, a PNL está diretamente relacionada à mudança de mindset, pois oferece várias técnicas e abordagens que podem ajudar as pessoas a alterarem seus padrões de pensamento e crenças limitantes, gerando maneiras de ser e de agir que favorecem o sucesso. Entre outras técnicas e recursos, a PNL ajuda dos seguintes modos:

➡ É eficaz na identificação, conscientização e mudança de padrões de pensamentos e convicções limitantes, que podem impedir o crescimento pessoal.

➡ Usa técnicas que permitem e ajudam as pessoas a alterarem a maneira como interpretam eventos e situações, promovendo uma ressignificação positiva de acontecimentos negativos e, assim, alterando a resposta emocional e o mindset a eles associados.

➡ Utiliza a técnica chamada de ancoragem para associar estados emocionais positivos a estímulos específicos. Isso significa criar uma âncora mental ou física que possa ser acionada quando necessário, para trazer à tona um estado mental ou emocional desejado. Por meio dessa técnica é possível acessar recursos internos positivos, como confiança, motivação ou calma, quando preciso. Isso auxilia na criação de um mindset mais fortalecido e resiliente.

➡ Ensina técnicas de comunicação eficazes, que ajudam a modificar os padrões de linguagem negativos e limitantes. Com a conscientização e a modificação dos padrões de linguagem, o indivíduo é capaz de substituir palavras negativas por positivas, utilizar afirmações poderosas e transformar declarações negativas em construtivas. Essa mudança na linguagem ajuda a reprogramar o mindset e a direcionar o foco para o positivo e para novas possibilidades.

➡ Oferece a possibilidade de modelar pessoas que alcançaram sucesso em uma determinada área. Ao estudar suas estratégias mentais, comportamentais e de pensamento, podemos adotar esses padrões e incorporá-los ao nosso próprio mindset. Essa abordagem permite a criação de novos recursos e a aquisição de novas perspectivas para alcançar resultados semelhantes aos das pessoas bem-sucedidas.

Enfim, a PNL oferece técnicas de reprogramação mental, embasadas na Neurociência, que ajudam a reestruturar padrões negativos ou limitantes, permitindo a criação de um mindset mais positivo, mais forte e orientado para o sucesso e para uma vida mais plena.

Esta obra também é baseada nos princípios, nas ideias e nas práticas da PNL – assim como da Neurociência, como dito anteriormente – com o objetivo específico de gerar uma mudança de mindset do indivíduo. Para quem busca realizações pessoais e profissionais, recomendo um estudo mais profundo sobre ela.

A Neurociência como ferramenta para a mudança de mindset

Esta é apenas uma pequena apresentação sobre a Neurociência e as diversas maneiras como ela embasa e associa-se a conhecimentos e práticas importantes para definir um mindset de crescimento, de riqueza e de prosperidade.

Pelo que foi dito até aqui, você já deve ter percebido a importância da Neurociência na nossa vida e na realização dos nossos sonhos e objetivos. E este material é apenas uma pequena amostra da imensidão de conhecimentos e práticas úteis que você encontra nessa área do conhecimento.

Apesar de sua importância, a Neurociência não é o tema deste livro. Se houver interesse, recomendo que você estude mais a fundo essa área para que possa aplicar ainda mais seus conceitos no seu dia a dia e construir uma verdadeira mentalidade de prosperidade.

Nesta obra, com base nos ensinamentos da Neurociência destacados até aqui, falarei de algumas posturas que chamo de "aceleradores para a geração de riquezas", e trabalharei em cada um deles particularmente, para que você possa aproveitar esse material para fazer a grande mudança para um mindset realmente vencedor.

3 A mudança de mindset e a geração de riqueza

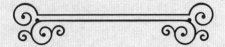

Riqueza é um termo que pode ser entendido de várias maneiras, mas de modo geral é definida como sendo a quantidade de bens, recursos e valores que alguém possui. Mas também pode ser entendida como a capacidade de uma pessoa de satisfazer suas necessidades e seus desejos, e proporcionar a si mesma e a outras pessoas uma vida confortável e segura.

Eu defendo que a riqueza não é apenas uma medida de bens materiais, também inclui aspectos intangíveis, como a educação, a saúde, a cultura, as relações sociais e a qualidade de vida em geral. Vejo-a, ainda, de maneira mais ampla, também como o conjunto de bens e valores que contribuem para a felicidade e o bem-estar de uma pessoa.

O ponto mais importante neste momento é entender que a riqueza, seja ela de que tipo for, só pode ser conquistada se tivermos uma mentalidade favorável, com pensamentos e crenças que contribuam para a sua obtenção. Portanto, se ainda não temos toda a riqueza que desejamos, isso significa que precisamos rever a forma como estamos pensando e as coisas em que acreditamos para, então, realizarmos as mudanças necessárias para ajustarmos os nossos pensamentos na direção dos nossos objetivos. E é exatamente nesse ponto que esbarramos em uma das maiores resistências do ser humano: a pouca disposição para mudanças.

Um dos maiores obstáculos para a mudança de mindset, assim como para toda e qualquer mudança, é que somos resistentes e apegados às nossas ideias e às nossas coisas. Esse é sempre o ponto mais crítico quando se fala nesse assunto.

Todo mundo, sem exceção, acredita que está sempre com a razão, que os errados são os outros, sendo capaz de "lutar até a morte" em defesa das próprias opiniões. De certa forma, isso é bom, senão mudaríamos de opinião muito facilmente, mas desapegar-se delas é sempre doloroso. É bastante difícil aceitar que estamos errados, sobretudo porque a crença em nossa própria razão é fundamental para a nossa identidade e a nossa autoestima.

Mas é exatamente nesse ponto que mora o perigo, pois é aí que muita gente sabota o próprio sucesso e acaba deixando para trás a riqueza e a felicidade. É por acharem que sempre estão certas que fica tão difícil de as pessoas aceitarem mudar de mentalidade.

E você? Será que você precisa de uma mudança de mentalidade? Antes de responder, pense um pouco sobre estas questões: você já realizou tudo o que queria na vida? Já se sente imensamente feliz e rico em todos os sentidos?

Sua resposta é "não"? Sente que ainda está faltando algo? Pois bem, só o fato de você ainda não ter alcançado todos os seus objetivos, realizado todos os seus sonhos e de não ter conquistado riqueza e felicidade suficientes em sua vida já é um forte indício de que existe alguma mudança que você precisa fazer no seu modo de pensar.

Para que aceitemos que precisamos mudar e promover essa mudança em nossa mentalidade, o primeiro passo é admitirmos que o que pensamos, acreditamos ou professamos provavelmente não está certo. Ou seja, é necessário aceitar que não estamos com a razão. Afinal, se não reconhecermos que estamos errados em algo, não veremos motivos para mudarmos.

É preciso assumir que você pode não estar atuando da melhor forma em muitos aspectos de sua vida e admitir que isso é o que está atrasando o seu progresso. Para tranquilizá-lo, quero que saiba que quando você admite seus erros e assume a responsabilidade por eles, adquire força e poder para corrigi-los e direcionar sua jornada pelo caminho certo, trabalhando na mudança do seu mindset, que passa a agir para a realização do que você deseja obter.

Talvez você esteja se perguntando por que a mudança de mindset é tão importante para os sucessos pessoal e profissional e para a geração de riqueza. Bem, existem várias razões. Veremos isso com detalhes nesta obra. Mas adianto que mudar a forma como pensamos ajuda-nos a enfrentar os desafios da vida com mais eficiência e sucesso e disponibiliza-nos as ferramentas para alcançarmos nossos objetivos com mais precisão e assertividade. Neste ponto, é importante ressaltar a necessidade de mantermos uma mentalidade flexível e aberta para que os resultados sejam mais significativos.

Como alerta especial, quero deixar claro que a mudança de mindset não é um objetivo final, mas um processo contínuo de aprendizado e crescimento. Ao tratar deste assunto, gosto de lembrar da filosofia japonesa do crescimento contínuo, o *kaizen*, cuja premissa diz: "Hoje melhor do que ontem, amanhã melhor do que hoje".

De acordo com os ensinamentos do professor e consultor organizacional japonês Masaaki Imai, considerado o pai do *kaizen*, esse processo passa a ocorrer a partir do pressuposto de que as pessoas podem melhorar continuamente no desenvolvimento de suas atividades, visando ao seu aprimoramento pessoal, de suas empresas e de seus colaboradores de modo geral.[14]

É importante deixar claro que uma mentalidade de riqueza plena deve ser construída no dia a dia, de maneira contínua. Logo, a sua jornada está apenas começando e há muita estrada a percorrer. A boa notícia é que é um caminho cheio de recompensas valiosas que se somam a cada nova empreitada.

A construção da riqueza

Neste primeiro momento falarei um pouco sobre riqueza em termos financeiros, porque, afinal, o dinheiro é a primeira imagem que costuma nos vir à mente quando dizemos que alguém é rico. Além disso, não há como negar que o dinheiro é uma abençoada ferramenta para viabilizar a execução dos nossos maiores planos e a realização dos nossos sonhos e objetivos materiais – e até mesmo alguns não materiais, mas que se beneficiam dos subsídios, dos benefícios e das facilidades que ter dinheiro pode trazer.

A construção da riqueza financeira é adquirir e acumular bens e ativos com o objetivo de aumentar o patrimônio financeiro. Isso pode incluir atividades como investimentos em ações, imóveis, poupança e outras formas de economizar e aplicar o dinheiro.

É sempre bom lembrar que a construção da riqueza financeira é um processo contínuo, que requer planejamento e disciplina para se alcançar e manter o sucesso em longo prazo, sendo necessário estar mentalmente preparado e orientado para atrair essa riqueza, fazer bom uso dela, mantê-la firme e aumentá-la com o passar do tempo.

Nesses termos, é possível perceber que ser material e financeiramente rico não é apenas uma questão de ter dinheiro; requer, sobretudo, uma mentalidade voltada para o sucesso pleno e não apenas o financeiro. Ou seja, é preciso ter um mindset de riqueza preparado e pronto para atuar em tudo o que se faz no dia a dia, no curto, no médio e no longo prazo, para que o verdadeiro sentido de riqueza se estabeleça em sua mente e manifeste-se em sua vida.

A riqueza plena

Para ampliarmos um pouco mais a nossa visão de riqueza, vamos falar do que chamo de riqueza plena, algo que vai muito além da riqueza financeira ou material e que inclui e suplanta totalmente essa última...

Trata-se de um conceito mais amplo, que se refere à sensação de bem--estar e à satisfação em todas as áreas da vida, incluindo saúde, relacionamentos, trabalho e lazer. É uma ideia de riqueza que não necessariamente relaciona-se com a quantidade de dinheiro que uma pessoa tem, embora não exclua a abundância financeira e mesmo a considere como ferramenta para ajudar na obtenção de outros tipos de riquezas. Enquanto a riqueza financeira pode ser medida em termos concretos, a riqueza plena é uma questão de percepção individual e varia de pessoa para pessoa.

É importante lembrar que o desenvolvimento da riqueza plena envolve harmonia entre todas as áreas da vida. Sua construção requer buscar, desenvolver, ampliar e manter um equilíbrio saudável entre as áreas financeira, emocional, física, mental e espiritual da vida. Isso, em resumo, significa trabalharmos para alcançar a prosperidade financeira ao mesmo tempo em que cuidamos da nossa saúde física e mental, mantemos relacionamentos saudáveis e buscamos a realização pessoal e espiritual.

Por isso é tão importante entender que construir um mindset de riqueza não se trata apenas de moldar um modo de pensar para acumular dinheiro e, sim, de desenvolver um modo de ser e de pensar que enfatize a criação e a gestão eficiente dos mais nobres recursos que podem existir em nossa vida.

Como conquistar a riqueza plena

Obter riqueza plena é uma jornada individual – e totalmente exclusiva –, cujo objetivo é a busca por satisfação e bem-estar em todas as áreas da vida. Essa é uma empreitada que depende das condições mais diversas possíveis em que você pode se envolver.

Desse modo, não existe um passo a passo exato para alcançar a riqueza plena. Porém, sejam quais forem as ações a serem adotadas nessa jornada, é indispensável ter um mindset de riqueza.

Dentro dessa linha de raciocínio, o primeiro estágio a ser empreendido nessa busca envolve uma autoanálise para verificar qual é o seu tipo de mentalidade. Depois, é necessário fazer um trabalho para mudar o seu mindset para ajustá-lo a um modelo que favoreça o seu enriquecimento. Listei a seguir algumas atividades e atitudes que podem ajudar nessa empreitada. Acompanhe.

➡ **Defina o que é riqueza plena para você:** cada pessoa tem suas próprias ideias sobre o que significa ter uma vida plena e satisfatória. É importante refletir sobre seus próprios valores e entender suas necessidades, desejos e prioridades, para conhecer o que é importante para você e, assim, tomar melhores decisões de vida.

➡ **Priorize sua saúde física e mental:** a saúde é a base para uma vida plena e feliz. Isso inclui cuidar de sua saúde física, com uma alimentação equilibrada e exercícios regulares, bem como cuidar da saúde mental, procurando ajuda profissional se necessário e praticando técnicas de relaxamento e redução de estresse. Enfim, cuide de sua saúde, pois ela é fundamental para se ter uma vida plena e realizada.

➡ **Cultive relacionamentos saudáveis:** os relacionamentos são uma parte importante da vida e podem fornecer suporte, apoio, amor, conexão e significado para nossa jornada. É importante cultivar relacionamentos saudáveis e positivos com amigos, familiares, parceiros, clientes e tantas outras pessoas do nosso convívio. Como corolário dessa proposição, devemos aprender a lidar de maneira eficaz com conflitos e desafios.

➡ **Encontre satisfação no trabalho:** o trabalho é uma parte importante da vida das pessoas e pode dar as sensações de propósito e de realização. É importante encontrar um trabalho que seja gratificante e que permita a você crescer, desenvolver seus talentos e manifestar a sua vocação no cumprimento da sua missão de vida.

➡ **Faça uma contribuição positiva para a sociedade:** contribuir positivamente para a sociedade é muito gratificante e, com certeza, ajuda muito para se ter uma vida de riqueza plena. Isso pode incluir coisas como voluntariado, doações ou apoio a causas importantes. Sua própria missão de vida pode ser definida levando em conta a colaboração ao próximo, afinal, a essência da vida gira em torno de "crescer e contribuir" – quanto mais eu colaboro, mais eu cresço; quanto mais eu cresço, mais tenho condições de contribuir.

A necessidade de mudar o mindset

Existe uma frase da qual gosto muito, do escritor Richard Bach: "Eis aqui um teste para verificar se a sua missão na Terra está cumprida. Se você está vivo, ela não está".[15] Parafraseando Bach, digo que existe um teste para saber se o seu mindset está adequado para o sucesso e para a felicidade: se você ainda não alcançou a riqueza plena que deseja, então ele ainda não chegou ao ponto certo. Nesse caso, existem mudanças a serem feitas no seu modo de pensar.

O que estou dizendo é que sempre existe a possibilidade de mudar o mindset para atingir a riqueza plena e continuar progredindo na vida. E aqui lembro outra frase bem conhecida, cuja autoria é atribuída a Albert Einstein – embora não existam evidências de que ele tenha realmente dito isso: "Insanidade é continuar fazendo sempre a mesma coisa e esperar resultados diferentes".

Essa frase ilustra a importância de mudar a abordagem, o pensamento, os recursos, as habilidades e a mentalidade quando buscamos resultados diferentes. Você não conseguirá isso se continuar fazendo sempre as mesmas coisas e da mesma maneira; ou, melhor ainda, se não mudar seu mindset. Se ainda não alcançou o sucesso e a felicidade que deseja, você precisa mudar seu modo de pensar e agir para conseguir novos e diferenciados resultados.

A mudança de mindset, quando necessária, é uma parte importante na jornada para se atingir a riqueza plena. A forma como pensamos e enxergamos o mundo influencia diretamente nossas ações e decisões em qualquer área da nossa vida. E acreditem: todo avanço significativo que fazemos começa com um ajuste do nosso mindset, focando nos desafios que temos que enfrentar e nos objetivos que queremos atingir.

Em resumo, a mudança de mindset é uma parte importante na jornada para se atingir a riqueza plena, e ela começa com você colocando seu foco em uma mentalidade de crescimento e desenvolvimento constantes, abundância, responsabilidade e proatividade.

Isso significa buscar aprender e evoluir continuamente, tanto em termos pessoais quanto profissionais. Além disso, ter uma mentalidade de abundância faz toda a diferença nos resultados. Isso significa acreditar que há oportunidades e recursos suficientes para todos e que é possível atingir a riqueza plena sem prejudicar ninguém. O mundo é abundante a ponto de permitir livremente relações do tipo ganha-ganha, em que todos são satisfeitos em seus desejos e suas necessidades.

É preciso ter também uma visão de longo prazo, porque você não vai querer simplesmente atingir seu objetivo e depois o colocar de lado, esquecer de manter sua conquista, não é? A riqueza plena tem que se consolidar na sua vida para que você desfrute dela e use-a como energia e motivação para ir sempre mais além e conquistar novas nuances da riqueza de viver.

É necessário estar disposto a trabalhar duro e a fazer sacrifícios no presente, a correr riscos e a tomar medidas às vezes difíceis para conquistar seus objetivos e seus sonhos de curto, médio e longo prazos.

Uma vez reconhecida a necessidade de mudar de mindset, outro aspecto importante a ser considerado é assumir a responsabilidade pelas suas ações e decisões e tomar medidas proativas para alcançar o sucesso. Isso inclui estar pronto para fazer escolhas difíceis e gerenciar o próprio progresso.

Uma vez que ficou claro que o seu mindset precisa estar ajustado na direção da jornada que você quer trilhar rumo ao sucesso, a minha pergunta agora é: você tem um mindset de riqueza, uma mentalidade que o ajude a chegar onde deseja e alcançar a riqueza plena em sua vida? Respondendo sinceramente a essa pergunta, ficará evidente o quanto você tem de mudar ou ajustar o seu mindset.

Mudando o mindset

Quando se fala em fazer mudanças, normalmente imaginamos que haverá pela frente uma série de dificuldades e bastante trabalho. Isso pode ser verdadeiro quando falamos de mudanças mais profundas e significativas, que vão mexer com a essência do que somos e em que acreditamos.

Mudar o nosso mindset pode exigir enfrentar crenças preestabelecidas, superar a falta de autoconhecimento e até mesmo submeter-se a um processo doloroso e frequentemente de muita resistência. Estamos falando de elementos incrustrados em nossa mente mais profunda que sempre aparecerão em momentos-chaves da nossa vida até que nos tornemos conscientes da necessidade de fazer as mudanças e colocá-las em prática.

Sendo bem objetivos, podemos considerar que algumas das principais dificuldades a serem enfrentadas para se mudar o mindset de uma pessoa são:

- **Crenças profundamente enraizadas:** concepções já cristalizadas em nosso subconsciente, que podem ser difíceis de mudar porque estão muito ancoradas em nossa identidade e em nossos valores.
- **Falta de autoconhecimento:** sem uma compreensão clara do próprio pensamento, das próprias motivações e dos impedimentos que julgamos ter, pode ser difícil mudar o nosso mindset.
- **Falta de motivação ou de incentivo:** mudar o mindset pode exigir muito esforço, trabalho e até mesmo certa dose de sofrimento. Por essa razão, é necessário ter muita determinação e resiliência, e também incentivos claros para construir a motivação necessária para mudar.
- **Falta de apoio:** mudar o mindset pode ser mais fácil com o apoio de outras pessoas, de amigos e parentes confiáveis, mas às vezes é difícil encontrar pessoas dispostas a apoiar a mudança. Dessa forma, também é preciso levar em conta a possibilidade de buscar ajuda com bons profissionais da área de psicoterapia.
- **Falta de recursos ou recursos limitados:** mudar o mindset às vezes exige, além de tempo e esforço, recurso financeiro para investir em treinamentos e/ou acompanhamento de coaches, mentores, terapeutas ou outros profissionais de áreas afins. Se a pessoa não tiver esses recursos disponíveis, pode ser mais difícil fazer a mudança.

➡ **Falta de conscientização:** algumas pessoas nem mesmo estão cientes de que seu mindset está limitando-as a alcançarem a riqueza plena. Nesses casos, elas podem até mesmo não ver a necessidade de mudar e continuarem patinando no mesmo lugar, sem entender o motivo de não avançarem e não terem sucesso.

É importante lembrar que mudar para um mindset de riqueza trará incontáveis benefícios. À medida que sua mentalidade se volta para a prosperidade, a abundância e a riqueza, expandem-se suas possibilidades e opções, aumentam a sua resiliência e a flexibilidade para adaptar-se ao novo, e melhora sua qualidade de vida como um todo. Assim, mesmo que seja desafiador, vale a pena enfrentar as dificuldades necessárias para realizar essa mudança.

Para facilitar a sua jornada rumo à riqueza plena, listarei o que considero serem "os sete aceleradores para a mudança de mindset e a geração de riqueza". Com essas ideias em mente, focaremos os mais diversos aspectos da mudança e de como agir em cada um deles para construir a riqueza plena em sua vida.

Os sete aceleradores que possibilitam, favorecem e aceleram a mudança para uma mentalidade fortalecedora e realizadora, um completo mindset de riqueza, são:

1. Ter clareza sobre o seu mindset atual;
2. Praticar a autogestão emocional e do pensamento;
3. Enfrentar de modo eficaz as adversidades;
4. Ter uma postura flexível e adaptável;
5. Estruturar uma força interior para romper as limitações;
6. Construir e manter uma rede de suporte;
7. Cuidar da manutenção do seu novo mindset.

Nos próximos capítulos, trabalharemos cada um deles detalhadamente.

4

ACELERADOR 1
Ter clareza sobre o seu mindset atual

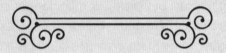

Antes de qualquer mudança, é preciso saber onde estamos. Se queremos ir a Orlando, por exemplo, para decidir qual rota tomar é necessário saber de onde partiremos. Se queremos mudar para um mindset de riqueza, temos que saber com qual mentalidade estamos agindo naquele momento.

O primeiro passo para descobrir como está o mindset é saber um pouco mais sobre os tipos de mentalidades mais comuns e como isso influencia nas decisões e nos resultados, ainda que não se esteja consciente de seu modo de pensar. Isso fica tão evidente que é possível perceber qual é a mentalidade com base apenas no comportamento, nos resultados e, especialmente, na reação de uma pessoa diante do fracasso e do sucesso.

Para efeito didático e prático, segundo a psicóloga e escritora Carol Dweck, podemos dividir as pessoas em dois grandes grupos básicos de acordo com os tipos de mindset:

- **Pessoas com mentalidade fixa:** mindset fixo.
- **Pessoas com mentalidade de crescimento:** mindset de crescimento.

Carol Susan Dweck é uma psicóloga norte-americana, professora de Psicologia na Universidade Stanford. É mundialmente reconhecida por seu trabalho sobre a mentalidade humana. Suas pesquisas, ideias e proposições relativas à inteligência humana estão descritas em seu livro *Mindset: The New Psychology of Success*.[16]

O mindset fixo é a crença de que nossas características e habilidades não podem ser mudadas. Entre outros desajustes, essa ideia pode levar o indivíduo a pensar: *Eu sou assim e não posso mudar*, o que é um dos principais obstáculos ao crescimento pessoal e ao sucesso.

Por outro lado, o mindset de crescimento é a crença de que podemos melhorar e aprender novas habilidades. Pessoas com esse tipo de mindset são adeptas do que chamamos atualmente de *lifelong learning*, ou educação continuada, que defende o aprendizado e sustenta a ideia de que os estudos devem ser permanentes e que podemos e devemos aprender sempre. Isso nos leva a buscar aprendizado e desenvolvimento constantemente e gera um impulso na direção do crescimento pessoal e do sucesso.

Vamos trabalhar um pouco mais em cima desses conceitos para entender como cada um desses tipos de mindset afeta os nossos resultados.

Pessoas com mentalidade fixa

Algumas pessoas acreditam que o sucesso delas é resultado somente das habilidades com as quais nasceram e que, portanto, estão limitadas quanto ao que podem alcançar na vida. Em outras palavras, é o mesmo que dizer que se a pessoa não nasceu com determinada habilidade, ela nunca terá sucesso em alguma área que dependa dela. Ou, ainda, levando essa ideia ao extremo, poderíamos chegar à conclusão de que "quem nasceu sem habilidades não realiza coisa alguma na vida". Essas pessoas são aquelas que acreditam que têm uma capacidade intelectual fixa, imutável. Ou seja, elas têm uma "mentalidade fixa", de acordo com a classificação dada por Dweck.

Em geral, pessoas com essa mentalidade costumam ter dificuldade de adaptarem-se a mudanças e enfrentarem desafios, pois acreditam que não têm o que é preciso para ter sucesso. Elas acham que não são capazes de realizar algo que esteja fora da sua rotina, que esteja além das suas capacidades já conhecidas. Às vezes, por terem baixa autoconfiança, sequer enxergam as próprias qualidades e potencialidades.

Quem tem mindset fixo acha que suas habilidades são limitadas apenas àquelas com as quais nasceu e que elas não podem ser aperfeiçoadas nem outras novas serem aprendidas. Ou seja, elas creem que não podem ir além daquilo que já têm, que "são o que são", e por isso não ousam desejar mais da vida.

Como consequência, essas pessoas tendem a preocupar-se exageradamente com o fracasso e sentem-se ameaçadas quando confrontadas com alguma situação que pode revelar suas limitações ou colocá-las à prova. O resultado disso é que esses indivíduos são inseguros e resistem a mudanças e novos desafios, mesmo que sejam oportunidades de aprendizado e de crescimento, o que acaba limitando seu progresso e desperdiçando seu verdadeiro potencial.

Como dito, os indivíduos com mindset fixo têm muito receio do fracasso, veem a derrota como uma comprovação de sua incapacidade de evoluir e acabam desenvolvendo vários preconceitos desestimulantes sobre si mesmos, como afirmar que nunca alcançarão a prosperidade... Como eles temem arriscar-se, são menos flexíveis e menos abertos a novas ideias, o que dificulta ainda mais a sua capacidade de adaptar-se e enfrentar novos desafios, deixando passar grandes oportunidades.

Como as pessoas de mentalidade fixa têm certeza de que não podem desenvolver novas habilidades e que, portanto, a riqueza e as coisas boas da vida não são para elas, elas costumam comparar-se aos outros e a sentirem inveja de quem é bem-sucedido.

Essa comparação – muitas vezes desfavorável – acaba gerando um processo de vitimismo e derrotismo ainda maior, deixando-as resistentes também a feedbacks e a críticas que poderiam ajudar em seu desenvolvimento. Assim, desperdiçam boas chances de se autoavaliarem e de melhorarem.

E, é claro, como o ego tem dificuldade de admitir tais comparações, essas pessoas gastam boa parte do seu tempo e da sua energia – que poderiam ser dedicados ao seu próprio desenvolvimento – tentando parecer mais inteligentes e não passar por situações constrangedoras. Isto é, elas vivem de aparências e não realizam muito na vida, ou realizam muito menos do que seu potencial verdadeiro permitiria se tivessem um modo de pensar mais assertivo, confiante e obstinado.

Na outra ponta disso, temos aqueles que acreditam que seu sucesso é ilimitado e que seus resultados são baseados em aprendizado, treinamento, trabalho duro e perseverança. Esses indivíduos creem em seu crescimento, em que sua inteligência pode ser estimulada, desenvolvida e ampliada, por isso fazem parte de um grupo de pessoas com "mentalidade de crescimento".

Pessoas com mentalidade de crescimento

No lado oposto das pessoas de mindset fixo estão aquelas que têm uma mentalidade de crescimento. Elas entendem que seus talentos podem ser melhor desenvolvidos por meio de esforço, de estudo e de persistência, e que também podem desenvolver novas capacidades.

Elas sabem que somos diferentes e respeitam a individualidade e a originalidade de cada ser humano, e também acreditam que todos podem desenvolver-se se trabalharem nisso. Acima de tudo, compreendem que seu desenvolvimento pessoal depende apenas delas mesmas.

As pessoas com mindset de crescimento investem mais em autodesenvolvimento e destacam-se no mundo, realizando coisas que a grande maioria nem mesmo arriscaria tentar. Comportam-se como vencedoras, tendem a ter uma atitude mais positiva e proativa em relação a si mesmas e aos outros, e seguem investindo no próprio crescimento, transformando-se em verdadeiros "fodidos obstinados"[17] e, consequentemente, ampliando suas chances de sucesso e prosperidade.

A mentalidade de crescimento é mais adaptável e aberta a mudanças, permitindo que a pessoa enfrente os desafios de maneira mais focada e positiva. Os novos desafios e as mudanças são encarados como oportunidades de aprendizado, desenvolvimento e crescimento, em vez de como ameaças ou obstáculos. Desse modo, quem tem esse mindset tende a enfrentar os desafios e contratempos com entusiasmo, pois acredita que são elementos que ajudam a aprender, crescer e prosperar.

De modo bem objetivo, o quadro a seguir apresenta as principais diferenças entre o mindset fixo e o mindset de crescimento.

Quadro comparativo entre o mindset fixo e o mindset de crescimento

DIFERENÇAS ENTRE MINDSET FIXO E MINDSET DE CRESCIMENTO		
CARACTERÍSTICA	**MINDSET FIXO**	**MINDSET DE CRESCIMENTO**
Crenças quanto ao próprio potencial de mudança	As pessoas de mindset fixo acreditam que suas características e habilidades são fixas e não podem ser mudadas.	As pessoas de mindset de crescimento acreditam que sempre é possível melhorar e aprender novas habilidades. Essas pessoas também têm mais facilidade em adaptarem-se a mudanças.

CARACTERÍSTICA	MINDSET FIXO	MINDSET DE CRESCIMENTO
Desenvolvimento de habilidades	As pessoas com mentalidade fixa não veem necessidade de investir em seu desenvolvimento nem de melhorar seu aprendizado, pois não acreditam que isso fará diferença em seus resultados.	As pessoas com mentalidade de crescimento são mais dispostas a investirem em seu próprio desenvolvimento e aprendizado, o que as leva a aumentarem suas habilidades e conhecimentos e, consequentemente, a melhorarem suas chances de sucesso e prosperidade.
Visão de oportunidades	As pessoas de mindset fixo raramente enxergam uma oportunidade e mesmo quando a veem não as aproveitam. Tudo o que enxergam são os obstáculos que têm pela frente.	As pessoas de mindset de crescimento tendem a enxergar oportunidades onde outras pessoas veem apenas obstáculos, o que aumenta suas chances de sucesso e prosperidade.
Rigidez de comportamento	As pessoas com mentalidade fixa são mais resistentes a sair do lugar comum, da rotina de seu dia a dia, de modo que raramente se arriscam para fora de sua zona de segurança.	As pessoas com mentalidade de crescimento são mais adaptáveis e flexíveis, o que as ajuda a mudar, a encarar desafios e a superar obstáculos de maneira mais positiva e proativa.
Atitude diante dos desafios	As pessoas de mindset fixo costumam evitar desafios, pois acham que não têm a habilidade necessária para superá-los.	As pessoas de mindset de crescimento mantêm a atitude de enfrentar os desafios, vendo-os como oportunidades de aprendizado e crescimento. Elas são ávidas por novas oportunidades para superarem a si mesmas, pois acreditam que podem aprender e crescer por meio dessas experiências.
Reação ao fracasso	As pessoas com mentalidade fixa costumam ter uma reação negativa ao fracasso, pois acreditam que é um sinal de suas próprias limitações.	As pessoas com mentalidade de crescimento costumam ver o fracasso como oportunidades de aprendizado e progresso. Logo, não se deixam abalar pelos fracassos e aprendem com eles, tornando-se mais resilientes e persistentes. Essas pessoas aceitam o fracasso como sendo uma das possibilidades existentes em tudo o que arriscam fazer e compreendem que seu aprendizado e seu desempenho podem ser melhorados a partir de uma derrota.

CARACTERÍSTICA	MINDSET FIXO	MINDSET DE CRESCIMENTO
Orientação do esforço	Em geral, as pessoas de mindset fixo procuram orientações de esforço que as ajudem a evitar o fracasso.	As pessoas de mindset de crescimento esforçam-se para aprender e progredir.
Resistência a críticas	As pessoas com mentalidade fixa, sendo muito mais propensas a inferiorizarem-se diante dos outros, são resistentes a feedbacks e críticas. Desse modo, desperdiçam boas chances de se autoavaliarem e agirem no sentido de melhorarem a si mesmas.	As pessoas com mentalidade de crescimento são mais receptivas a feedbacks e críticas, pois acreditam que isso pode ajudá-las a melhorar e a se desenvolver.
Autoestima	As pessoas com mentalidade fixa são muito mais propensas a compararem-se aos outros e a sentirem inveja ou ciúme quando alguém tem sucesso em algo que elas não se sentem capazes de vencer ou acham que não podem destacar-se. Elas se colocam em segundo plano e autodepreciam-se.	As pessoas de mindset de crescimento pensam que se alguém conseguiu fazer algo, elas também conseguem. Elas redobram seus esforços e preparam-se para também conquistarem a sua vitória. Pensam e atuam para se desenvolverem e, quando chegam ao pódio, isso reforça ainda mais a sua autoestima.
Força da personalidade	As pessoas de mindset fixo normalmente não são vistas como sujeitos que podem tornar-se fortes, atuantes e ricos, pois elas não têm as características necessárias para isso.	As pessoas com mentalidade de crescimento normalmente são reconhecidas como alguém que têm mentalidade fortalecedora e de riqueza, o que significa que quanto mais elas investem no próprio crescimento, mais se tornam fortes e plenamente ricas.

A partir do comportamento e da postura das pessoas que têm mentalidade de crescimento, fica simples entender por que elas são consideradas detentoras de uma mentalidade fortalecedora – que permite que enfrentem os desafios com mais resiliência, garra, obstinação e persistência – e de riqueza – pois elas tendem a enxergar oportunidades em situações que outros veem como obstáculos.

Todas essas qualidades, além de outras, favorecem o fortalecimento da determinação e da crença no "vou conseguir", além de criarem as condições para que a pessoa trabalhe com assertividade, determinação e resiliência.

Isso permite à pessoa viver de modo menos estressante, levando ao fortalecimento, à riqueza financeira e, sobretudo, à riqueza plena.

Sim, o seu mindset determina os seus resultados

O seu mindset define a maneira como você encara o mundo, relaciona-se com ele e reage diante das situações que enfrenta no dia a dia. Sem dúvida alguma, ele influencia de maneira significativa os resultados que você alcança porque determina como você se comporta, o que faz, como encara os desafios e os contratempos.

Quando falo em construir uma riqueza plena penso, antes de tudo, em focar em construir um mindset de riqueza. Como ensinou o escritor Joseph Murphy, rico é quem tem essa mente. O importante é que podemos aplicar essa mesma mentalidade em todos os aspectos da vida, afinal, riqueza não é só dinheiro, é ter uma vida plena, abundante, de crescimento e colaboração.

Para ser rico é fundamental ocupar a sua mente com a expectativa do melhor e viver na certeza de trabalhar por coisas agradáveis, verdadeiras e justas, para que sua energia e a qualidade de seus pensamentos conscientes prevaleçam e formem crenças que trabalhem ao seu favor. Nas palavras de Joseph Murphy, "Você tem o incrível potencial de ser, fazer e conquistar o que quer que deseje, imagine e acredite verdadeiramente".[18]

Para lembrar, quem tem a mentalidade fixa tende a fugir dos desafios, com receio de fracassar. Isso limita o potencial da pessoa e impede-a de atingir seus objetivos. Já quem tem a mentalidade de crescimento acredita que pode melhorar suas habilidades e características a ponto de tornar-se mais preparado para enfrentar os desafios, aproveitar as oportunidades de aprendizado e crescimento e chegar à vitória.

Dentro de um contexto de tanta importância, considero interessante citar casos reais para ilustrar o que estou falando. Sendo assim, acredito que os exemplos a seguir serão muito úteis para você compreender mais a fundo a influência do mindset nos resultados e na vida como um todo.

Um primeiro exemplo de como o mindset é definitivo nos resultados de uma pessoa vem da Carol Dweck, psicóloga citada anteriormente e que realizou incontáveis estudos e experimentações sobre o tema.[19] Em muitos de seus ensaios, ela descobriu que crianças com mindset de crescimento obtiveram resultados em tarefas escolares muito superiores aos das crianças que tinham mindset fixo.

Em um dos seus famosos estudos, Dweck dividiu um grupo de crianças em dois subgrupos – um com aquelas crianças que apresentavam mindset fixo e outro com crianças com mindset de crescimento – e ensinou-lhes uma série de tarefas. Em seguida, ofereceu a cada criança novas tarefas, afirmando serem essas mais difíceis do que as anteriores. As crianças com mindset de crescimento enfrentaram o desafio com entusiasmo e empenharam-se para concluir as tarefas. Já as crianças com mindset fixo recusaram a atividade, mostrando-se desmotivadas e frustradas.

A análise dos resultados desse estudo mostrou como o tipo de mindset é um fator importante no sucesso de uma pessoa e tem um impacto significativo nos resultados que as crianças alcançarão ao longo da vida.

Um segundo exemplo de como o mindset pode gerar sucesso vem de Elon Musk, famoso empreendedor, fundador da SpaceX e da Tesla. Ele é conhecido por sua mentalidade de crescimento e pelo seu compromisso com a inovação e com o avanço tecnológico. Com um forte senso de propósito, ele acredita que é possível fazer uma diferença positiva no mundo por meio do empreendedorismo e da tecnologia.

Musk tem um mindset de crescimento e de riqueza que o leva a enfrentar os desafios com determinação e de modo positivo, e a buscar soluções inovadoras e que realmente trazem um benefício significativo para as pessoas e para o mundo. Ele é conhecido por sua capacidade de aprender rapidamente e por seu compromisso com o trabalho duro e o esforço constante, o que lhe permitiu ser bem-sucedido em vários campos, como a tecnologia, a energia e o transporte, e fazer a diferença por meio de seus empreendimentos. Seu mindset foi definitivo para o seu sucesso, pois ele não o teria alcançado se tivesse uma mentalidade fixa.

Na outra ponta desses exemplos, temos casos em que o mindset fixo acabou com um sonho ou com um negócio. Um desses casos, bastante conhecido no mercado e em estudos, é o da Blockbuster, uma empresa de locação de vídeos que foi um dos maiores players do mercado durante anos, mas não se manteve no mercado.

A Blockbuster foi uma das empresas mais bem-sucedidas do setor durante muito tempo, mas resistiu a acompanhar as mudanças no mercado de aluguel de filmes e recusou-se a adaptar-se às novas tecnologias, como o *streaming* de vídeo. Em vez disso, a empresa manteve o foco em seu negócio tradicional de locação de DVDs e VHSs, ignorando os sinais de que o mercado estava mudando. Esse é um caso típico de quem tem mentalidade fixa e não se abre às inovações.

Enquanto isso, outras empresas que atuavam com uma mentalidade de crescimento, como a Netflix, foram adaptando-se às novas tecnologias e criando modelos de negócio baseados no *streaming* de vídeo, que mostrou ser mais barato, mais prático, mais rápido e de uma logística extremamente mais simples. Isso lhes deu uma vantagem imensa sobre a Blockbuster, que continuou a lutar para manter vivo seu modelo obsoleto de locação de filmes.

Mais um caso clássico de mentalidade inadequada ao sucesso que derrubou outra gigante do mercado tem como protagonista a conhecida Kodak.

A empresa dominou o mercado da fotografia durante muito tempo, com presença no mundo todo, porém acabou falindo em uma época em que o mercado de fotos crescia com nunca. Parece incoerente, mas não é. Eles simplesmente não arriscaram e não investiram no que era necessário para se adequarem a um mercado em rápida mudança.

Quando a Kodak criou a câmera digital, ficou muito claro que aquela inovação ameaçava sua principal fonte de receita. Contudo, apostando que a fotografia digital demoraria décadas para tornar-se viável no mercado, técnica e financeiramente falando, a empresa decidiu manter-se focada no mercado tradicional de fotos. A decisão de não inovar, característica própria de uma mentalidade fixa, foi o pecado que a condenou à falência.

Mesmo sendo uma empresa inovadora, a Kodak agiu como uma companhia arcaica, com pensamento e comportamento incompatíveis com a velocidade com que o mercado e a tecnologia estavam mudando. Ela e seus líderes, traídos por sua mentalidade fixa, não perceberam que a foto digital era uma transformação profunda no mercado da fotografia e que viria com uma velocidade não imaginada.[20]

Em mais um exemplo, este agora altamente positivo, falo sobre Steve Jobs e como ele usou seu mindset de riqueza e crescimento para construir o sucesso de seus negócios.

Jobs foi um empreendedor e visionário que teve um papel fundamental na criação e no crescimento da Apple, uma empresa que se tornou um dos maiores desenvolvedores, produtores e fabricantes de tecnologia do mundo. Ele ficou conhecido por sua crença na criação de produtos inovadores e pelo seu foco na criação de valor para os clientes. Só por esses quesitos já percebemos a qualidade de seu mindset.

Outro exemplo positivo de mindset de Steve Jobs que foi decisivo para o sucesso da Apple foi a estratégia de marketing por ele implementada para lançar o iPhone, um dispositivo que revolucionou o mercado de telefonia celular e mudou por completo o modo como pessoas comuns lidavam com as tecnologias das telecomunicações e da informação. Antes do lançamento do aparelho, a Apple enfrentava uma concorrência tão forte no mercado de telefones celulares que muitos especialistas duvidavam da sua capacidade de se firmar nesse ramo.

Steve Jobs acreditava firmemente no potencial do iPhone, e desenvolveu uma estratégia de marketing sob medida para promovê-lo. Ele investiu em publicidade de alto impacto, realizou eventos de lançamento espetaculares e trabalhou em estreita colaboração com seus parceiros de distribuição para garantir que o iPhone fosse amplamente divulgado e estivesse disponível para seus potenciais clientes. Além disso, ele se concentrou em criar uma experiência de usuário excepcional, oferecendo recursos inovadores, como a tela sensível ao toque. Todas essas iniciativas contribuíram para o enorme sucesso do produto e ajudaram a consolidar a presença da Apple como líder no mercado de tecnologia.

O mindset de riqueza e crescimento de Steve Jobs foi fundamental para que ele enxergasse o potencial do dispositivo e implementasse uma excelente estratégia para promovê-lo. Sem essa visão e determinação, é pouco provável que o iPhone tivesse alcançado o sucesso que conhecemos hoje.

Concluindo, como afirmei no início deste capítulo: sim, o seu mindset determina os seus resultados porque define a maneira como você encara o mundo e as pessoas e relaciona-se com elas.

Um mindset fixo é um modo de pensar limitante que nos impede de agir como é preciso para construir uma riqueza plena. Ele é composto por crenças e pensamentos negativos que nos atrapalham de ver as coisas de uma perspectiva diferente ou de tomar medidas para mudar a nossa situação. Já o mindset de crescimento torna-nos mais seguros e mais capazes de mudar a nossa vida na direção que sonhamos e ansiamos, e estimula o nosso crescimento pessoal e profissional.

Reconhecer um mindset fixo e trabalhar para transformá-lo em uma mentalidade de riqueza é o primeiro passo para você mudar a sua vida, alcançar os seus objetivos e sonhos e ser mais feliz.

O próximo movimento é ajudá-lo a reconhecer qual é o seu mindset atual para darmos os próximos passos na construção da sua riqueza plena.

Em que ponto você se encontra hoje?

Este é um ponto básico em qualquer jornada: você precisa saber onde está para saber o que fazer para chegar aonde quer. Ou seja, compreender claramente qual é o seu mindset atual é essencial para saber quais são as mudanças necessárias na sua forma de pensar e que caminho poderá levá-lo até lá. Isso inclui identificar seus padrões de pensamento e comportamento, bem como suas crenças e valores.

A compreensão do seu mindset atual é a definição do ponto de partida para a transformação que você deseja ou precisa fazer no seu modo de pensar e de agir. Trata-se do primeiro passo de uma estratégia que envolve três etapas:

1. Saber em que ponto você está, de onde está partindo;
2. Saber para onde você quer ir;
3. Ter um mapa ou um plano de viagem.

E é exatamente nesta etapa em que nos encontramos agora: fazer uma avaliação para determinar o seu ponto de partida para começar a jornada rumo a um mindset de riqueza. É a partir dele que você deverá se organizar para construir uma estratégia que vai potencializar e alavancar o seu progresso.

Por isso, criei um teste que chamei de "Barômetro do mindset dominante". Nele, o leitor é convidado a refletir sobre as suas crenças e os seus comportamentos atuais e como eles podem estar limitando o seu potencial.

Lembre-se: todo sucesso começa com o primeiro passo, desde que você dê o passo na direção certa. E para saber qual é, você precisa saber quem você é e como e onde está agora.

O "Barômetro do mindset dominante"

Esse teste vai ajudá-lo a descobrir qual é o seu mindset atual e, a partir de então, você poderá traçar uma estratégia para levá-lo a desenvolver cada vez mais um mindset de riqueza.

Por que chamei esse teste de "Barômetro do mindset dominante"? Porque o barômetro é um instrumento científico utilizado para medir a pressão atmosférica. As palavras-chaves aqui são "medir a pressão".

Explico: cada tipo de mindset exerce uma pressão em nossa vida, ou seja, exige certos comportamentos e, em troca, devolve-nos determinados resultados, positivos ou negativos. Como normalmente não gostamos de "viver sob pressão", consideremos que quanto maior a pressão do nosso mindset na nossa mente, menos agradável e menos desejável ele é.

Nesse contexto, podemos dizer que um mindset fixo exerce uma pressão alta e incômoda, pois ele não permite que realizemos plenamente nossos sonhos. No contraponto, temos o mindset de crescimento, de fortalecimento, de riqueza, que exerce pouca pressão sobre nós, uma pressão confortável e estimulante, que nos permite pensar e agir com tranquilidade ao buscar nossos objetivos.

Feitas essas considerações, resta esclarecer que essa pressão é exercida por nós mesmos, em um processo de autocobrança, que pode ser consciente ou inconsciente. Podemos dizer, então, que esse teste tem o objetivo de oferecer uma ideia de como anda a pressão exercida pelo seu mindset em sua vida ou descobrir qual é o seu mindset dominante atualmente.

A seguir estão alguns dos principais pensamentos, comportamentos e atitudes das pessoas que têm um mindset de riqueza e crescimento. Analise-os e veja em quais você se enquadra e com que frequência os pratica. Marque um "X" na opção que mais o representa em relação a cada situação.

01. Em tudo o que faço, acredito que posso aprender coisas novas e melho-rar minhas habilidades e meu desempenho para conseguir resultados cada vez melhores.

Quando você tem essa atitude?

☐ Nunca ☐ Raramente ☐ Às vezes
☐ Com frequência ☐ Quase sempre

Mentalidade de riqueza

02. Encaro as novidades e as inovações com naturalidade e entusiasmo e tenho grande facilidade em adaptar-me às mudanças.
Quando você tem essa atitude?

☐ Nunca   ☐ Raramente   ☐ Às vezes
☐ Com frequência   ☐ Quase sempre

03. Invisto em meu desenvolvimento pessoal, buscando melhorar minhas habilidades e meus conhecimentos para ter mais chances de prosperidade.
Quando você tem essa atitude?

☐ Nunca   ☐ Raramente   ☐ Às vezes
☐ Com frequência   ☐ Quase sempre

04. Enxergo oportunidades em situações em que a maioria das pessoas veem apenas obstáculos.
Quando você tem essa atitude?

☐ Nunca   ☐ Raramente   ☐ Às vezes
☐ Com frequência   ☐ Quase sempre

05. Valorizo a busca por educação e atualização constante dos meus conhecimentos, compreendendo que posso sempre evoluir a partir de novos aprendizados.
Quando você tem essa atitude?

☐ Nunca   ☐ Raramente   ☐ Às vezes
☐ Com frequência   ☐ Quase sempre

06. Sou flexível e adaptável ao que é necessário e verdadeiro. Não me considero o dono da verdade.
Quando você tem essa atitude?

☐ Nunca   ☐ Raramente   ☐ Às vezes
☐ Com frequência   ☐ Quase sempre

07. Enfrento os desafios com determinação e boa vontade, porque os vejo como oportunidades de aprendizado e crescimento.
Quando você tem essa atitude?

☐ Nunca   ☐ Raramente   ☐ Às vezes
☐ Com frequência   ☐ Quase sempre

Ter clareza sobre o seu mindset atual

08. Sinto verdadeiro prazer e entusiasmo ao encontrar novas oportunidades de superação, pois sei que elas me ajudam a crescer e tornar-me uma pessoa melhor.
Quando você tem essa atitude?

☐ Nunca   ☐ Raramente   ☐ Às vezes
☐ Com frequência   ☐ Quase sempre

09. Não me deixo abalar pelos meus fracassos, pois vejo-os como excelentes oportunidades de aprendizado e progresso.
Quando você tem essa atitude?

☐ Nunca   ☐ Raramente   ☐ Às vezes
☐ Com frequência   ☐ Quase sempre

10. Minha orientação pessoal é para o sucesso e para a riqueza plena, e isso me leva a concentrar meus esforços na direção do aprendizado e do progresso.
Quando você tem essa atitude?

☐ Nunca   ☐ Raramente   ☐ Às vezes
☐ Com frequência   ☐ Quase sempre

11. Encaro bem as críticas e os feedbacks que recebo, pois são elementos fundamentais para me ajudar a melhorar e me desenvolver.
Quando você tem essa atitude?

☐ Nunca   ☐ Raramente   ☐ Às vezes
☐ Com frequência   ☐ Quase sempre

12. Sou capaz de seguir em frente na minha jornada e chegar ao meu objetivo sem fazer papel de vítima, sem reclamar, afastando da minha vida qualquer energia derrotista.
Quando você tem essa atitude?

☐ Nunca   ☐ Raramente   ☐ Às vezes
☐ Com frequência   ☐ Quase sempre

13. Penso que se alguém conseguiu fazer algo, eu também posso fazer. Então inspiro-me em quem já teve sucesso e redobro meus esforços na busca pelo que desejo realizar.
Quando você tem essa atitude?

☐ Nunca   ☐ Raramente   ☐ Às vezes
☐ Com frequência   ☐ Quase sempre

Mentalidade de riqueza

14. Penso e atuo para me desenvolver e alcançar a(s) minha(s) meta(s). E quando chego ao pódio comemoro com quem colaborou com a minha vitória e, assim, todos ganhamos novo reforço em nossa autoestima e em nosso poder de realização.
Quando você tem essa atitude?
☐ Nunca ☐ Raramente ☐ Às vezes
☐ Com frequência ☐ Quase sempre

15. Ajo sempre de maneira a ser reconhecido como alguém que tem uma mentalidade fortalecedora e um mindset de riqueza. Assim, atraio bons colaboradores e juntos realizamos muito mais.
Quando você tem essa atitude?
☐ Nunca ☐ Raramente ☐ Às vezes
☐ Com frequência ☐ Quase sempre

16. Quanto mais eu invisto em meu crescimento mais fico forte e plenamente rico.
Quando você tem essa atitude?
☐ Nunca ☐ Raramente ☐ Às vezes
☐ Com frequência ☐ Quase sempre

17. Acredito que investir em meu desenvolvimento e melhorar o meu aprendizado faz toda a diferença em meus resultados.
Quando você tem essa atitude?
☐ Nunca ☐ Raramente ☐ Às vezes
☐ Com frequência ☐ Quase sempre

18. Obstáculos não são problemas, e sim oportunidades. É assim que penso e oriento as minhas ações.
Quando você tem essa atitude?
☐ Nunca ☐ Raramente ☐ Às vezes
☐ Com frequência ☐ Quase sempre

19. Não tenho dificuldades em sair da rotina e gosto de me arriscar para fora da minha zona de segurança.
Quando você tem essa atitude?
☐ Nunca ☐ Raramente ☐ Às vezes
☐ Com frequência ☐ Quase sempre

20. Que venham os desafios! Tenho toda a habilidade necessária para vencê-los. Essa é a minha forma de pensar e agir.
Quando você tem essa atitude?

☐ Nunca ☐ Raramente ☐ Às vezes
☐ Com frequência ☐ Quase sempre

Para calcular o total de pontos que você atingiu nesse teste, faça o seguinte:

1. Conte e anote quantas respostas você deu em cada uma das opções:

A = Número de vezes que você respondeu **"Nunca"** = ...
B = Número de vezes que você respondeu **"Raramente"** = ...
C = Número de vezes que você respondeu **"Às vezes"** = ...
D = Número de vezes que você respondeu **"Com frequência"** = ...
E = Número de vezes que você respondeu **"Quase sempre"** = ...

2. Faça o seguinte cálculo:
Total de pontos* = B + (2 × C) + (3 × D) + (4 × E) = **........**

Veja este exemplo para ficar mais claro: suponha que a pessoa conseguiu os seguintes resultados:

A = Número de vezes que respondeu "Nunca" = **2**
B = Número de vezes que respondeu "Raramente" = **4**
C = Número de vezes que respondeu "Às vezes" = **3**
D = Número de vezes que respondeu "Com frequência" = **6**
E = Número de vezes que respondeu "Quase sempre" = **5**

O cálculo ficaria assim:
Total de pontos = 4 + (2 × 3) + (3 × 6) + (4 × 5) = 48 pontos.

Agora é hora de fazer a sua autoanálise

Use o nosso "Barômetro do mindset dominante" para descobrir qual é a pressão que o seu modo de pensar exerce em sua mente e em sua vida

---

* Observe que o valor "A" não foi levado em conta nesse cálculo. Não se preocupe, a fórmula funciona dessa maneira.

por meio de sua autocobrança, seja consciente ou inconscientemente, e descubra qual é o seu mindset dominante atual:

1. Responda a todas as questões propostas.

2. Conte e anote quantas respostas você deu em cada uma das opções.
A = Número de vezes que você respondeu **"Nunca"** = ...
B = Número de vezes que você respondeu **"Raramente"** = ...
C = Número de vezes que você respondeu **"Às vezes"** = ...
D = Número de vezes que você respondeu **"Com frequência"** = ...
E = Número de vezes que você respondeu **"Quase sempre"** = ...

3. Use a fórmula para calcular o seu total de pontos.
Total de pontos = B + (2 x C) + (3 x D) + (4 x E) = ...

Agora, faça a avaliação qualitativa dos seus resultados.
Anote aqui **o total de pontos** que você conseguiu: ....

Com base no seu total de pontos, analise **como está a pressão que o seu tipo de mindset está exercendo em sua mente e em sua qualidade de vida.**

Entre as situações listadas a seguir, veja em que caso você se encontra e tire as suas conclusões. Lembre-se de que, conforme estabelecemos anteriormente, quanto menor a pressão que sofremos com **as nossas autocobranças**, melhor ajustado está o nosso mindset de riqueza plena.

NÍVEL DE PRESSÃO QUE SOFREMOS DA NOSSA AUTOCOBRANÇA	TIPO DE MINDSET QUE ESTAMOS MANIFESTANDO
Hipertensão	Essencialmente mindset fixo.
Pressão alta	Mindset fixo na maioria do tempo.
Média pressão	Mindset de crescimento em boa parte do tempo.
Pressão confortável e estimulante	Mindset de riqueza e crescimento na maior parte do tempo.

Entenda o que significam essas classificações acompanhando as explicações que seguem.

0 a 20 pontos – HIPERTENSÃO: esta é uma situação que caracteriza pessoas que mantêm *essencialmente mindset fixo*.

A pressão sofrida é enorme, pois costuma ser gerada pela frustração de não conseguirem realizar seus sonhos e desejos, sendo agravada pelo fato de não se sentirem capazes de mudar essa situação.

As pessoas que aqui se enquadram permanecem estagnadas em sua sensação de imponência e precisam de muito esforço para saírem dessa condição e avançarem rumo a um mindset de riqueza. Nesses casos, é recomendável buscar o auxílio de profissionais da área de suporte psicológico para ajudar a desfazer certas amarras que as mantêm paralisadas.

21 a 40 pontos – PRESSÃO ALTA: mantendo um mindset fixo na maioria do tempo, as pessoas com essa característica até têm alguns momentos de alívio com relação a sua autocobrança, mas ainda são escravas de uma frustração e de uma sensação de incapacidade que as faz perder ótimos momentos e grandes conquistas.

Sua autocobrança é igualmente sufocante, pois na maioria das vezes não conseguem realizar seus sonhos e desejos. O esforço necessário para mudar essa situação também é grande e dependerá do quanto a pessoa está consciente de seus incômodos e começando a sentir a necessidade de mudar isso.

O seu comodismo continua grande e exigirá muito empenho para ser vencido. Nesses casos, procurar ajuda profissional da área de suporte psicológico também é bastante recomendado.

41 a 60 pontos – MÉDIA PRESSÃO: neste caso, a pessoa já consegue manter um mindset de crescimento em boa parte do tempo. A pressão que sofre não é tão forte e ela já sente certo conforto mental e satisfação em relação a sua vida.

Como já aprendeu a investir em conhecimento e autodesenvolvimento, encontra-se em um crescente no que diz respeito ao uso de seu mindset. Quanto mais investe no aprimoramento de suas habilidades e conhecimentos, mais ela se aproxima do mindset positivo.

Pode-se dizer que esse é um caminho sem volta, porque, cada vez que a pessoa experimenta uma nova vitória, ela aumenta a autoconfiança e a autoestima de tal maneira que até mesmo as autocobranças passam a ser positivas, fazendo-a avançar ainda mais na realização de seus objetivos.

Particularmente, sou adepto da ideia de as pessoas sempre procurarem assessoria com profissionais que podem ajudá-las. Logo, defendo que aqui também é interessante ter um acompanhamento profissional para receber ideias de como potencializar a sua caminhada rumo ao sucesso.

61 a 80 pontos – PRESSÃO CONFORTÁVEL E ESTIMULANTE: manifestando um mindset de riqueza e crescimento na maior parte do tempo, a pessoa que se classifica nessa pontuação vive a paz e a tranquilidade de uma autocobrança positiva e bem-direcionada que, ao contrário de incomodar sua mente, ajuda-a e motiva-a a realizar cada vez mais, na certeza de que está no caminho certo e de que é capaz de vencer todas as dificuldades.

Seu modo assertivo e estimulante de pensar ajuda a aprimorar o seu potencial de aprendizado, conhecimento e realização. Mesmo sabendo do seu protagonismo em tudo o que se propõe fazer, não dispensa a assessoria de pessoas bem-sucedidas e de profissionais de áreas afins, sabendo que delas receberá ensinamentos e estímulo para acelerar sua caminhada rumo ao sucesso.

Cabe aqui um pequeno alerta: embora uma pessoa que esteja nesse estágio já saiba do que vou dizer agora, é sempre bom lembrar da filosofia japonesa do *kaizen*:[21] "Hoje melhor do que ontem, amanhã melhor do que hoje". Ou seja, precisamos crescer continuamente.

Embora a pessoa que já tenha desenvolvido um bom mindset de crescimento e riqueza tenha uma vida bastante confortável, gratificante e plena, é bom lembrar que as transformações no mundo não param e não podemos deixar de evolui-lo sempre.

Algumas recomendações especiais

Qualquer que seja o caso em que você se enquadre, dê atenção especial aos itens assinalados com "Nunca", "Raramente" e "Às vezes". Procure trabalhá-los com um cuidado especial, porque esses pontos estão travando o seu progresso.

Quanto aos itens que assinalou com "Com frequência" e "Quase sempre", use-os como motivadores para continuar investindo em seu crescimento e na evolução do seu mindset, inspirando outras pessoas a fazerem o mesmo. Lembre-se de que sempre há condições de melhorar o seu desempenho e mudar a sua situação, afinal você também tem dentro de si um ser obstinado a lutar pelo melhor, mesmo que ele esteja temporariamente adormecido. Acordar esse seu lado e trabalhar para transformar seu modo de pensar só depende de você – das suas ações, dos seus pensamentos, do que você acredita e do seu empenho.

Lembre-se de que **você está** nessa condição, mas **você não é** essa condição. Você tem o poder de mudar a sua vida, a sua história, e construir um mindset de riqueza, basta decidir isso e começar a agir para chegar lá.

Siga em frente com este livro e aprenda e aplique na prática o máximo que puder. Refaça esse teste de vez em quando para aferir como anda o seu mindset e para comprovar e comemorar suas transformações positivas.

Com base nos resultados aqui obtidos, e seguindo na leitura, você poderá traçar sua estratégia para ter cada vez mais um mindset de riqueza para conquistar a vida que ousar sonhar.

5

ACELERADOR 2
Praticar a autogestão emocional e do pensamento

Antes de qualquer outra coisa, quero esclarecer alguns pontos em relação ao otimismo. Para isso, trago como apoio algumas ideias apresentadas por Gary Vaynerchuk, empreendedor norte-americano, palestrante e autor de best-sellers, entre eles o livro *Doze e meio*.²²

O otimismo passou a ter seu valor diminuído e até mesmo a ser desencorajado devido a sua associação com a "ilusão" e com a ideia de que se trata de algo pouco prático, o que, sem dúvida alguma, é um grande equívoco.

As pessoas costumam confundir otimismo com ilusão de maneira quase automática, porque ambos lidam com expectativas e ideias que podem não ser realidade em determinado momento, mas que podem tornar-se verdade.

Em linhas gerais, o otimismo é a escolha consciente de enfrentar os contratempos positivamente, com esperança e confiança, enquanto a ilusão é uma forma de evitar a realidade, de "fingir que os problemas não existem", e perder-se em expectativas fantasiosas.

Ou seja, o otimismo é uma escolha prática, não uma ilusão. Desse modo, é possível ser otimista e ainda assim ter consciência de tudo o que pode dar errado em determinadas situações, considerando essas possibilidades enquanto se planeja uma estratégia de ação.

Vaynerchuk realça que uma das grandes vantagens do otimismo é tornar a jornada mais divertida, servindo, ainda, como uma lente que ajuda a ver o destino de modo que torne o sucesso mais atingível e sustentável.

Da mesma maneira e com o mesmo raciocínio, podemos sair em defesa da positividade e da perspectiva positiva.

Dito isso, e deixando claro que este capítulo falará de qualidades práticas, fica mais simples entender que o otimismo, a positividade e a perspectiva positiva são aceleradores poderosos para quem deseja alcançar a riqueza plena. Essa é uma combinação que funciona como catalisador no processo de construção de um mindset vencedor e de riqueza.

As pessoas que adotam esses aceleradores acreditam que é possível mudarem a si mesmas e as condições que as cercam, e que as coisas sempre podem melhorar. Essas pessoas conseguem manter seu foco nas oportunidades em vez de olhar demais para os obstáculos. Tudo isso ajuda a motivá-las, levando-as a ter maior disposição para agir e tomar as medidas necessárias para alcançarem seus objetivos.

Otimismo, positividade e perspectiva positiva fazem-nos olhar sempre para a frente com esperança e com o coração cheio de gratidão. Essas qualidades ajudam-nos a pensar e a esperar pelo melhor, e a dar o nosso melhor em tudo que fazemos.

Além disso, trazem benefícios para a nossa saúde física, mental e espiritual, incluindo maior resistência a doenças e menor risco de estresse e depressão, favorecendo a busca pelo sucesso e pela riqueza plena. Associar essas atitudes a um bom planejamento, ao trabalho duro, à dedicação e à persistência é praticamente uma garantia de que alcançaremos aquilo que desejamos.

É importante destacar que esses três conceitos estão relacionados, ajudam a progredir na jornada de sucesso e contribuem sobremaneira para a construção de um mindset de riqueza e crescimento, mas são ligeiramente diferentes entre si. Enquanto o otimismo e a positividade são estados de espírito e atitudes, a perspectiva positiva é uma forma de olhar para as coisas.

O otimismo é a tendência de ver o melhor lado das coisas e a esperar o resultado mais favorável possível em uma situação, mesmo que naquele momento não esteja dando certo. Isso ajuda a manter uma atitude positiva e encoraja a busca de soluções criativas em situações desafiadoras.

Já a perspectiva positiva é a maneira como uma pessoa olha esperançosa e positivamente para as coisas, e de encontrar boas oportunidades em situações difíceis, nas quais outros costumam ver apenas obstáculos.

Como foi possível perceber, o otimismo, a positividade e a perspectiva positiva têm algumas diferenças sutis entre si, o que não impede de serem trabalhados juntos para a construção de um mindset de riqueza e na busca de nossos objetivos. Em síntese, temos o seguinte quadro comparativo.

CARACTERÍSTICA	OTIMISMO	POSITIVIDADE	PERSPECTIVA POSITIVA
Natureza	O otimismo é um estado de espírito que leva as pessoas a esperarem o resultado mais favorável.	A positividade é uma atitude mental e emocional que se concentra nas coisas boas e no lado positivo de uma situação.	A perspectiva positiva é a maneira como uma pessoa olha esperançosa para as coisas.
Origem	O otimismo é uma tendência natural de algumas pessoas, mas que também pode ser desenvolvido.	A positividade é uma postura a ser buscada pelas pessoas.	A perspectiva positiva é uma escolha consciente de enfocar o melhor lado de cada situação.
Influência	O otimismo pode ter um impacto mais profundo e duradouro na forma como uma pessoa enfrenta os desafios e relaciona-se com o mundo.	A positividade é uma decisão que a pessoa toma de transformar sua vida de maneira positiva.	A perspectiva positiva é uma atitude mais superficial e temporária, pois pode ser facilmente alterada pelas circunstâncias.
Adaptabilidade	O otimismo pode ajudar as pessoas a adaptarem-se melhor a situações difíceis.	A positividade ajuda a pessoa a recuperar-se de eventos indesejáveis.	A perspectiva positiva pode fazer as pessoas subestimarem os desafios.
Realismo	O otimismo pode ser combinado com um senso saudável de realismo.	A positividade pode ser uma opção para enfrentar uma realidade mais dura.	A perspectiva positiva pode levar as pessoas a ignorarem fatos relevantes e dificultar algumas decisões.
Perenidade	O otimismo pode ser mais profundo e duradouro.	A positividade pode ser renovada a cada momento que se faça necessário.	A perspectiva positiva pode ser mais superficial e facilmente alterada pelas circunstâncias.

Enfim, essas três qualidades são bastante parecidas, mas não iguais. O que realmente importa é que elas ajudam a enfrentar os desafios de maneira mais construtiva e mantêm vivas a motivação e a determinação necessárias para se alcançar os objetivos, mesmo quando algumas coisas parecem impossíveis.

O importante de entender essas diferenças é que isso nos auxilia na hora de decidir determinados passos na construção de um futuro mais próspero.

Perspectiva positiva e expectativa positiva

A perspectiva positiva é a tendência de ver o lado positivo das coisas e *acreditar* que tudo dará certo no final. Ela nos dá a sensação de esperança, que normalmente nos conecta a emoções agradáveis. Sendo assim, é uma qualidade valiosa que nos ajuda a enfrentar os desafios com determinação e a não desistir facilmente.

No entanto, é preciso certa cautela, pois ela pode nos levar a ignorar alguns fatos e até a vê-los de maneira distorcida, levando-nos a subestimar certos riscos e dificuldades, e a colocarmo-nos em situações perigosas ou arriscadas.

A expectativa positiva, por outro lado, refere-se à crença de que um resultado positivo é *o mais provável* de acontecer, mesmo sem termos elementos concretos para pensar dessa maneira. É a condição de quem espera ansiosamente que algo aconteça de modo favorável. Também pode ser um desejo intenso por algo positivo e gratificante.

Essa expectativa pode ser fundamentada em fatos e evidências, mas também pode ser baseada apenas em suposições ou esperanças. De qualquer modo, é uma força motivadora que nos encoraja a trabalhar duro para atingirmos nossos objetivos. Só é preciso tomar cuidado, pois se for muito alta, ela pode tornar-se perigosa, dado que gera frustração e desilusão se os resultados não forem os esperados.

Cautela e canja de galinha

Vale aqui um alerta: essas três características precisam ser utilizadas de maneira consciente e com parcimônia. Como diz o velho ditado popular: "Cautela e canja de galinha não fazem mal a ninguém".

Por que estou dizendo isso? Embora estejamos falando de aceleradores do sucesso, que têm o poder de transformar nosso mindset, sou partidário da ideia de que tudo em excesso acaba gerando distorção. É preciso adotar essas três posturas de modo consciente para não exagerar e o efeito acabar sendo contrário ou não tão bom quanto esperamos.

Como já foi dito, o otimismo e a positividade são considerados qualidades positivas que trazem muitos benefícios para a saúde mental, física e espiritual, assim como ajudam na busca pelo sucesso, pela riqueza e pela felicidade. Do mesmo modo, a perspectiva positiva é sempre bem-vinda e ajuda a enfrentar desafios e a melhorar a qualidade de vida.

Vale ressaltar que por mais que procuremos manter essas qualidades em alta e até investir em técnicas que nos ajudem nessa manutenção, elas acabam oscilando no nosso dia a dia, dependendo da situação que estamos enfrentando.

No gráfico a seguir, fiz uma representação visual de como acredito que seja a oscilação dessas qualidades no nosso cotidiano:

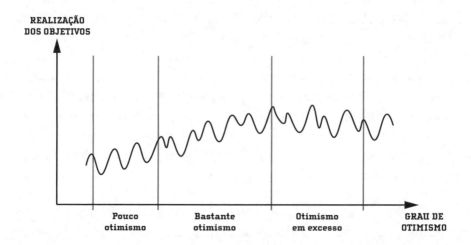

Como citado, ter essas qualidades em excesso pode ser prejudicial. Eis aqui algumas razões:

➡ **Falta de preparação e planejamento:** quando alguém é muito otimista ou tem uma perspectiva positiva exagerada pode não se preparar adequadamente para eventos futuros, como contratempos próprios do momento do mercado, problemas financeiros corriqueiros e totalmente possíveis, ou até desastres naturais. Muitas vezes, isso leva a atrasos nos planos, comprometimento dos objetivos e a problemas mais graves.

➡ **Negligência de sinais de alerta:** muito otimismo pode levar ao negligenciamento de sinais de alerta de problemas potenciais. Por exemplo, um investidor otimista demais pode ignorar indícios de uma possível bolha financeira e sofrer perdas significativas.

➡ **Falta de flexibilidade:** quem é otimista ou tem uma perspectiva positiva em excesso pode ter dificuldades em adaptar-se a mudanças porque não prevê caminhos alternativos, uma vez que o indivíduo espera que as coisas sempre funcionem conforme o planejado.

➡ **Incompreensão da realidade:** pessoas muito otimistas podem ter dificuldades para entender a realidade e, assim, tomar decisões ruins ou não se prepararem para eventos negativos.

➡ **Autonegligência:** por acreditar que tudo vai dar sempre certo, uma pessoa muito otimista pode negligenciar o cuidado com a sua saúde ou de suas finanças, desconsiderando indícios de alerta ou sintomas de doenças.

➡ **Negação da realidade:** quando alguém é muito positivo ou tem uma perspectiva positiva exagerada, chega a negar a existência de problemas ou dificuldades, gerando inclusive consequências graves caso essas questões não sejam devidamente resolvidas.

➡ **Falta de autorreflexão:** às vezes, pessoas com perspectiva ou otimismo desmedidos não refletem sobre suas ações ou sentimentos, acarretando problemas em sua vida pessoal ou profissional.

➡ **Falta de empatia:** indivíduos muito positivos ou que têm uma perspectiva positiva exagerada podem ter dificuldades em se colocar no lugar dos outros e, assim, não serem capazes de oferecer suporte adequado a amigos ou familiares que estão passando por dificuldades, ou mesmo colegas de trabalho e parceiros que são fundamentais em sua busca pelo sucesso.

É fácil encontrar exemplos de indivíduos que por excesso de perspectiva positiva ou de otimismo ignoram fatos e enxergam as coisas de maneira distorcida. Essas pessoas acabam subestimando riscos e dificuldades, colocando-se em situações perigosas ou para as quais não têm uma solução, inclusive no âmbito pessoal. Por exemplo, não perceberem que estão em um relacionamento tóxico e continuam nessa convivência, ignorando os fatos que mostram que a relação não é saudável ou acreditando que tudo pode mudar.

Para ilustrar, cito dois exemplos em que o otimismo desmedido resultou em fracasso. O primeiro é o da "bolha das Pontocom" que ocorreu na década de 1990 e início dos anos 2000. Nesse período, muitas empresas foram fundadas com foco na promessa de revolucionar a forma como as pessoas compravam e vendiam produtos e serviços pela internet.

Os investidores acreditavam que essas empresas seriam muito bem-sucedidas e valorizadas e nelas investiram grandes somas de dinheiro. No entanto muitas dessas promessas não se cumpriram e várias acabaram falindo, levando os investidores a perderem muito dinheiro. O otimismo exagerado dos investidores e das empresas de tecnologia contribuiu para a criação dessa "bolha econômica", que estourou e causou grandes prejuízos.

O segundo caso é o da empresa Enron, uma companhia de energia americana que chegou a ser considerada uma das mais inovadoras e bem-sucedidas do país. Contudo, em 2001, descobriu-se que ela estava envolvida em fraudes contábeis e manipulação de relatórios financeiros. Isso a levou à falência. Foi um choque para muitas pessoas que acreditavam em seu sucesso em longo prazo. O exagero de positivismo dos investidores e a falta de uma análise crítica mais realista dos executivos e do conselho de administração contribuíram para o colapso da empresa.

Com relação a uma perspectiva positiva que resultou em fracasso, temos um caso bastante significativo: o projeto de construção do canal do Panamá, que começou em 1881 e foi marcado por problemas financeiros, técnicos e políticos.

Seus líderes subestimaram as dificuldades técnicas e acreditavam que o canal seria construído em pouco tempo e com poucos contratempos. Isso levou a grandes atrasos e custos acima do orçamento. Por exemplo, enquanto os engenheiros enfrentavam desafios técnicos imprevistos, houve vários casos de doenças tropicais entre os trabalhadores. Como resultado, o projeto sofreu falência financeira e teve que ser assumido pelos Estados Unidos, que o concluiu somente em 1914.

Então devemos sempre nos lembrar de que o equilíbrio é muito importante. Assim como é bom manter uma perspectiva positiva e olhar de modo positivo para as coisas, é essencial reconhecer e enfrentar os impasses de modo realista e proativo. Dessa maneira, conseguimos tomar boas decisões, preparamo-nos para o futuro e para lidar com eventos negativos de maneira adequada.

Vale lembrar aqui da famosa expressão, já bastante popularizada, que diz: "Tudo é remédio e tudo é veneno. Só depende da dose". Na verdade, essa ideia vem da frase: "Todas as substâncias são venenos; não existe nada que não seja veneno. Somente a dose correta diferencia o veneno do remédio", de autoria do médico Paracelso (1493-1541), que revolucionou a história da medicina defendendo a aplicação de doses precisas de medicamentos para a cura de doenças.[23] Cabe lembrar que essa frase é utilizada como uma metáfora, pois existem substâncias, como o veneno de cobra e os metais pesados, que são extremamente perigosas em qualquer dose.

A conclusão é que precisamos ter ativos os elementos otimismo, positividade e perspectiva positiva em nossa maneira de ser e de fazer as coisas, mas na dose certa, pois, em demasia, eles podem causar mais problemas do que solução. Use-os conscientemente, e os resultados serão os melhores possíveis.

Os aceleradores das mudanças para um mindset de riqueza e crescimento

A pergunta básica que está sendo respondida neste capítulo é: como o otimismo, a positividade e a perspectiva positiva ajudam a mudar e a construir um mindset de crescimento, impulsionando a pessoa a alcançar a riqueza plena?

Essas posturas tornam-se impulsionadores poderosos para a mudança de mindset porque incluem, principalmente, o fato de acreditar que é possível mudar a si mesmo para que as coisas melhorem. Elas motivam e ajudam a manter o foco nas oportunidades e não nos obstáculos, e a preservar determinação e dedicação ao aprendizado, fatores definitivos e úteis na jornada em busca de uma mentalidade de riqueza e crescimento.

Algo muito interessante e que nos favorece sobremaneira é que esse é um processo que se retroalimenta. Ou seja, os resultados obtidos com a aplicação dessas três atitudes estimulam-nos ainda mais a alcançarmos a riqueza plena, melhorando a nossa performance e, consequentemente, os nossos benefícios.

Ou seja, quanto mais otimismo, positividade e perspectiva positiva adequados você tem, mais sucesso consegue obter. Quanto mais riqueza você conquista, mais os níveis desses aceleradores aumentam. E o ciclo repete-se em uma espiral positiva crescente, levando-o a melhorar suas chances de conquistas.

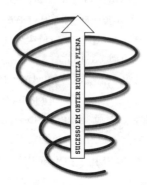

OTIMISMO + POSITIVIDADE + PERSPECTIVA POSITIVA

Importante observar aqui que quando digo "quanto mais otimismo, positividade e perspectiva positiva adequados você tem", refiro-me aos cuidados que devem ser tomados para não haver exagero, como já discutimos no tópico "Cautela e canja de galinha".

Em resumo, quando essas qualidades são tratadas devidamente, você ajusta seu mindset de modo positivo a cada nova conquista. Criei uma representação gráfica para ilustrar o resultado desse processo e que mostra como ele tende a autoalimentar-se e automotivar-se.

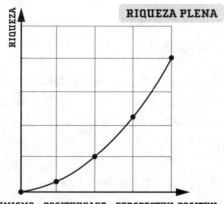

Tudo é construído antes em nossa mente

Uma linha de pensamento defendida pelos mais diversos autores e profissionais de renome na área da Psicologia reconhece que tudo o que se constrói na mente influi e define o que se conquista no mundo material. Otimismo, positividade e perspectiva positiva ajudam-nos a construir um mindset forte que nos leva ao encontro do progresso, do sucesso e da riqueza das mais diversas formas e nas mais distintas áreas da vida.

Como exemplo disso para o campo profissional, a psicóloga Carol Dweck explica:

> Funcionários de empresas com mindset de crescimento têm uma visão mais positiva de sua empresa, mas essa admiração é recíproca? Sim! Os supervisores dessas empresas têm opiniões significativamente mais positivas de seus funcionários – e sobre os pontos da empresa com que devem se preocupar. Esses supervisores avaliam seus funcionários como mais colaborativos e mais comprometidos em aprender e crescer. E mais inovadores. E com um potencial de gestão muito maior. Essas são todas as coisas que fazem uma empresa mais ágil e com mais chances de se colocar na vanguarda.[24]

Também é interessante lembrar dos ensinamentos de Joseph Murphy, que escreveu sobre uma ampla gama de assuntos, incluindo o otimismo e a perspectiva positiva. Ele acreditava que ambos são chaves para o sucesso e para o bem-estar geral e que é possível cultivar essas qualidades com a prática da gratidão, da visualização e da afirmação positiva.

Murphy pregava que o pensamento positivo tem um impacto profundo na vida das pessoas e que é possível criar realidades construtivas e vantajosas com o poder da mente. Ele argumentava que ao mudarmos os nossos pensamentos e as nossas atitudes, podemos mudar nossas vidas e alcançar o sucesso e a felicidade que desejamos. De acordo com ele,

> [...] vivemos em um mar insondável de riquezas infinitas. A mente subconsciente é extremamente sensível aos pensamentos conscientes. Esses pensamentos formam a matriz por meio da

qual atuam a inteligência infinita, a sabedoria, as forças vitais e as energias do subconsciente. Dê à matriz uma direção mais positiva e você redirecionará para seu maior benefício essas energias infinitas.[25]

Enfim, para Joseph Murphy, o otimismo, a positividade e a perspectiva positiva são qualidades fundamentais para o sucesso e o bem-estar. E igualmente importante, é possível cultivá-las com técnicas positivas de pensamento e de atitudes benevolentes.

E o que disse Napoleon Hill sobre essas três características? Ele acreditava que não existe sucesso verdadeiro e pleno que possa ser alcançado sem otimismo e sem perspectiva positiva. Da mesma forma, ele defendia que ambos são importantes para enfrentar os obstáculos e superar os desafios da vida e, consequentemente, alcançar cada um seus objetivos.

Hill também acreditava que essas duas qualidades são fundamentais para a liderança eficaz, pois ajudam a inspirar e a motivar outras pessoas. Em sua opinião, líderes otimistas e com perspectivas positivas criam equipes unidas e focadas que podem alcançar resultados excepcionais. Ele as considerava tão especiais que, ao escrever seus 17 princípios do sucesso, a primeira de todos, a que encabeça a lista, é a "definição de propósito".[26]

É claro que não poderíamos deixar de consultar, dentro desse tema, os escritos e a obra do autor canadense Bob Proctor, que também estudou, falou e orientou sobre o assunto em questão. Ele defendeu a crença de que otimismo, positividade e perspectiva positiva são importantes para elevar a nossa energia e a nossa motivação e promover um processo de transformação do nosso mindset para melhor; e, ainda, que essas qualidades são fundamentais para o sucesso e a felicidade, além de serem vitais no enfrentamento dos desafios da vida.

Proctor disse:

As pessoas, como regra, podem ser classificadas como personalidades positivas (otimistas) ou personalidades negativas (pessimistas). Aqueles indivíduos que são positivos em seus pensamentos sempre tendem a olhar para o lado afirmativo da vida. Com suas faces voltadas para o sol, eles tentam sempre ver o bem, mesmo em maus momentos. Tais indivíduos habitualmente têm

> pensamentos de natureza positiva e são uma bênção para o mundo. Eles estão em vibração positiva e, portanto, atraem outras personalidades positivas.[27]

Como se pode ver, muitas pessoas respeitáveis defenderam e exaltaram o otimismo, a positividade e a perspectiva positiva como ferramentas fundamentais para a construção de um mindset de riqueza e crescimento.

E para finalizar este tópico, eu não poderia deixar de mencionar John Milton (1608-1674), um poeta e intelectual inglês que, entre tantos ensinamentos a respeito da influência dos nossos pensamentos em nossos resultados, deixou-nos a seguinte frase: "A mente em seu interior e por si mesma pode fazer um céu do inferno ou um inferno do céu".[28] E, é claro, a escolha é sempre nossa.

Trazendo tudo para o lado (positivo) da riqueza plena

Todos temos pensamentos negativos. Eles fazem parte da nossa estrutura mental e nem sempre é fácil mudá-los. Mas não podemos permitir que eles nos consumam. Ao pensar negativamente com muita frequência, passamos a dar maior importância à negatividade e podemos até mesmo experimentar coisas como a depressão ou começar a agir negativamente, assumindo que as derrotas fazem parte da nossa realidade.

O ponto central desta nossa conversa gira, então, em torno da ideia de que construir um mindset de riqueza exige que nos habituemos a estimular constantemente o otimismo, a positividade e a perspectiva positiva. Isso é compreensível se levarmos em conta que não podemos mudar o que acontece conosco, principalmente porque grande parte disso não está sob o nosso controle.

Por essa razão, devemos trabalhar para mudar a forma como interpretamos a nossa realidade e como nos deixamos afetar por ela. Portanto, precisamos nos apoiar em técnicas que nos ajudem a reestruturar nossos pensamentos de tal maneira que nos permita encontrar um ponto de equilíbrio para melhor lidar com as adversidades.

O reenquadramento cognitivo é uma técnica que nos ajuda a parar de ter pensamentos negativos ou estressantes, o que é muito bom, uma vez que ser capaz de ver as coisas a partir de um ponto de vista mais positivo e otimista melhora a nossa capacidade de lidar com as dificuldades.[29]

Essa prática ajuda-nos a olhar para nós mesmos de modo mais bondoso quando lidamos com fatos estressantes, reduzindo a confusão, o desconforto e as tensões. É um recurso muito útil que visa ajudar as pessoas a mudarem sua perspectiva sobre uma situação ou um problema. Isso é feito por meio da identificação e da modificação de pensamentos inadequados, buscando sempre uma perspectiva mais saudável e realista. Em essência, ela procura ajudar as pessoas a transformarem o pensamento negativo em positivo, focando as coisas assertivas na vida. Um passo a passo básico para a aplicação dessa técnica é:

- Identifique a situação ou o pensamento que está causando desconforto;
- Observe as ideias e a interpretação negativa que você está associando à situação;
- Questione essa interpretação. Busque evidências de que é possível ver a situação de maneira mais realista ou mais construtiva;
- Procure aspectos positivos na situação e identifique oportunidades de crescimento pessoal e aprendizado que podem vir como resultado;
- Dê um novo enquadramento à situação, enfatizando aos aspectos positivos identificados;
- Reflita sobre a interpretação inicial negativa e substitua-a por uma mais otimista e realista;
- Pratique a nova perspectiva positiva e mantenha-a em mente.

É importante lembrar que você não deve ignorar as dificuldades ou problemas reais, mas buscar uma forma de abordar essas situações com uma mentalidade mais assertiva.

Precisamos sempre encontrar maneiras de pensar positivamente. Embora falar em pensar positivo seja um velho clichê ou algo um tanto fantasioso, conforme citado no início deste capítulo, o reenquadramento positivo é uma técnica por trás da qual há muita ciência.

Aaron Beck e Albert Ellis destacaram-se nessa área por terem desempenhado um papel importante no desenvolvimento de teorias e ideias sobre o reenquadramento cognitivo associado ao pensamento positivo.

O psicólogo Albert Ellis foi o pioneiro das terapias cognitivo-comportamentais modernas.[30] Ele se preocupou com a maneira como os pensamentos negativos nos afetam e ressaltou que ser negativo nos deixa estressados e ansiosos. Também estudou como os pensamentos irracionais atrapalham a nossa felicidade.

Ellis identificou o que chamou de crenças irracionais, que nos levam a fazer algumas coisas como se fossem praticamente uma obrigação. Ele chamou essas crenças de deveres básicos – ou obrigações básicas –, e são aquelas que nos fazem sentir inadequados quando não as realizamos. Por isso, ele defendeu a ideia de que devemos tentar gerenciar e/ou eliminar tais pensamentos antes que eles se tornem comportamentos negativos, afinal, comportamentos promovem ações, que geram resultados; se eles forem negativos, os resultados também serão.

Ellis propôs ainda uma técnica que ficou conhecida como Terapia Racional Emocional e Cognitivo-Comportamental, que nos incentiva a encontrar maneiras de nos contrapormos aos pensamentos negativos. Ele sugere que nos façamos uma série de perguntas, que podem nos ajudar a chegar ao cerne do pensamento negativo, mudando esse padrão. Algumas dessas perguntas são bastante simples e diretas, mas nos fazem pensar sobre como a nossa mente está trabalhando.

- Há alguma evidência de que essa crença negativa seja verdadeira?
- Tal crença exerce alguma função em nossa vida?
- Ela nos traz algum benefício?
- Há algo de útil em mantê-la?
- O que perderíamos se a deixássemos de lado?
- Essa crença é lógica? É racional? Faz algum sentido?

Geralmente, quando realmente analisamos com calma e sinceridade essas questões, eliminamos muitos pensamentos negativos.

Já Aaron T. Beck foi um psiquiatra e terapeuta cognitivo-comportamental no Beck Institute. Ele defendeu que as pessoas têm padrões de pensamentos disfuncionais sobre o mundo e sobre os próprios resultados, que podem ser alterados a favor delas.[31] Por exemplo, se a pessoa falha em um negócio, pode considerar-se inapta para empreender, mesmo que já tenha tido sucesso em outros. Essa postura sempre me traz à mente uma frase clássica, dita pelo escritor e palestrante norte-americano Zig Ziglar: "O fracasso é apenas um evento e não a pessoa".[32] Com padrões de pensamentos distorcidos, uma pessoa costuma levar os fracassos para o lado pessoal, o que compromete os resultados em todos os aspectos de sua vida.

O importante é que, como Beck apontou, conseguimos alterar essas crenças negativas fazendo um reajuste em nossas considerações, transformando em positivas situações que podem nos atrapalhar a chegar à riqueza plena. A questão é mudar a nossa mentalidade, construir um mindset de riqueza, mesmo em situações que sejam convenientes ou confortáveis.

Essa proposta lembra um pouco aquele antigo ditado popular que diz "quando a vida lhe der um limão, faça uma limonada". É uma postura como essa que nos leva a reformular as nossas respostas às situações difíceis e às derrotas que enfrentamos, preparando-nos melhor para o futuro e alimentando a construção de um mindset de riqueza e crescimento constante.

Positivando pensamentos e eliminando a negatividade

Tecnicamente, como acompanhamos até aqui, é comum ouvir o pessoal das áreas da Psicologia, da Psiquiatria e afins chamar de "técnicas de reenquadramento cognitivo" as atividades que melhoram o nosso modo de pensar. Para deixar essa ideia mais clara, eu prefiro chamar de "positivar os pensamentos". Afinal, estamos falando sobre o que pode ser feito a respeito dos pensamentos negativos para substituí-los por outros, positivos.

Assim, é interessante explorar um pouco mais algumas técnicas que podem nos livrar da negatividade no dia a dia. Acompanhe a seguir.

O primeiro ponto, por mais simples e óbvio que pareça, é procurar flagrar a nós mesmos quando estivermos tendo pensamentos negativos ou com uma mentalidade derrotista; resumindo: perceber qualquer nuvenzinha cinza-escuro que pairar em nossa mente. Essa conscientização é fundamental. Para mim, esse é o ponto mais importante de todos. Ele faz parte da meditação plena, em que nos observamos com o intuito de identificar, a partir do nosso interior, como agimos em nossa vida. Do contrário, seguiremos feito robôs, fazendo tudo mecanicamente, e, portanto, não conseguiremos assumir nosso negativismo já que não o perceberemos.

Detectado o pensamento negativo, devemos nos concentrar em transformá-lo em algo positivo. Um ponto essencial para iniciar essa transformação é nos concentrarmos no oposto daquilo que o pensamento negativo

Praticar a autogestão emocional e do pensamento

nos traz e, então, fixar nossa atenção nisso para que a negatividade perca a sua força.

Nessa atividade, é bastante interessante criar uma espécie de alarme que, ao mesmo tempo em que nos alerte sobre os pensamentos negativos, cause-nos desconforto pela presença da negatividade e convide-nos a mudar o nosso modo de pensar o mais rapidamente possível.

Uma técnica bastante simples e muito usada em autoajuda em processos de mudança de hábitos é o uso de um elástico no pulso. A ação consiste em puxá-lo cada vez que você tiver um pensamento negativo. O estímulo físico provocado pelo elástico ajudará a interrompê-lo, a trazer a sua atenção para o momento presente e estimular a positivação, reforçando a necessidade de abandonar a concepção negativa. Aliás, apenas a presença do elástico no pulso já é um ponto de atenção constante aos pensamentos negativos.

Vale lembrar que essa técnica é apenas uma ferramenta de conscientização para a ação, não é uma solução para problemas de saúde mental graves. Ela nos ajuda a tomar consciência e estimula-nos a tomar uma atitude quanto à negatividade, o que já gera um grande ganho. Porém, se você estiver lutando contra pensamentos negativos persistentes, o ideal é procurar ajuda de um profissional de saúde mental para conduzir tratamentos e técnicas mais específicas e devidamente supervisionadas.

Outra técnica simples que ajuda a eliminar a negatividade inclui fazer a si mesmo algumas perguntas abertas, tais como:

- *Qual é a pior coisa que pode acontecer se eu mudar meu pensamento neste momento?*
- *Qual é a melhor coisa que pode acontecer se eu positivar meu modo de pensar?*
- *Quais são os resultados prováveis se eu mantiver o pensamento negativo?*
- *Quais são os resultados possíveis se eu positivar meu pensamento?*

Nesse caso, convém responder às perguntas por escrito, pois o aproveitamento e os resultados alcançados são sempre melhores.

Meditação também é muito útil para positivarmos nossos pensamentos. Existem incontáveis práticas de meditação de autoafirmação positiva bem explicadas e orientadas disponíveis na internet, e também ensinadas e conduzidas presencialmente por profissionais da área. Recomendo, em especial, que você conheça e pratique o *mindfulness*.

O *mindfulness* é uma prática de atenção plena que se resume em estar "realmente presente" e consciente do momento em que se vive, ou, como se costuma dizer terapeuticamente, "no aqui e agora". Isso deve ser feito sem julgamento ou interpretação – apenas se observa e se aceita o que está acontecendo.

Essa técnica pode ser feita por meio de meditação, de atenção consciente ao corpo e à respiração ou mesmo em atividades cotidianas, como caminhar, cozinhar ou escovar os dentes. Ela ajuda a reduzir o estresse, a ansiedade e a depressão, melhora a memória e a concentração, e aumenta a autocompaixão – que nada tem a ver com vitimismo – e a autoestima. Também é usada como complemento em terapias para tratar problemas mentais e físicos.

Dentro do objetivo de positivar nossos pensamentos, o *mindfulness* permite uma melhor observação dos pensamentos negativos e um trabalho mais efetivo para convertê-los em positivos. Uma boa iniciação nesse tipo de meditação pode ser conseguida com a leitura do livro *NeoMindfulness*, do autor e editor brasileiro Mauricio Sita.[33]

Tudo fica melhor pela lente do olhar positivo e da riqueza plena

Se queremos ser ricos de verdade precisamos olhar para tudo ao nosso redor através de uma lente positiva que nos dê esperanças e ajude-nos a encontrar o caminho para realizar nossos sonhos e objetivos. Lembre-se de que a positividade e o otimismo não podem tudo, mas nos ajudam a fazer tudo melhor do que se estivéssemos pensando negativamente.

É importante compreender que tudo em que focamos cresce e se fortalece. Seja algo positivo ou negativo, o foco funciona como um fermento que faz crescer o elemento que tem a nossa atenção. Onde colocamos o nosso foco, é para lá que vamos. Portanto convém olhar e focar em coisas positivas.

Embora muitas pessoas insistam que não é fácil manter o otimismo em uma vida tão cheia de dificuldades, a verdade é que não é difícil manter a mente focada em uma perspectiva positiva. Algumas frases simples e positivas repetidas constantemente, em um processo frequente de autossugestão, podem levar o cérebro a produzir crenças cada vez mais positivas e fortalecedoras.

- *Vou conseguir terminar essa tarefa a tempo e com excelência. Vou me organizar, pedir ajuda se precisar, e entregarei tudo no prazo e com alta qualidade.*
- *Por mais que eu me esforce, sei que sempre haverá desafios, mas isso é um aprendizado e um passo a mais na direção do sucesso. Tudo sempre dá certo para mim porque acredito nele e na minha capacidade.*
- *Essa reunião de avaliação com a diretoria pode ser uma oportunidade para discutir ideias e encontrar soluções. Em tudo há algo de bom que podemos aproveitar.*
- *Esta semana, embora bastante cansativa, está me trazendo grandes oportunidades. Já está chegando ao final e sei que, após um fim de semana de descanso, estarei pronto para recomeçar cheio de energia e ideias.*
- *Vou me candidatar a esse emprego. Tenho certeza de que vou ser contratado e vai ser uma boa chance para desenvolver minhas habilidades atuais e adquirir outras.*

Lembre-se de que todos temos momentos em que tendemos a olhar para as coisas de uma forma mais negativa. É importante termos paciência, ficar alertas e procurar manter uma perspectiva equilibrada, buscando o lado positivo de tudo, mesmo nas situações mais desafiadoras. Enfrentar os desafios dessa forma traz-nos uma visão mais assertiva e uma satisfação maior de viver cada momento da nossa jornada.

Atitudes práticas para cultivar o otimismo e criar perspectivas positivas

Como vimos, uma das grandes maneiras de cultivar o otimismo e criar perspectivas positivas é praticar o reenquadramento cognitivo – ou reenquadramento positivo. Ou seja, aprender e habituar-se a olhar para as coisas a partir de um ponto de vista mais vantajoso para nós.

Além da repetição constante de frases positivas, conforme o tópico anterior, existem outras atitudes e posturas bastante simples que você pode ter para cultivar a positividade e criar perspectivas positivas, como as que listei a seguir.

➥ Praticar a gratidão

É uma ótima maneira de aumentar o otimismo e a perspectiva positiva, pois nos ajuda a enxergar as coisas boas que existem em nossa vida e a nos sentirmos mais positivos e plenos. Ela também nos coloca em uma posição de humildade, pois aceitamos com deleite o que nos foi dado e, com isso, abrimos as portas da abundância. Do contrário, só nos lembraríamos de pedir algo a Deus, esquecendo-nos do quanto já nos foi dado. A gratidão é tudo o que precisamos oferecer como reconhecimento disso.

Gary Vaynerchuk afirma que a energia extraída da gratidão é mais poderosa do que aquela que vem do medo ou da insegurança. Ele recomenda, para treinar a gratidão, gravar um vídeo falando as coisas pelas quais somos gratos. Em seguida, devemos enviá-lo para algumas pessoas do nosso convívio e pedir que elas nos enviem de volta caso, em alguma ocasião futura, reclamemos de algo sem importância.

Também é proveitoso escrever uma relação de coisas pelas quais você é grato todos os dias e compartilhá-la com alguns amigos. Faça também uma lista das suas conquistas diárias, mesmo as pequenas, e comemore cada uma delas com sentimento de gratidão no coração. Sempre que possível, comemore com alguém que também fique feliz com suas vitórias.

➥ Fazer o que gosta

Pense em coisas que você gosta de fazer e faça mais delas. Isso ajuda a mudar para melhor a sua perspectiva e a ver as coisas de uma forma mais positiva.

Outro ponto importante é também procurar gostar do que você faz. No livro *O poder da modelagem*,[34] desenvolvi essa ideia mais profundamente, sinalizando que isso nos motiva a trabalhar para alcançar resultados com excelência, investindo energia e habilidades para fazer o nosso melhor. Quando só corremos atrás de fazer o que gostamos, não nos abrimos para o novo, que muitas vezes está bem próximo, mas não vemos, porque nossa cabeça está limitada.

Sem dúvida, quando trabalhamos naquilo de que gostamos, desenvolvemo-nos melhor, fazemos as coisas com mais propriedade, produzimos mais e alcançamos mais rápido o sucesso que merecemos. Mas nada nos impede de gostarmos de verdade daquilo que fazemos e, assim, mudar uma realidade que a princípio é-nos insatisfatória. Desse modo, você estará cada vez mais próximo de realmente fazer o que gosta.

➡ Aprender a lidar com o insucesso

Falhar faz parte da vida e é importante aprender a lidar com isso de maneira saudável. Em vez de se culpar ou ficar desanimado, tente ver o fracasso como uma oportunidade de aprendizado e crescimento. Uma frase popular atribuída a Napoleon Hill – embora não exista comprovação disso – diz que "todo fracasso carrega consigo a semente de um sucesso equivalente". Então continue plantando boas sementes em vez de lamentar a perda eventual de uma colheita.

Lembre-se: o sucesso e o fracasso andam lado a lado, desafiando-nos a manter o equilíbrio da nossa energia para que não joguemos a toalha no meio da luta. E é nesse ponto que a nossa determinação se torna um elemento importante para seguirmos em frente até encontrar uma forma de capitalizar os aprendizados que todo fracasso traz. Quando você positiva a sua visão dos acontecimentos, abre as portas para que cada derrota gere um sucesso maior e mais consistente.

➡ Manter uma rede de apoio

O otimismo e a perspectiva positiva são contagiosos, por isso é importante cercarmo-nos de quem tem essas atitudes. Além disso, também é necessário ter por perto pessoas em quem podemos confiar e com quem compartilhar nossos pensamentos e sentimentos, pois isso também nos ajuda a manter o positivismo em todos os sentidos. Essas pessoas acabam sendo um ponto de apoio e proteção quando as coisas ficam realmente difíceis, não nos deixando desanimar.

Falarei mais a respeito de "redes de apoio" em um dos próximos capítulos. Por enquanto, vamos manter claro em nossa mente que atitudes e posturas como essas que listei, práticas e bastante simples, auxiliam-nos a cultivar o otimismo e a positividade e a desenhar perspectivas positivas para o futuro.

Manter uma atitude positiva e esperançosa

Neste capítulo, estamos falando sobre otimismo, positividade e perspectiva positiva como fatores geradores e catalisadores da formação de um mindset de riqueza. Costumo referir-me ao trabalho com esse conjunto de posturas e atitudes como "manter uma atitude positiva e esperançosa".

Conservar essa atitude significa, em essência, trabalhar constante e incansavelmente para transformar crenças limitantes em crenças realizadoras e fortalecedoras. Tratarei desse assunto mais especificamente em um próximo capítulo, pois é um ponto fundamental para quem deseja mudar para um mindset mais positivo e realizador.

Por hora, ressalto que transformar sua mentalidade para um mindset vencedor exige, sem dúvida, manter uma atitude positiva e esperançosa. É preciso acreditar na vitória para alcançar o pódio. Afinal, se você não acredita que pode fazer algo, como terá a energia de vencedor necessária e se transformará para vencer?

No livro *Seja um fodido obstinado*,[35] desenvolvo mais profundamente esse tema. E gosto sempre de citar uma famosa frase, cuja autoria é atribuída ao escritor e empresário norte-americano Henry Ford: "Se você pensa que pode ou se pensa que não pode, de qualquer forma você está certo". Ou seja, o que você pensa sobre si mesmo é poderoso, tudo depende do que você pensa e acredita. Se uma pessoa tem atitudes e pensamentos assertivos, suas ações gerarão oportunidades positivas; mas se forem negativos, assim serão os resultados, gerando muita frustração.

Por essas razões, fiz questão de relembrar aqui alguns dos principais benefícios trazidos pela prática de manter uma atitude positiva e esperançosa:

BENEFÍCIOS DAS ATITUDES POSITIVAS, OTIMISTAS E ESPERANÇOSAS

Em detalhes, os principais benefícios gerados pelas atitudes otimistas, positivas e esperançosas podem ser assim descritos:

- Ajudam-nos a *superar obstáculos e a encarar desafios* como oportunidades em vez de como ameaças;
- Permitem-nos *aprender e crescer continuamente*, o que é fundamental para o sucesso em qualquer área da vida;
- Auxiliam-nos a *enxergar as oportunidades* que estão à nossa volta e a *sermos mais proativos* em busca dos nossos objetivos;
- Maximizam *as nossas chances* de sucesso e de gerar riqueza;
- Ajudam-nos a *manter a motivação e o entusiasmo* mesmo em situações difíceis;
- Levam-nos a enfrentar os desafios com *determinação e persistência*, o que é fundamental para o sucesso em longo prazo;
- Contribuem para trabalharmos em conjunto com os outros e a tirarmos o máximo proveito das habilidades e dos conhecimentos de cada um.

O interessante é que nesse processo cada benefício conseguido contribui para a conquista de outros. Além disso, cada um deles é motivado pelas atitudes positivas, assim como cada vitória conquistada leva ao reforço dessas atitudes. Quando esse processo é bem administrado, ele gera incrementos assertivos significativos no sistema de formação de um mindset de riqueza e de crescimento.

Uma atitude mental positiva e esperançosa pode, ainda, melhorar *a saúde física e mental* das pessoas, *aumentar a autoestima e a autoconfiança* e ajudar a *construir relacionamentos saudáveis e positivos*.

Outro dos grandes ganhos de manter uma atitude positiva e esperançosa é o favorecimento do trabalho em equipe. Essa postura permite criar sinergias e alcançar resultados que seriam impossíveis de atingir sozinhos. Nos trabalhos em equipe, a liderança eficaz é bastante favorecida.

Reforço aqui e ideia de que para ajudar a aflorar a nossa visão positiva, devemos nos cercar de pessoas otimistas e bem-sucedidas e evitar interações com indivíduos que possam derrubar nosso ânimo. É possível aprender com a perspectiva e a abordagem positiva dessas pessoas e aplicá-las em nossa própria vida. Esse é um processo conhecido como "modelagem" e produz resultados excepcionais.

Em *O poder da modelagem*,[36] meu livro em parceria com José Roberto Marques e Edgar Ueda, comento que na maioria dos casos, uma decisão inteligente é cercar-se de bons mentores, especializados na área em que você quer atuar. Um mentor é a versão mais potente e acessível de alguém que nos propomos a modelar. Mentoria é a modelagem por excelência.

Quando repetimos o que as pessoas de sucesso fazem e o que as distingue das demais, vamos muito além de apenas reproduzir um resultado desejado específico: damos a nós mesmos a oportunidade de desenvolver algo ainda mais surpreendente, excelente e efetivo até do que aquilo que recebemos de inspiração com a modelagem dessas pessoas.

Enfim, manter uma atitude positiva e esperançosa é uma ferramenta valiosa para alcançar qualquer objetivo, seja pessoal ou profissional, e é chave para abrir as portas da construção de um mindset de riqueza plena.

Obstinação construtiva e otimismo

Sou um grande defensor da ideia de que a pessoa tem que ser obstinada para conseguir os melhores lugares na vida, para que possa realmente alcançar a riqueza plena.

Abordo esse tema e faço questão de trabalhá-lo intensamente em minhas *Master Classes*, em meus artigos e em minhas publicações, e em todas as atividades que desenvolvo como mentor de empresários e empreendedores de alto nível, além, é claro, de tratar a fundo esse tema em meus livros. O objetivo é compartilhar conhecimentos e habilidades valiosos, de modo que as pessoas compreendam e passem a aplicar a obstinação positiva em suas vidas.

A relação entre obstinação construtiva e otimismo, positividade e perspectiva positiva é clara. A obstinação construtiva é uma qualidade importante para se alcançar o sucesso, pois permite que uma pessoa seja muito determinada e resiliente, continuando a lutar pelo que acredita mesmo diante dos desafios. Essas três qualidades também são importantes nesse processo, pois permitem que a pessoa mantenha uma atitude construtiva, esperançosa e produtiva, e encontre soluções criativas para os problemas, em vez de se concentrar nas dificuldades.

É por essa razão que incentivo e procuro ajudar as pessoas a irem cada vez mais além daquilo que já conquistaram. Trabalho intensamente para ajudá-las a tornarem-se "fodidas obstinadas" – no meu livro *Seja um fodido obstinado* trato especificamente desse tema com bastante profundidade.[37]

Um "fodido obstinado" é uma pessoa altamente determinada e resiliente que adotou o direcionamento adequado na sua busca pelo sucesso. É cheia de otimismo e positividade porque tem a perseverança para continuar lutando pelo que acredita, mesmo diante dos mais diversos contratempos.

As pessoas fodidas obstinadas mantêm uma atitude positiva, proativa e produtiva e procuram sempre ver o lado bom de tudo, mesmo quando as coisas não parecem ir bem. Elas conseguem ver o quadro completo em qualquer situação, encontrando soluções criativas para as adversidades, ainda que elas pareçam insolúveis.

Em que ponto você se encontra hoje?

Que tal fazer uma avaliação para ter uma noção de como está o seu otimismo e a sua positividade hoje? Gosto desse tipo de atividade porque sempre nos ajuda a avaliar como estamos lidando com as coisas na nossa vida.

É claro que essa é apenas uma avaliação superficial e sem compromisso técnico. O ser humano é muito complexo para ser avaliado por um teste simples como esse.

Você pode, é claro, responder às questões do modo que lhe for mais conveniente – às vezes não respondemos de maneira objetiva e sincera, ainda que inconscientemente, mas lembre-se de que essa será uma conversa consigo mesmo, então a sua verdade acabará aflorando à sua mente.

O teste é para você ter uma ideia de como lida com o otimismo, a positividade e as perspectivas positivas em sua vida. Vale a pena gastar alguns minutos para respondê-lo e, assim, decidir melhor como se comportar a partir de agora quanto ao seu modo de ser e de viver.

Lembre-se de que você é o responsável pelos seus resultados e pela sua qualidade de vida. Você é o único que pode decidir e agir para construir um mindset de crescimento e riqueza e realizar tudo o que é importante em sua vida. E tudo isso começa com uma avaliação sincera, séria e responsável.

Dito isso, leia as questões a seguir e para cada uma escolha a opção de resposta com a qual você mais se identifica.

Qual é a sua postura hoje?

1. Como você lida com o planejamento e a preparação de suas ações?
   A ☐ Não planejo coisa alguma, porque sei por experiência própria que de nada adianta planejar.
   B ☐ Planejo tudo com muito cuidado e atenção, porque sei que isso facilitará muito meu avanço e me trará mais segurança.
   C ☐ Não me preocupo em planejar muito, porque resolvo tudo no dia a dia, quando as coisas acontecem.

2. Como você age quando surgem sinais de alerta chamando a sua atenção para eventuais riscos?
   A ☐ Quando vejo sinais de alerta, paro tudo o que estou fazendo, porque senão será prejuízo na certa.
   B ☐ Sinais de alerta são avisos de que devo planejar com ainda mais cuidado. Sempre estudo alternativas para o caso de problemas aparecerem.
   C ☐ Não costumo me deixar levar por sinais de alerta e continuo avançando, porque sou capaz de resolver tudo o que vier pela frente.

3. Como você age quanto a absorver e adaptar-se a mudanças inesperadas?
   A ☐ Mudanças inesperadas são sinais de que algo está errado. É sinal de que talvez seja melhor interromper o meu projeto até que tudo se normalize.
   B ☐ Mudanças são sinais de evolução. Significa que devo parar um pouco para reavaliar a minha rota e fazer as adaptações necessárias para que a mudança ocorrida não me afete negativamente e, se possível, ajustar-me para usar essas mudanças para potencializar meus resultados.
   C ☐ Não existem mudanças que possam me tirar do meu caminho. Quando elas surgem, continuo em frente sem pensar porque sou capaz de suportar qualquer contratempo.

Praticar a autogestão emocional e do pensamento

4. Como você reage quando recebe um prêmio pelo seu desempenho no local em que trabalha?

A ☐ Não fico muito entusiasmado. Só me deram o prêmio porque tinham que o dar para alguém. No ano que vem será outra pessoa.

B ☐ Fico feliz com o prêmio e comemoro. Depois avalio quais foram os motivos pelos quais o mereci e procuro incluí-los conscientemente em minha forma de agir para melhorar ainda mais as minhas ações futuras.

C ☐ Acho que eles tinham mesmo que me dar o prêmio. Afinal, eu sou melhor do que todos os outros concorrentes.

5. Você tem uma reunião de avaliação com a diretoria para falar sobre seus resultados do último trimestre. Como você encara isso?

A ☐ Aí vem encrenca! Eles nunca me chamam para falar de coisa boa.

B ☐ Essa pode ser uma oportunidade para discutir ideias e encontrar soluções. Em tudo há algo de bom que podemos aproveitar.

C ☐ Estou pouco ligando para o que eles querem. Nunca vão encontrar outra pessoa tão boa quanto eu para ocupar o meu lugar.

6. Um amigo encontra-se em dificuldades e você ficou sabendo. O que você pensa sobre isso?

A ☐ Problema dele. Quando o problema for comigo, ninguém vai vir me ajudar.

B ☐ Todo mundo passa por dificuldades um dia. Não me custa ir até lá e ver no que posso ajudar. Afinal, tenho muito a agradecer na vida e sempre posso dividir isso com alguém.

C ☐ Ele está nessa situação porque merece. Comigo isso nunca aconteceria.

7. Você conversa com alguns amigos sobre sonhos e perspectivas de vida futura. Como você se posiciona?

A ☐ Eu não acredito em sonhos. Isso é só "conversa para boi dormir".*

---

* "Conversa para boi dormir" é uma expressão popular utilizada quando se diz que alguém está dando desculpas para não fazer algo em que não tem interesse.

B ☐ Gosto de sonhar, traçar objetivos e metas e pôr o pé na estrada para realizá-los. Isso me dá vitalidade e alegria de viver para trabalhar por algo em que acredito. Sempre aprendo e cresço nessa jornada.

C ☐ Para mim, sonhos não importam. Vivo de realidade e vou conquistando tudo o que quero.

8. Pessoas que vencem na vida costumam motivar a si mesmas tirando do próprio interior forças para permanecerem na luta pelo sucesso. Elas não agem pela aprovação ou desaprovação dos outros, mas por crença. O que você pensa disso?

A ☐ Quando as coisas não dão certo para mim, fico preocupado com o que as pessoas vão dizer.

B ☐ Quando tenho um propósito ou um objetivo, continuo me movendo em frente, mesmo quando surgem obstáculos. Esse é um compromisso que tenho comigo mesmo. Se precisar, consulto pessoas positivas e que torcem pelo meu sucesso, sobre pontos em que eu tenha dúvidas.

C ☐ Não ligo para o que os outros pensam. Acertando ou errando, vou até o fim do que planejei, porque sempre sei o que estou fazendo.

9. Você comenta com uma pessoa sobre os seus planos e o que pretende alcançar. Para sua surpresa, ela lhe diz que isso não vai dar certo porque existem muitos complicadores no caminho que você pretende seguir. O que você faz?

A ☐ Desisto dos meus planos ou os deixo para mais tarde, quando a situação estiver mais favorável.

B ☐ Sei que, por mais que eu me esforce, sempre haverá desafios e imprevistos. Mas considero lidar com isso um aprendizado e um passo a mais na direção do sucesso. Avalio a situação e sigo em frente, levando em conta cada risco que surge pelo caminho.

C ☐ Dou de ombros e sigo em frente, sem ligar para o que a pessoa disse. Afinal, tudo sempre dá certo para mim.

10. Ninguém chega a ter um mindset de riqueza se não trabalhar em si mesmo para tornar-se genuinamente otimista e esperançoso. Trabalhar em autoaprimoramento ajuda você a se sentir assim. É preciso cultivar a si mesmo, estudar, aprender e evoluir para o sucesso. O que você pensa disso?

A ☐ Já estudei o suficiente na minha vida. Não preciso perder tempo em aprender mais nada.

B ☐ Nunca paro de procurar maneiras de me aprimorar. Sou adepto do que chamam de *lifelong learning*, que envolve a ideia de adquirir conhecimento e habilidades constantemente. Sempre dá para aprender uma maneira de fazer melhor o que já faço.

C ☐ Gosto de aprender, mas somente quando isso é necessário. Modéstia à parte, já sei muito sobre muitas coisas.

Analisando seus resultados

Considero muito útil colocar dados em gráficos para termos uma visão mais clara da nossa análise. Veja um exemplo de como isso funciona:

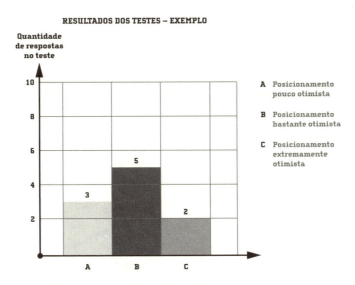

Neste exemplo hipotético, o indivíduo em questão teve 3 respostas A, 5 respostas B e 2 respostas C. O que significa que ele está com um resultado que o leva a ter uma tendência de "Posicionamento Bastante Otimista" em boa parte dos casos. Mas o gráfico também nos diz que ele pode melhorar essa condição caso trabalhe um pouco mais na parte do seu perfil que está sendo "Pouco Otimista" e, em especial, no aspecto que o faz agir como alguém "Excessivamente Otimista".

Agora, conte suas próprias respostas e responda:
Quantas vezes você respondeu alternativa A: ....
Quantas vezes você respondeu alternativa B: ....
Quantas vezes você respondeu alternativa C: ....
Coloque seus resultados no gráfico e avalie a sua situação atual.

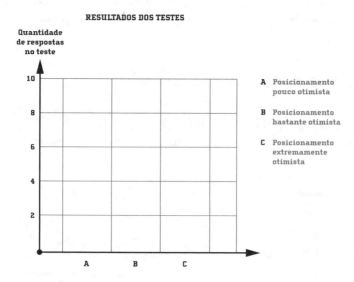

Uma análise final

Em resumo, eis o que tenho a dizer sobre essa qualificação do otimismo e da positividade:

➥ **Posicionamento pouco otimista e pouca positividade**
Faltam energia, motivação e coragem de fazer o que é necessário para ser bem-sucedido. Uma pessoa com esse posicionamento tende a ver o lado negativo das coisas e tem dificuldade em encontrar motivos para sentir-se

esperançosa e assertiva. Pode ser facilmente afetada por contratempos, vendo-os como obstáculos insuperáveis em vez de oportunidades de crescimento e aprendizado. Essa condição leva a pessoa a perder tempo, sem conseguir grandes resultados.

➡ Posicionamento bastante otimista e grande positividade

É a posição ideal para empenhar-se nas ações necessárias e conquistar tudo o que você planeja. O futuro sempre lhe parece promissor, porém você tem consciência de que serão as suas ações que gerarão seus resultados.

Uma pessoa com tal posicionamento costuma ver o lado positivo das coisas e tem uma tendência natural a enxergar o mundo com esperança, alegria e confiança. Geralmente acredita que as coisas darão certo e está sempre em busca de oportunidades e soluções para os desafios que enfrenta. Ela encara os contratempos como temporários e vê neles uma chance de aprendizado e crescimento pessoal. Tem a energia certa para acreditar no sucesso e fazer o que é preciso para alcançá-lo.

➡ Posicionamento excessivamente otimista e com positividade exagerada

Você pode incorrer em desvios de comportamento, como os assinalados no tópico "cautela e canja de galinha".

Uma pessoa com posicionamento otimista e positividade em excesso pode ser caracterizada como alguém que tende a minimizar ou ignorar os aspectos negativos da vida. Ela "vê o mundo com óculos cor-de-rosa", o que a leva a ter uma visão distorcida da realidade.

Nesses casos, existe uma boa chance de suas atitudes e decisões atrapalharem e atrasarem o seu sucesso, especialmente porque ela pode desconsiderar ou subestimar os desafios e os riscos envolvidos, alimentando uma visão irreal das circunstâncias.

Podemos dizer que esses três casos são extremos e que entre eles existe ainda uma infinidade de possibilidades. Mas esses exemplos já nos dão a oportunidade de pensar sobre como nos comportamos quanto ao otimismo e à positividade no nosso dia a dia.

Geralmente, quando pensamos com calma e sinceridade sobre essas questões, começamos a eliminar muitos dos nossos pensamentos negativos.

Por isso é importante lembrar que qualquer mudança que você quiser que aconteça em sua vida, do seu mindset atual para um mindset de riqueza, só acontecerá a partir de uma decisão sua, que tem que ser acompanhada com as ações correspondentes e necessárias para fazer acontecer.

Para finalizar, farei mais algumas considerações. Olhe novamente para o gráfico com os seus resultados do teste. Avalie: ele condiz com a sua realidade hoje? Caso a sua resposta não seja um sim, o que você esqueceu de levar em conta?

Se sentir que falhou em algo ao preencher o teste, refaça-o. O importante é que você sinta que o resultado é realmente coerente com o modo como se sente e se vê hoje.

Em paralelo ao teste, como elemento complementar, outro bom referencial que você pode fazer para se conhecer melhor é solicitar a familiares, amigos e pessoas que, de fato, importam-se com você, que lhe deem a opinião que têm a seu respeito. Pergunte como eles o veem, se enxergam em você uma pessoa positiva ou negativa. Junte esses pareceres com os resultados do teste e tire suas conclusões sobre como você é hoje.

E, agora, duas perguntas cruciais: em que qualificação você se encontra com relação ao seu otimismo e à sua positividade? O que você fará a respeito disso?

6

ACELERADOR 3
Enfrentar de modo eficaz as adversidades

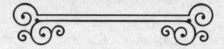

Podemos entender por enfrentamento eficaz das adversidades uma abordagem proativa e decidida para com elas lidar. Basicamente, isso significa *reconhecer e aceitar os contratempos, buscar formas de superá-los* e *aprender com a experiência vivida*, em vez de evitá-la ou de sentir-se incapaz de encará-la.

Esse é um processo que envolve *desenvolver resiliência, autoconfiança, determinação* e *capacidade de encontrar soluções* para os problemas que, com certeza, surgirão pelo caminho. Isso leva a um *crescimento pessoal*, a um *maior autoconhecimento* e ao *alcance de objetivos significativos*, tanto em curto quanto em médio e longo prazos. Essa abordagem é, sem dúvida, um dos grandes pilares e aceleradores na formação de um mindset positivo.

Vale ressaltar que algo é eficaz quando realmente funciona e produz os resultados desejados, usando seus recursos da maneira o mais hábil possível.

É exatamente este ponto que precisa ficar muito claro: todos nós enfrentamos adversidades, porém estou falando sobre enfrentá-las de tal modo que isso gere, de fato, os melhores resultados.

Viver não é uma jornada tranquila e sem contratempos, não é como descansar em um lago de água morna, onde você pode deitar e relaxar. A vida está mais para um tanque de água quente, que nos obriga a nos movimentarmos com constância, rapidez e estratégia. Para isso, precisamos ter as atitudes corretas. Somente assim é possível viver de maneira verdadeiramente plena.

Além dos pontos já citados no início do capítulo, ao encarar as adversidades eficientemente também ganhamos na solução de problemas, pois aprendemos a encontrar soluções criativas – e até mesmo inovadoras –, que nos tornam muito mais hábeis em resolver problemas de modo eficaz; assim, acrescentamos, ainda, bons e vantajosos ganhos na realização de nossos objetivos, pois a superação dos obstáculos leva-nos a alcançar mais e melhores condições de sucesso, inclusive em longo prazo.

Indiretamente, também traz estímulo às nossas capacidades de amar e ser amado, promovendo bem-estar a todas as partes envolvidas, com base em respeito, carinho, atenção, cumplicidade, confiança e autonomia. Já na área profissional gera progresso, pois ajuda a aumentar a nossa produtividade, levando a um desenvolvimento diferenciado; assim como contribui para construir um mindset de riqueza plena, uma vez que promove resiliência e crescimento, dois fatores que devem estar presentes em toda jornada a que nos propusermos.

O aumento da autoconfiança é outro resultado que alcançamos. Ao superar desafios, ficamos mais confiantes quanto às nossas habilidades para lidar com contratempos, o que nos traz mais autocontrole emocional, pensamento crítico e flexibilidade. Uma autoconfiança maior, por sua vez, motiva-nos a sair da zona de conforto e desenvolver novas capacidades e encarar novos desafios.

Aprender a enfrentar adversidades com eficiência leva-nos a apreciar mais as coisas boas e a valorizar as relações positivas que construímos. Temos a oportunidade de reavaliar nossas prioridades e objetivos e de desenvolver uma perspectiva mais clara sobre o que é importante para nós.

Em resumo, tudo isso nos ajuda a construir um mindset de riqueza plena, clareando e ampliando nossos pontos de vista sobre a vida e levando-nos ao sucesso. É bem possível que você conheça pessoas que se fortaleceram e venceram ao enfrentarem de modo eficaz uma dificuldade. E há vários casos de pessoas conhecidas que se mostraram muito mais fortes depois de uma luta contra as intempéries da vida.

Podemos falar, por exemplo, de Steve Jobs. Depois de ser demitido da Apple após uma série de desentendimentos com a diretoria da empresa, ele superou os problemas e fundou a NeXT. Em 1996, a Apple comprou a NeXT, trazendo-o de volta à empresa.[38]

Quando Jobs retornou à Apple, ele a tirou de uma crise financeira e de imagem, liderando-a em uma nova direção, com o objetivo de simplificar a linha de produtos e melhorar a experiência do usuário. Com sua habilidade de enfrentar adversidades e com seus produtos revolucionários, Jobs transformou a Apple em líder no mercado e em uma das maiores empresas de tecnologia do mundo, elevando-a a novos patamares de sucesso. Ele revolucionou a indústria de tecnologia e mudou a forma como as pessoas vivem, acessam informações e se conectam com o mundo.

Outro exemplo bastante conhecido é o da escritora J.K. Rowling, famosa pela série de livros Harry Potter. Sua perseverança resultou em um dos maiores sucessos literários de todos os tempos.

Rowling cresceu em uma família de classe média baixa e enfrentou dificuldades financeiras após a separação de seus pais. Mais tarde, ao separar-se ela própria do marido, criou sua primeira filha sozinha. Ela começou a escrever a história de Harry Potter enquanto estava desempregada e lutando para sobreviver financeiramente. Levou anos para concluir o livro, sem contar que teve dificuldades para encontrar um editor que acreditasse no trabalho dela. No entanto, apesar dos desafios, ela nunca perdeu sua paixão pela escrita.[39]

Sua história é hoje uma lembrança constante de que, mesmo diante das maiores dificuldades, é possível realizar nossos sonhos com dedicação, persistência e determinação com o enfrentamento eficaz das adversidades.

No contexto da nossa conversa, não há como não citar (novamente neste livro), o grande empresário Elon Musk. Ele também encarou grandes desafios e alguns fracassos em sua carreira, como no caso das empresas Zip2 e da SpaceX em seus primeiros lançamentos. No entanto ele não desistiu e hoje é conhecido como um dos empresários mais visionários e bem-sucedidos do mundo.

O que o tornou tão bem-sucedido foi sua persistência e sua habilidade de aprender com seus erros. Com uma visão clara e ousada de suas metas e uma mentalidade voltada para a solução de problemas, sempre procurando maneiras de resolvê-los, Musk criou uma abordagem inovadora para os negócios.[40]

A combinação de persistência, coragem, mentalidade de solução de problemas e visão inovadora de Elon Musk, configurando-se como uma estratégia de enfrentamento eficaz das adversidades, tem sido fundamental para o seu sucesso.

É sempre bom lembrar que a eficácia no enfrentamento das adversidades é parte essencial na construção de um mindset de crescimento e riqueza; trata-se de um requisito básico para mudarmos de modo positivo as nossas ações e ampliarmos nossos resultados favoráveis.

Para ter um mindset com essa qualidade, precisamos incluir em nossas atividades atitudes que nos ensinem a superar medos e incertezas, a gerir adequadamente nossas emoções e a tomar decisões acertadas.

O escritor Napoleon Hill, conhecido especialmente por seu livro *Pense e enriqueça*,[41] já na década de 1930 apresentava ideias sobre como alcançar sucesso e riqueza. Ele acreditava que as pessoas têm que enfrentar e lidar de modo eficaz com os contratempos como parte dos processos de crescimento e realização pessoal.

Hill defendia que as adversidades são boas oportunidades de aprendizado. Ele ensinava que elas são parte da vida e que as pessoas precisam encará-las com uma atitude positiva para superá-las e alcançar seus objetivos. Também para Hill, determinação, persistência e postura positiva são essenciais nesse processo.

Enfatizando a importância da visualização positiva e da imaginação criativa, Hill dizia que as pessoas devem criar mentalmente o futuro que desejam e cercarem-se de gente positiva e motivadora, que as inspirem e as ajudem a lidar de modo eficaz com as adversidades. Ao visualizarmos o sucesso em uma situação de medo ou incerteza, podemos desenvolver uma atitude mais confiante e positiva, ficando mais fácil tomar boas decisões.

A arte de enfrentar desafios e adversidades

Quando decidimos mudar nossa mentalidade e ir em busca de um mindset de riqueza e crescimento, é importante lembrar que enfrentaremos desafios próprios do comportamento humano, como a negatividade e o medo do fracasso. Então é essencial prepararmo-nos para lidar com isso de maneira construtiva e positiva, o que pode envolver a busca de apoio e orientação de mentores, a prática de técnicas de gestão emocional e a criação de um plano de ação estratégico para alcançar nossos objetivos. Dessa forma, conseguimos desenvolver uma mentalidade resiliente, enfrentar os obstáculos de maneira eficaz e alcançar o sucesso.

Para iniciar nossa jornada em direção a um mindset mais evoluído é fundamental fazer uma avaliação de como nos encontramos e ter consciência dos possíveis desafios e surpresas que podem surgir. Somente dessa forma é possível elaborar estratégias eficazes para lidar com eles.

Entre as dificuldades que podem atrapalhar ou até mesmo impedir o processo de evolução de mindset, destacam-se:

➡ **Ansiedade e estresse excessivos:** níveis elevados de ansiedade e estresse tendem a dificultar a capacidade de enfrentar adversidades com eficácia.

➡ **Autossabotagem:** por vezes, somos nosso próprio obstáculo na jornada de evolução de mindset. Comportamentos autodestrutivos, como procrastinação e autocrítica excessiva, minam a nossa confiança e prejudicam o nosso progresso.

➡ **Falta de autoconfiança:** o fato de não termos confiança em nós mesmos impede-nos de acreditar em nossa capacidade de confrontar e superar obstáculos.

➡ **Falta de autoconhecimento:** muitas vezes não temos clareza sobre nossos pontos fortes e fracos, o que acaba dificultando o reconhecimento dos nossos padrões mentais e comportamentais limitantes e, consequentemente, prejudica a nossa capacidade de evoluir.

➡ **Falta de recursos:** falta de apoio social, financeiro ou emocional pode criar dificuldades para que se enfrente os contratempos.

➡ **Influências negativas:** pessoas, situações e ambientes tóxicos minam o nosso entusiasmo e a nossa energia, dificultando a manutenção de um mindset positivo e saudável.

➡ **Negação:** negar as adversidades em vez de enfrentá-las impede nosso crescimento pessoal e o alcance de objetivos.

➡ **Pensamento negativo:** ter uma perspectiva negativa ou pessimista torna mais difícil superar os contratempos.

➡ **Resistência a mudanças:** mudanças podem ser difíceis e desconfortáveis, e muitas vezes preferimos permanecer em nossa zona de conforto.

Essa resistência atrapalham-nos a explorar novas possibilidades e a desenvolver uma mentalidade mais aberta e flexível.

Resumindo, os elementos que dificultam o enfrentamento eficaz das adversidades são as sementes que deixam mais dura a nossa jornada rumo a um mindset de riqueza plena. A conscientização sobre eles é fundamental para combatê-los ou controlá-los e darmos um importante passo em direção a essa mentalidade.

Sempre é bom lembrar que ter esse mindset significa estar aberto a novas ideias e novos aprendizados que nos tirem do lugar comum para irmos muito além, para mais perto da realização dos nossos sonhos. Por isso é imprescindível aceitar que teremos de enfrentar medos e inseguranças que nos impedem de alcançar nosso melhor potencial. Encará-los e superá-los deixa-nos mais confiantes e capacitados.

Enfim, como reforço desta nossa conversa: para ter um mindset de crescimento e riqueza plena precisamos incluir em nosso comportamento atitudes que nos ajudem a:

- Superar medos e incertezas;
- Gerir adequadamente as nossas emoções;
- Tomar decisões acertadas.

Estratégias e atitudes que ajudam a superar medos e incertezas

Para começar a superá-los é importante reconhecer que esses sentimentos são naturais e fazem parte da experiência humana. É comum sentir medo diante de situações desconhecidas ou incertas, assim como é natural sentir-se inseguro ou ansioso em relação ao futuro.

No entanto muitas vezes a vergonha pode se associar a esses sentimentos, tornando ainda mais difícil lidar com eles. Sentir-se envergonhado por estar temeroso ou incerto talvez leve a uma autocrítica negativa ou a um processo de autoacusação, o que agravar ainda mais o problema.

Quando nos deixamos levar pelo sentimento de vergonha, colocamo-nos em uma posição totalmente vulnerável. Mas a vulnerabilidade pode não ser assim tão ruim como costumamos pensar. Ela pode trabalhar a nosso favor se soubermos administrá-la.

Brené Brown, uma pesquisadora e escritora americana, acredita que para superar medos e incertezas é importante admitir ser vulnerável e permitir-se sentir as emoções difíceis em vez de tentar escondê-las ou negá-las. Ela afirma que quando reconhecida e aceita, a vulnerabilidade torna-se uma fonte de força e não de fraqueza, e ressalta como o fato de abrir-se a ela pode ajudar as pessoas a lidarem melhor com medos, incertezas e dor.

Em sua obra *The Power of Vulnerability*,[42] Brown explora esse tema e aponta como a coragem de ser vulnerável pode levar a conexões mais profundas e significativas.

Algumas estratégias e atitudes práticas advindas da aceitação da própria vulnerabilidade ajudam a superar esses sentimentos. Acompanhe a seguir.

➡ **Enfrente seus medos:** em vez de evitar o que está causando medo ou incerteza, enfrente-os de uma vez. Isso vai ajudá-lo a ganhar confiança e a compreender que, na verdade, na maioria das vezes não há nada a temer. Pare por um minuto e pense: quantas coisas você já temeu em sua vida e que nunca aconteceram? Ou aconteceram, mas não foram tão terríveis quanto você imaginou?

➡ **Mantenha-se em uma perspectiva positiva:** lembre-se de que medos e incertezas são sentimentos normais e que servem de alerta para você ser mais cuidadoso ao seguir seu caminho. Mantenha uma boa perspectiva, foque naquilo que você busca e aceite aquele medo como um companheiro de viagem. Nos momentos certos, ele poderá até lhe ser útil.

➡ **Prepare-se para o que virá:** se você está enfrentando algo que gera medo ou incerteza, prepare-se o melhor possível. Isso inclui aprender o máximo sobre o assunto e preparar-se para possíveis desafios. Lembre-se que vencer o inimigo sempre fica mais simples quando você sabe quem ele é. No livro *A arte da guerra*, de Sun Tzu,[43] a ideia "conheça o seu inimigo" é um dos princípios-chave e significa que para ter sucesso em uma guerra é necessário ter um conhecimento profundo e preciso do inimigo. Conhecê-lo é fundamental para tomar boas decisões e encontrar as melhores formas de vencer.

- **Fale sobre seus medos e incertezas:** compartilhar seus medos e incertezas com outras pessoas pode ajudá-lo a sentir-se mais forte e a obter algum suporte que for necessário. Discutir suas preocupações com outras pessoas também pode ajudá-lo a ter novos pontos de vista da situação. Cabe ressaltar que você deve selecionar as pessoas com quem compartilha seus medos, incertezas e apreensões, porque nem todo mundo convém ser seu confidente. Busque sempre pessoas que estão comprovadamente interessadas em seu bem-estar e em sua felicidade.
- **Relaxe:** encontre uma atividade relaxante que o ajude a sentir-se mais calmo e menos ansioso, como meditação ou caminhada, ou tocar algum instrumento musical, por exemplo. Isso vai ajudá-lo a lidar com o estresse, melhorar seu estado mental e tornar menos densas as suas preocupações.

Aceitar a nossa vulnerabilidade é um passo importante para superar o sentimento de vergonha que surge quando tememos algo ou ficamos incertos pelo que teremos de enfrentar. Por isso é importante trabalhar a autoaceitação e a compaixão consigo mesmo diante desses sentimentos. Reconhecer que é normal sentir medos e incertezas ajuda a reduzir a pressão e a ansiedade em relação a eles.

Outro ponto importante é procurar compreender as raízes de um medo ou de uma incerteza. Muitas vezes, esses sentimentos são reflexos de traumas passados, crenças limitantes ou outras questões pessoais. Identificar as origens pode ajudar a desenvolver estratégias para superar esses obstáculos. Convém avaliar a possibilidade de procurar ajuda profissional especializada para lidar de maneira eficaz com esses sentimentos.

Procure também obter o máximo de aprendizado a partir da experimentação. Enfrentar situações que causam medo ou incerteza, aprender com elas e ver o sucesso que pode ser alcançado tem o potencial de ajudá-lo a desenvolver uma atitude mais corajosa e confiante.

Somando-se a tudo isso, é sempre bom buscar apoio de amigos fiéis, familiares dedicados e devotados, e também de profissionais de confiança sempre que necessário, como dito anteriormente.

Por fim, lembre-se que a superação de medos e incertezas não é um processo linear. Haverá altos e baixos, avanços e retrocessos, mas a somatória final dos resultados será sempre positiva se você tentar fazer o seu melhor a cada dia. É importante ter paciência e continuar trabalhando na construção de uma mentalidade mais resiliente e corajosa, uma mentalidade de riqueza e crescimento.

Sugestões de atitudes para gerir adequadamente as emoções

Emoções são a base de todos os relacionamentos e a forma como lidamos com elas define o quão longe iremos em nossos objetivos. Cuidar das emoções, além de ser uma forma de procurar estar bem, é uma atitude inteligente e necessária para quem busca ser bem-sucedido. O modo como gerimos as nossas emoções também influencia um enfrentamento eficaz das adversidades.

Daniel Goleman, psicólogo e escritor norte-americano, famoso por seu trabalho sobre inteligência emocional, ensina que para gerenciar adequadamente as emoções precisamos aprender a reconhecê-las e compreender suas causas. Em seu livro *Inteligência emocional*,[44] Goleman argumenta que ela é um fator determinante do nosso sucesso.

Ele destaca que as emoções afetam nossos pensamentos e comportamentos e que podemos melhorar nossas relações, nossa saúde e nosso bem estar por meio de um gerenciamento emocional adequado, e ressalta a importância de desenvolver a habilidade de controlar as emoções em situações difíceis.

Marshall Rosenberg, fundador da comunicação não violenta (CNV), acredita que para gerenciar adequadamente nossas emoções devemos aprender a expressá-las de maneira clara, sem julgamentos ou autocríticas, assim como é relevante saber ouvir e compreender as emoções dos outros para criar relacionamentos mais saudáveis e profundos.

No livro *Comunicação não violenta*,[45] considerado um guia para a comunicação eficaz e a empatia, constam orientações claras para a resolução de conflitos e a conexão emocional de qualidade. A abordagem da comunicação não violenta de Rosenberg tem sido aplicada em diversas áreas, incluindo relacionamentos e desenvolvimento pessoais, resolução de conflitos e liderança.

Recomendo que você aprofunde seu estudo sobre emoções e prepare-se para lidar melhor com elas no dia a dia. Especialmente, sugiro que leia também o meu livro *Gerencie seu emocional*.[46] Para a nossa discussão neste capítulo, falarei de algumas estratégias e atitudes que ajudam a gerenciar adequadamente nossas emoções.

➡ **Reconheça suas emoções:** é importante estar consciente das suas emoções e sentimentos e entender por que você está se sentindo de determinada forma. Isso vai ajudá-lo a lidar de maneira mais efetiva com eles.

➡ **Aprenda a expressar suas emoções:** encontre maneiras saudáveis de expressá-las, como escrever sobre o que está sentindo ou conversar com alguém de sua confiança, como amigos ou familiares próximos. Também é importante usar os recursos e o auxílio de profissionais da psicoterapia e áreas afins, que podem ajudá-lo a compreender, a expressar e a gerenciar melhor suas emoções.

➡ **Pratique uma respiração profunda:** a respiração profunda ajuda a acalmar a mente e o corpo. Dedique alguns minutos por dia para praticá-la e você perceberá uma grande diferença, especialmente em situações de estresse ou ansiedade.

➡ **Realize atividades que lhe deem prazer:** encontre uma atividade que o ajude a sentir-se mais calmo, relaxado e de bem consigo mesmo. Praticar atividades que nos dão prazer é uma forma eficaz de melhorar a nossa saúde física e mental e aumentar a nossa satisfação com a vida. Isso leva à redução do estresse, a aumentar a autoestima, a fortalecer relacionamentos e a abrir novos horizontes e possibilidades, proporcionando uma sensível melhora do bem-estar emocional.

Para concluir nossa conversa sobre a importância de gerir adequadamente as nossas emoções para enfrentarmos de modo eficaz as adversidades, quero citar como exemplo um caso que ficou bastante conhecido mundialmente, no qual o uso das estratégias e atitudes corretas, com base na gestão de emoções, resultou na conquista dos objetivos traçados, mesmo tendo ocorrido muitos contratempos no processo. Trata-se do atleta Michael Phelps, nadador norte-americano considerado um dos melhores de todos os tempos, com 28 medalhas olímpicas, sendo 23 de ouro.

Phelps enfrentou muitos desafios emocionais ao longo de sua carreira, como uma dura luta contra a ansiedade e a depressão. Em 2008, ele foi preso por dirigir embriagado e teve muitas complicações a partir disso, o que o levou a pensar em se afastar das competições. No entanto, em vez de abandonar a carreira, Phelps procurou ajuda e trabalhou em sua saúde mental.

Ele começou a praticar meditação e outras técnicas que o ajudavam a gerenciar o estresse e a ansiedade e o levavam a ser mais equilibrado e tranquilo, elevando sua energia produtiva, especialmente antes de competir. Além disso, aprendeu a lidar de modo mais positivo com as críticas e as pressões próprias de ser um atleta de alto nível, tornando-se mais resiliente e confiante.

Com essas estratégias, que o levaram a gerenciar adequadamente suas emoções, Phelps retornou de modo espetacular às piscinas e conquistou incríveis sete medalhas de ouro nas olimpíadas de 2008, em Pequim. Sua jornada tornou-se um grande exemplo de como a gestão eficaz das emoções é fundamental para o sucesso. E isso vale em qualquer área da vida.[47]

É relevante compreender que a mudança para uma mentalidade positiva e de crescimento e riqueza requer um trabalho dedicado de avaliação de opções e de tomadas de decisões, bem como desenvolver habilidades essenciais, como enfrentar medos e gerenciar emoções, conforme já mencionado. O medo pode nos impedir de assumir riscos necessários para alcançar nossas metas, e é preciso aprender a lidar com ele de maneira produtiva. Além disso, gerenciar nossas emoções, especialmente as negativas, é fundamental para manter a motivação e o foco ao longo do caminho.

Tomar decisões acertadas

Quando se trata de mudar de mentalidade, é preciso considerar que no caminho poderão surgir desafios e adversidades, e para superá-los precisaremos tomar boas decisões.

Relembrando, construir um mindset de riqueza requer aprender a lidar com riscos, gerenciar e equilibrar sentimentos e emoções, priorizar o que é importante e avaliar cuidadosamente as opções disponíveis, levando em conta nossos valores e objetivos em longo prazo. Ao fazer isso fica bem mais fácil superar os desafios que surgirão em nossa jornada em direção à prosperidade financeira, profissional e pessoal.

A capacidade de simplificar as decisões também é muito bem-vinda. Muitas vezes nos sentimos sobrecarregados com um grande número de afazeres, informações e opções, o que pode nos atrapalhar a tomar decisões eficazes. Simplificar as opções e focar no que é imprescindível ajuda a reduzir o estresse e faz com que nossas tomadas de decisões sejam mais equilibradas e positivas.

Priorizar o que é realmente importante é fundamental para alcançar nossos objetivos. É fácil distrair-nos com coisas insignificantes ou atividades que não contribuem para o nosso sucesso. Para evitar isso, devemos traçar uma estratégia de ação, garantido que elas estejam alinhadas aos nossos valores e metas, e focar nas tarefas essenciais dentro de um plano previamente traçado.

Corroborando com essa linha de pensamento, o professor Chip Heath, da Stanford Graduate School of Business e coautor de vários livros sobre decisões de sucesso, incluindo *Switch: How to Change Things When Change is Hard*,[48] também defende a ideia de que para tomar decisões acertadas precisamos enfrentar nossos medos e incertezas, e que uma boa estratégia para isso é encontrar exemplos inspiradores de pessoas que já superaram desafios semelhantes. Isso nos remete ao meu livro *O poder da modelagem*,[49] já citado nesta obra, em que eu e meus parceiros apresentamos um extenso material sobre a modelagem de casos de sucesso.

Heath destaca igualmente a necessidade de simplificar as decisões e priorizar o que é realmente importante. Inclusive, recomenda buscar o apoio de pessoas que tenham experiência na área em que as decisões deverão ser tomadas para se ter uma visão mais completa das implicações que virão.

Dentro da ideia da necessidade de enfrentarmos eficientemente as adversidades usando estratégias e atitudes para tomar boas decisões, trago o ponto de vista apresentado por Steven Covey, autor de *Os 7 hábitos das pessoas altamente eficazes*,[50] um dos livros de liderança mais vendidos de todos os tempos.

Em seu trabalho, ele fala sobre estratégias e atitudes para a tomada de boas decisões, destacando a importância de se desenvolver uma perspectiva ampla e equilibrada. Ele defendeu a ideia de que para tomar decisões acertadas precisamos aprender a gerenciar nossas emoções e a sermos proativos, em vez de reativos, diante de situações desafiadoras, assim como destacou a importância de priorizarmos as nossas responsabilidades e agirmos de acordo com os nossos valores e princípios.

Resumidamente, as propostas colocadas por Covey para uma tomada de decisão positiva sugerem:

- Adotar uma postura proativa, procurando entender as circunstâncias e os interesses envolvidos antes de tomar uma decisão;
- Concentrar-se nas soluções em vez de ficar preso aos problemas;
- Manter-se equilibrado, equiparando a lógica e a intuição;
- Manter um equilíbrio entre preocupações com o futuro e respeito pelo passado;
- Basear as decisões em valores e princípios;
- Seguir em frente com determinação e confiança mesmo diante de dificuldades.

De maneira bastante entusiasta, Covey ressaltou que é fundamental compreender que as decisões são resultado de um processo de preparo e que ser bem-sucedido em uma tomada de decisão depende de uma combinação de fatores que incluem conhecimentos, habilidades, atitudes e valores.

O que fazer para tomar decisões acertadas na prática

Tomar boas decisões em um mundo veloz e competitivo como o de hoje é uma necessidade inegável, uma habilidade essencial para o sucesso pessoal e profissional. Mas também é um desafio para a maioria das pessoas.

Uma decisão acertada é aquela tomada com confiança, com foco em um objetivo claro, baseada em informações precisas e considerando as possíveis dificuldades a serem enfrentadas, assim como as consequências. Admite um certo grau de risco, mas prevê e encontra os meios para minimizar erros e eventuais desvios do plano traçado.

Neste tópico apresento algumas práticas que ajudam a tomar melhores decisões, a lidar com situações difíceis e a superar desafios, qualquer que seja a área em que se esteja atuando. Acompanhe no quadro a seguir.

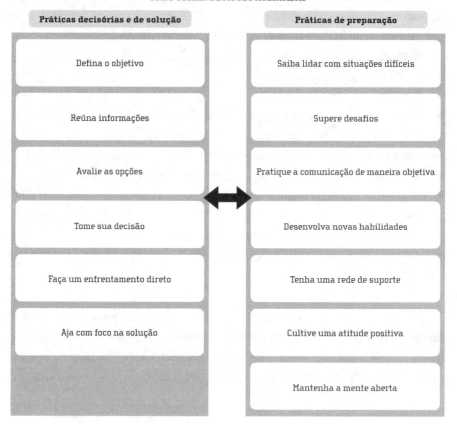

Práticas decisórias e de solução

➡ **Defina claramente o objetivo a ser atingido:** o primeiro passo é definir o problema ou a situação a ser resolvida, ou o objetivo a ser atingido e o resultado desejado. É importante entender o que você quer alcançar antes de tomar qualquer decisão. Às vezes, fica mais fácil fazer essa análise e chegar a uma definição quando colocamos no papel algumas perguntas do tipo:
- Qual é o problema que estou tentando resolver?
- O que está causando o problema?
- Qual é o objetivo que quero alcançar?
- Quais são as possíveis soluções?

- **Reúna informações relevantes:** o próximo passo é reunir informações relevantes que possam ajudar em uma decisão bem formada. Isso inclui dados, estatísticas, opiniões de especialistas, feedback de outras pessoas ou experiências anteriores. É importante ter em mente que as informações devem ser tão precisas quanto possível e confiáveis.
- **Avalie as opções e possíveis consequências:** com as informações reunidas, deve-se considerar as diversas opções e as consequências que podem vir de cada uma delas. Avaliar as vantagens e as desvantagens de cada possibilidade e como elas se relacionam ao objetivo desejado também é essencial. Escolha a opção que mais se alinhe ao seu objetivo e aos seus valores, considere os possíveis resultados em curto e longo prazos e trace estratégias de contingência para o caso de haver algum desvio do plano original.
- **Tome uma decisão e assuma a responsabilidade por ela:** depois de considerar as opções e as possíveis consequências, é hora de tomar uma decisão. Seja confiante e assuma a responsabilidade. Se ela não funcionar como esperado, aprenda com isso e ajuste a abordagem na próxima vez.
- **Programe-se para um enfrentamento direto:** prepare-se para enfrentar a situação diretamente, avaliando os desafios e buscando soluções a cada passo. Essa é uma estratégia eficaz para lidar com acontecimentos difíceis e para não ser pego de surpresa diante das adversidades.
- **Parta para a ação com foco na solução:** não adianta decidir e planejar se você não agir. É o fazer o que tem que ser feito que leva à solução. Mas aja com foco nela. Em vez de concentrar-se no problema, concentre-se nas soluções e nas ações que você pode fazer.

Posicione-se para o enfrentamento eficaz das adversidades

Como saber se estamos realmente enfrentando de modo eficaz as adversidades e favorecendo a construção de um mindset de riqueza? É preciso fazer uma análise do nosso comportamento para ter certeza do quanto estamos sendo eficazes – ou não – diante das dificuldades e do quanto estamos caminhando para formar essa mentalidade.

A partir dessa necessidade fica evidente a importância de termos consciência de nós mesmos e de como as nossas crenças e comportamentos afetam a nossa vida e as nossas decisões. Podemos entender a autoconsciência como tendo quatro diferentes frentes.

➡ **O autoconhecimento:** o primeiro passo para mudar nossa mentalidade é conhecer a nós mesmos e compreender nossas crenças, valores e motivações. Isso envolve fazer uma autoanálise e identificar padrões positivos e negativos de pensamento e comportamentos. Existe uma grande quantidade de testes que nos ajudam a nos conhecermos melhor, mas sempre digo que a ajuda de um profissional da área é muito bem-vinda.

➡ **A autoconfiança:** desenvolver a autoconfiança é crucial para superar o medo e a incerteza e ela pode ser alcançada com práticas como o autoelogio, o autoconhecimento e a autoafirmação. Além disso, o desenvolvimento de novas e boas competências ajuda a aumentar a autoconfiança e a tomar decisões mais acertadas.

➡ **A autorresponsabilidade:** assumir a responsabilidade por nossas ações e escolhas é fundamental para transformar a nossa mentalidade. Isso significa parar de culpar os outros ou as circunstâncias externas por nossos problemas e começar a trabalhar de maneira proativa para resolvê-los.

➡ **O autocuidado:** cuidar de nossa mente, do nosso corpo e da nossa alma é essencial para manter uma mentalidade saudável e positiva. Praticar exercícios físicos regulares, meditação, alimentação saudável e gerenciamento do estresse são essenciais para isso.

Uma vez dedicados a cuidar de nós mesmos, já estaremos no caminho certo para a mudança positiva do nosso mindset. Voltamos, então, à nossa pergunta: como saber se está realmente fazendo um enfrentamento eficaz das adversidades?

Para responder tal questão, proponho um pequeno teste, respondendo às perguntas a seguir e fazendo uma análise de como é o seu comportamento atual. É um teste simples, mas que lhe dará uma boa noção de como você vem enfrentando os contratempos no seu dia a dia.

Enfrentar de modo eficaz as adversidades

Como sempre gosto de ressaltar, esta é apenas uma avaliação superficial e sem compromisso técnico, pois o ser humano é muito mais complexo para ser bem avaliado por um simples teste como este. Para avaliações mais completas e adequadas, recomendo mais uma vez buscar a ajuda de profissionais especialistas na área.

Você pode responder às questões do teste como lhe parecer mais conveniente – às vezes não respondemos de maneira objetiva e sincera, ainda que inconscientemente, mas lembre-se de que é uma conversa consigo mesmo, então a sua verdade vai sempre aflorar à sua mente.

Agora, leia as questões a seguir e escolha a opção com que você mais se identifica.

1. Como você age quando encontra uma adversidade em seu caminho?

A ☐ Você reconhece a adversidade e procura soluções para superá-la. Enfrenta-a de maneira a resolvê-la ou minimizar seus efeitos negativos.

B ☐ Você reconhece a adversidade e sente que ela vai atrapalhar a sua jornada, mas não se prontifica a encontrar uma solução.

C ☐ Você nega a situação e não toma providência alguma.

2. Como você vê uma adversidade?

A ☐ Você mantém uma perspectiva positiva e procura aproveitar a adversidade como uma oportunidade de crescimento e aprendizado.

B ☐ Embora veja-a como algo que pode estimulá-lo, não se empenha em explorar seu lado positivo.

C ☐ Você se concentra apenas nos aspectos negativos dela.

3. Como está o seu nível de autoconfiança?

A ☐ Você acredita em sua capacidade de superar obstáculos e confia em suas habilidades de solucioná-los.

B ☐ Você crê ser possível superar os problemas, mas não consegue enxergar o que você pode fazer.

C ☐ Você se prosta diante das dificuldades como se não houvesse mais solução possível.

4. Como você lida com a ansiedade e o estresse?

A ☐ Você usa técnicas de gerenciamento emocional para lidar com a situação de maneira eficaz.

B ☐ Você até consegue controlar temporariamente suas emoções, mas tem dificuldade de manter-se em equilíbrio.

C ☐ Você se entrega à ansiedade e ao estresse, gerando o risco de pôr a perder toda a sua busca por objetivos.

5. Como você lida com a necessidade de levantar recursos para enfrentar eficazmente as adversidades?

A ☐ Você procura apoio social, financeiro ou emocional de amigos, familiares ou profissionais, se necessário.

B ☐ Você não pede ajuda, mas acha que os outros deveriam adivinhar do que você precisa e socorrê-lo.

C ☐ Você se afasta ou desiste do seu projeto, porque não tem coragem de pedir ajuda.

6. Como você reage às influências negativas de pessoas, situações e ambientes tóxicos?

A ☐ Você procura manter-se por perto, se necessário, porém se blinda contra a negatividade usando um gerenciamento adequado de suas emoções.

B ☐ Você se mantém por perto esperando que as coisas melhorem, mas não faz nada para que isso aconteça; e com o tempo acaba sendo contaminado pela negatividade.

C ☐ Você se deixa levar pela negatividade a ponto de comprometer a sua busca por seus propósitos.

7. Como você reage a mudanças difíceis e desconfortáveis?

A ☐ Você tem paciência, resiliência e determinação, de modo que aceita as mudanças como necessárias e trabalha nelas.

B ☐ Você resiste à mudança, o que pode impedi-lo de explorar novas possibilidades e de desenvolver uma mentalidade mais aberta e flexível.

C ☐ Você evita as mudanças e procura permanecer em sua zona de conforto, esperando que as coisas se acomodem.

Enfrentar de modo eficaz as adversidades

8. Como você sente que está o seu controle sobre a situação que está vivendo na busca por seus objetivos?

A ☐ Você experimenta um senso de controle sobre a situação, o que o torna confiante e capaz de superar as adversidades de maneira positiva.

B ☐ Você acha que tem o poder de controlar os processos que o levam aos seus objetivos, mas não tem muita confiança nisso.

C ☐ Você se sente sendo "levado pela maré, ao sabor das ondas". Apenas se deixa levar, esperando para ver aonde isso vai dar.

9. Diante da constatação de dificuldades que podem atrapalhar, ou até mesmo impedir, o processo de evolução de seu mindset, como você age?

A ☐ Você se prepara para enfrentar as dificuldades, procurando reunir os recursos disponíveis e avaliar quais são as suas habilidades que serão úteis.

B ☐ Você reconhece as dificuldades, até analisa e percebe que elas têm solução, mas não tem a iniciativa de agir para resolvê-las.

C ☐ Você desanima e pensa em parar temporariamente com o trabalho em seu processo de crescimento. Pensa que talvez seja melhor retomar em outra hora mais conveniente.

10. A autossabotagem pode minar nossa confiança e prejudicar nosso progresso. Como você se comporta quanto a isso?

A ☐ Você se mantém alerta para identificar de imediato qualquer sinal de que esteja sabotando seus próprios planos e reage para não ceder a esse processo.

B ☐ Você até percebe quando um processo de autossabotagem está acontecendo, mas não toma a iniciativa de interrompê-lo.

C ☐ Você se torna seu próprio obstáculo na jornada de evolução de seu mindset, com comportamentos inadequados, como procrastinação e autocrítica excessiva.

Analisando seus resultados

Sempre é muito mais fácil de entender seus resultados e ter uma visão completa da sua situação atual quando você os coloca em gráficos. Veja um exemplo de como isso funciona, considerando como resultados hipotéticos as seguintes quantidades de respostas: A = 3, B = 5 e C = 2.

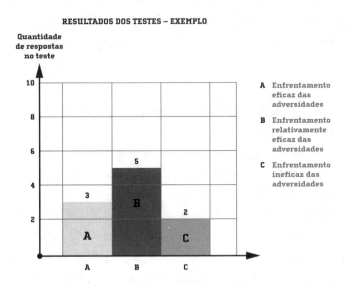

Nesse exemplo hipotético, o indivíduo teve um resultado que o levou a ter uma tendência de "Enfrentamento relativamente eficaz das adversidades".

Observe que:
- as alternativas "A" de cada questão correspondem a um *enfrentamento eficaz das adversidades*;
- as alternativas "B" equivalem a um *enfrentamento relativamente eficaz das adversidades*;
- as alternativas "C" representam um *enfrentamento ineficaz das adversidades*.

Agora, conte suas próprias respostas e anote a seguir:
Quantas vezes você respondeu alternativa A: ....
Quantas vezes você respondeu alternativa B: ....
Quantas vezes você respondeu alternativa C: ....

Coloque seus resultados no gráfico e avalie a sua situação atual:

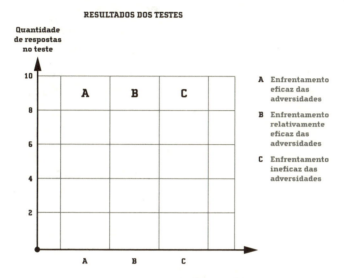

Uma análise final

Com esse resultado, você tem uma avaliação básica de como vem lidando com as adversidades em seu cotidiano. Em resumo, estes são os resultados associados a cada uma das possibilidades levantadas:

➥ **Enfrentamento eficaz das adversidades:** nessa situação, você é capaz de lidar com desafios e contratempos de maneira positiva e construtiva. Isso inclui a capacidade de avaliar a situação com calma e objetividade, identificar soluções práticas e eficazes, buscar ajuda e apoio quando necessário e manter uma atitude resiliente e positiva. Encarar as adversidades de modo eficaz envolve habilidades e estratégias construtivas para lidar com elas.

➥ **Enfrentamento relativamente eficaz das adversidades:** em uma situação como esta, que podemos chamar de meio-termo, lida-se com adversidades, mas não existe um esforço real para resolvê-las. A consequência é que não há um aproveitamento pleno do seu potencial de crescimento e de mudança de mindset. Muito esforço se perde durante a jornada em busca de objetivos e pouco resultado é conseguido.

➡ **Enfrentamento ineficaz das adversidades:** aqui, você não consegue lidar de maneira efetiva com os desafios que enfrenta. Também existe a tendência de evitar ou negar a situação, não buscar ajuda, agir impulsiva ou inadequadamente, ou ter uma atitude pessimista ou derrotista. Tudo isso pode piorar a situação e tornar mais difícil encontrar soluções.

Entre esses três casos que nos servem de exemplos, existem ainda outras possibilidades na forma como enfrentamos as adversidades. Porém, com essa análise simplificada já é possível pensar em como nos comportamos em relação a elas no nosso dia a dia.

Algumas considerações

Antes de encerrar este tópico, gostaria de fazer algumas considerações adicionais sobre como enfrentar adversidades de modo eficaz, que é um dos impulsionadores para a construção de uma mentalidade de riqueza e prosperidade. Quero, então, compartilhar os pensamentos de algumas das pessoas mais bem-sucedidas da história.

Embora essas pessoas não tenham especificamente escrito sobre como enfrentar os contratempos de modo eficaz, algumas das estratégias, técnicas e atitudes por elas adotadas podem ser usadas como ferramentas poderosas para ajudar a transformar nossa maneira de pensar e construir um futuro mais próspero e promissor, corroborando as ideias aqui apresentadas e focando em nossos objetivos.

Joseph Murphy acreditava, assim como outros aqui citados, que as emoções e os pensamentos negativos impedem as pessoas de tomar boas decisões e alcançarem seus objetivos. Ele argumentava que, para isso, é preciso aprender a controlar as emoções e a pensar positivamente.

Murphy difundiu a filosofia do Novo Pensamento, que enfatiza o poder da mente para alcançar a felicidade e o sucesso. Essa filosofia é um movimento espiritual e filosófico que teve origem nos Estados Unidos no final do século XIX e que se baseia na crença de que as pessoas têm o poder de moldar a própria vida por meio do pensamento positivo e da visualização criativa. O movimento ensina que a mente humana é capaz de criar sua própria realidade e que as pessoas podem transformá-la mudando seus pensamentos e crenças.

Segundo ele também, para tomar decisões positivas e superar obstáculos, as pessoas devem adotar algumas estratégias e atitudes fortalecedoras, como visualizar a solução que procuram. Assim, é fundamental manter pensamentos positivos em qualquer situação, especialmente nas dificuldades, tentando agir com confiança mesmo quando se sentem inseguras.

Aprender com as experiências é outro ponto enfatizado por ele, que aconselhava usar esse conhecimento para crescer e tornar-se mais forte. Por fim, Murphy ressaltava a importância da fé em Deus ou no poder do Universo para ajudar a passar pelos momentos difíceis. Ele acreditava que a crença em algo maior do que nós mesmos nos auxilia a vencer qualquer obstáculo.

Dale Carnegie (1888-1955), autor e palestrante motivacional, conhecido por seus livros de autoajuda, em especial *Como fazer amigos e influenciar pessoas*,[51] também recomendava algumas táticas e comportamentos já citados aqui para enfrentar efetivamente as adversidades; por exemplo, manter uma atitude positiva para enfrentar os problemas com uma perspectiva mais otimista.

Carnegie sugeria igualmente que as pessoas procurem as oportunidades que podem ser encontradas em situações adversas e aproveitá-las para crescer. Outros conselhos que ele também deu são focar na solução e não no problema; procurar ajuda de amigos, família ou profissionais quando sentir necessidade; e buscar e perseverar sempre, mesmo quando as coisas ficarem difíceis, pois a perseverança é essencial para se alcançar o sucesso.

Em seu trabalho, ele enfatizava a importância de desenvolvermos habilidades interpessoais e de comunicação para nos comunicarmos de maneira clara e eficaz, e aconselhava a nos concentrarmos nas pessoas e tentar entender as necessidades, os desejos e as expectativas delas antes de tomarmos uma decisão, procurando sempre colaborar e chegar a um consenso.

Para finalizar, Carnegie destacou a importância de nos concentrarmos nas pessoas, com empatia e sem julgamentos precipitados; comunicarmo-nos de modo simples e eficiente; prepararmo-nos adequadamente para enfrentar nosso dia a dia com coragem, ânimo e determinação; e manter-nos otimistas para conseguirmos solucionar conflitos e tomarmos decisões acertadas.

Mais recentemente, Carol Dweck apresentou seus estudos concentrando-se em como as pessoas enfrentam desafios e fracassos. Ela confirma que para se desenvolver um mindset de crescimento e riqueza é preciso enfrentar as adversidades positivamente e encará-las como oportunidades de aprendizado e crescimento. Ainda, que em vez de ver fracassos ou dificuldades como sinais de que não somos bons o suficiente, aprender com eles e nos tornarmos mais fortes. Assim, é essencial acreditar que nossas habilidades e características são moldáveis e que podemos desenvolver outras com esforço e dedicação.

Ou seja, no geral, as práticas recomendadas por ela para enfrentar eficazmente as adversidades são baseadas na crença de que as pessoas têm o potencial de crescer e melhorar e que os desafios podem ser vistos como oportunidades para aprendizagem e crescimento.

Checklist final

Uma vez que ficou claro o que os pensadores da história nos sugerem em termos de mudança e desenvolvimento de um mindset de riqueza e prosperidade, tente trazer isso tudo para a sua vida e colocar em prática para construir os resultados que você deseja.

Para encerrar este capítulo com uma ideia bem clara de como está sendo o seu aproveitamento da leitura e das ideias ou como está o seu comportamento até agora, coloquei um checklist para fazê-lo pensar um pouco mais sobre os pontos importantes antes de passarmos para o próximo capítulo.

Leia com atenção a lista a seguir e marque as proposições que você já pratica no dia a dia ou com as quais concorda e propõe-se a praticar.

Enfrentar de modo eficaz as adversidades

Checklist para enfrentar eficazmente as adversidades e promover a criação de um mindset de riqueza, crescimento e prosperidade	
Atividade ou postura	Marque OK
Manter uma perspectiva positiva e esperançosa.	
Ver um propósito ou significado nas situações adversas.	
Ser flexível e estar disposto a adaptar-se às mudanças.	
Falar sobre seus sentimentos com amigos, familiares ou um terapeuta.	
Manter-se fisicamente ativo e cuidar da sua saúde em geral.	
Desenvolver habilidades de resiliência, como autocontrole emocional e pensamento crítico.	
Buscar ajuda profissional se necessário.	
Manter uma rede de apoio positiva e encorajadora.	
Praticar técnicas de relaxamento, como respiração profunda e meditação.	
Realizar atividades que lhe dão prazer e satisfação.	
Manter uma atitude positiva e confiante, acreditando em suas habilidades.	
Praticar a gratidão e a apreciação pelo que já tem em vez de concentrar-se nas coisas que não tem.	
Confiar em sua intuição e escutar seu coração ao tomar decisões e não se deixar levar pelas opiniões dos outros.	
Evitar o medo e a ansiedade, lembrando-se de que essas emoções são apenas pensamentos que podem ser controlados.	
Adotar uma mentalidade de crescimento.	
Ver suas falhas como oportunidades de aprendizagem.	
Visualizar o sucesso em sua mente antes de tomar uma decisão, projetando uma imagem positiva do resultado desejado.	
Buscar feedback e apoio de pessoas confiáveis.	

Ao adotarmos um mindset de crescimento, riqueza e prosperidade, conseguimos encarar os contratempos como oportunidades para desenvolvermos novas habilidades em vez de nos sentir intimidados ou desanimados quanto aos problemas que surgem. Isso nos ajuda a alcançar os nossos objetivos e aproveitar ao máximo as nossas vidas.

7

ACELERADOR 4
Ter uma postura flexível e adaptável

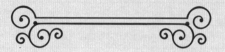

Para mudarmos de mentalidade e construir um mindset de crescimento e riqueza plena, a flexibilidade e a adaptabilidade são habilidades essenciais. Afinal, a rigidez e a resistência ao que é novo não são bons agentes de transformações.

Hoje, a vida altera-se rapidamente, e ter uma mentalidade flexível e adaptável é o que nos permite nos ajustarmos às mudanças e às novas situações de modo positivo, e mudarmos as nossas estratégias quando necessário.

Um profissional flexível e adaptável é capaz de ajustar-se de maneira bastante ágil a novos processos ou tecnologias, mantendo ou até melhorando sua produtividade e a sua qualidade de trabalho, e aprendendo as experiências, moldando um novo modo de ser e de viver. Na vida pessoal, um indivíduo com essas qualidades consegue manter a calma e encontrar soluções quando enfrenta conflitos ou situações desafiadoras em seus relacionamentos.

O conceito de adaptabilidade está ligado à capacidade de se ajustar com eficácia às mudanças no ambiente ou das circunstâncias, o que está diretamente relacionado à habilidade de identificar e antecipar mudanças, preparar-se para elas e responder com rapidez e eficiência quando elas ocorrem. Enfim, ser adaptável significa ser capaz de lidar com situações imprevistas, mantendo a serenidade e buscando encontrar soluções para elas.

Flexibilidade e adaptabilidade fazem parte de um conjunto de habilidades fundamentais para lidar com as complexidades, as incertezas e a rapidez de mudanças da vida moderna de maneira positiva e ágil, transformando os desafios em oportunidades de aprendizado e de crescimento pessoal.

Nassim Taleb, filósofo e ensaísta libanês-americano que escreveu sobre incerteza e risco, em seu livro *Antifrágil*,[52] argumenta que essas duas características são cruciais para a sobrevivência em um mundo incerto e complexo. Ele afirma que as pessoas "antifrágeis" – ou seja, que se beneficiam do estresse e da volatilidade – têm a capacidade de se adaptarem e se fortalecerem em face da mudança.

A importância de se adaptar às mudanças

Médico, professor e escritor brasileiro, Eugenio Mussak escreveu[53] sobre carreira, liderança e desenvolvimento pessoal. Entre seus ensinamentos, ele argumenta que a flexibilidade é peça fundamental para o sucesso na carreira e na vida pessoal. Mussak enfatiza que as pessoas precisam ser capazes de se adaptar a novas situações, aprender novas habilidades e enfrentar problemas com criatividade para continuarem a crescer e a realizar seus sonhos e objetivos.

As capacidades de ser flexível, de adaptar-se a mudanças e de encontrar soluções criativas para contratempos é essencial para construir uma vida pessoal e profissional com muito mais consistência e resultados. As pessoas com essas habilidades têm mais chances de prosperarem em ambientes em constante mudança, de resolverem problemas complexos, de tomarem boas decisões, de serem mais resistentes e aumentarem sua autoconfiança à medida que vão conquistando seus objetivos.

Como dito, a vida é dinâmica e sempre apresenta desafios que exigem flexibilidade e pensamento inovador para superá-los. Mas além dessas razões, há várias outras que nos mostram como é vantajoso ser flexível e ter facilidade de adaptação nas mais diversas áreas de nossa vida.

Clóvis de Barros Filho, filósofo e professor universitário brasileiro, escreveu sobre ética e felicidade.[54] Em seus livros e palestras ele argumenta que a adaptabilidade é uma das características mais importantes que uma pessoa deve ter para alcançar o que deseja e sentir-se feliz e realizada. Ele enfatiza que a vida é imprevisível e que as pessoas precisam ser capazes de se adaptar às mudanças, encontrar significado nas situações difíceis e buscar a felicidade, mesmo em face da incerteza.

No mundo de hoje, aqueles que não conseguem se adequar são deixados para trás e têm de ceder a dianteira para pessoas que são capazes dessa adequação. Ou seja, os mais flexíveis e ágeis têm maiores chances de prosperar em um mundo dinâmico.

Falando em termos profissionais, mais propriamente sobre liderança, podemos lembrar as lições de Stephen R. Covey, em seu livro *Os 7 hábitos das pessoas altamente eficazes*,[55] Segundo ele, a flexibilidade é um dos hábitos mais importantes para o sucesso, sendo fundamental para a liderança eficaz, já que os líderes precisam ser capazes de se adaptar rapidamente às necessidades e demandas de suas equipes e organizações para tomar decisões mais bem-fundamentadas e buscar soluções inovadoras.

A flexibilidade e a adaptabilidade aumentam a resiliência, trazem um bom nível de autoconfiança e autoestima, fazendo com que as pessoas sejam mais capazes de lidar com situações difíceis e estressantes e se recuperarem mais rapidamente delas.

O historiador e professor universitário brasileiro Leandro Karnal, em seu livro *Diálogo de culturas*,[56] diz que ambas as habilidades são essenciais para a compreensão e a convivência entre diferentes culturas. Karnal enfatiza que as pessoas precisam ser capazes de se adaptar a novas situações, aprender sobre diferentes perspectivas e estarem abertas ao diálogo para criarem uma sociedade mais justa e inclusiva. Ou seja, os benefícios da flexibilidade e da adaptabilidade têm um alcance que vai muito além do próprio indivíduo.

Quando as pessoas são capazes de se adaptar a mudanças e encontrar soluções para problemas, elas se sentem mais confiantes, aumentam a autoestima e a autoconfiança, o que retroalimenta a flexibilidade e a adaptabilidade, mantendo uma espiral positiva ascendente de capacitação para a criação de um mindset de crescimento, riqueza e prosperidade.

Flexibilidade e adaptabilidade e o mindset de crescimento e riqueza plena

Como a flexibilidade e a adaptabilidade podem ajudar a pessoa a mudar para um mindset de crescimento e riqueza plena? Essa questão fica simples de ser respondida uma vez que concordemos que ambas são habilidades essenciais para quem busca evolução.

Para chegar a um mindset de crescimento e riqueza plena precisamos entender um pouco mais sobre como esse mecanismo funciona ao promover a transformação da nossa mentalidade.

Em primeiro lugar, recapitulando: a flexibilidade e a adaptabilidade permitem a nossa adequação a mudanças, que aprendamos continuamente, que superemos os desafios e encontremos novas oportunidades de crescimento.

Pessoas flexíveis e adaptáveis são abertas a novas ideias e perspectivas, a aprenderem a se aprimorar continuamente, pois entendem que o conhecimento é uma ferramenta poderosa; por isso elas estão sempre em busca de novas oportunidades de aprendizado. Isso tudo lhes permite ampliar sua visão de mundo e encontrar novas oportunidades de crescimento e de riqueza.

Pessoas que têm essas duas qualidades também estão sempre dispostas a se reinventarem quando necessário. Essa capacidade é especialmente importante em um mundo em que a inovação faz parte do dia a dia e as constantes mudanças transformam habilidades e conhecimentos novos em obsoletos em pouco tempo.

A criação quase que diária de novos hábitos – que só é possível se tivermos uma postura flexível e adaptável – está entre as principais habilidades necessárias para se desenvolver um mindset de riqueza e crescimento. E para criá-los precisamos, entre outras coisas, substituir as nossas crenças limitantes por crenças fortalecedoras.

Criando novos hábitos, mudando crenças

Mude suas crenças limitantes em fortalecedoras e transforme o seu mindset em um gerador de riquezas. Esse é o cerne de qualquer método que se proponha a uma mudança positiva de mentalidade.

Nesse trabalho de mudança, talvez você tenha de abrir mão de crenças que carregou a vida inteira para, então, ver a si mesmo e ao mundo de um novo modo. Mas antes de prosseguirmos com o assunto, vamos falar um pouco mais sobre crenças limitantes e crenças fortalecedoras.

Crenças limitantes

As crenças limitantes[57] produzem uma mentalidade fixa e vitimista, ou seja, a pessoa se considera vítima das circunstâncias, de outras pessoas, e não assume a responsabilidade por suas próprias ações e escolhas. Ela se concentra em culpar os outros e acredita que não pode fazer nada para mudar sua situação. Essa mentalidade pode levar a uma sensação de impotência, ressentimento e falta de motivação.

Crenças limitantes são, portanto, pensamentos ou ideias que temos sobre nós mesmos, sobre os outros ou sobre o mundo que nos impedem de atingir nossos objetivos, de alcançar nosso potencial máximo e de viver uma vida plena e próspera. São ideias que adquirimos ao longo da vida, em geral de modo inconsciente, desde a mais tenra infância e a partir de experiências traumáticas, medos ou preconceitos que nos levam a acreditar em nossas próprias limitações e, muitas vezes, até mesmo a desistir das nossas aspirações. Por exemplo, quem acredita que "não é bom o suficiente", em geral tem baixa autoestima e raramente se sai bem em qualquer coisa que faça.

Assim, essas crenças são pensamentos nocivos e derrotistas que regem a nossa vida de maneira negativa e desmotivadora. Elas surgem de ideias restritivas que nos foram apresentadas e nas quais passamos a acreditar como se fossem verdades absolutas, mesmo sem termos consciência disso. Elas se tornam nossas referências e, com o tempo, desenham a nossa personalidade, o nosso modo de ser, e definem o nosso destino – de maneira negativa.

Como dito, geralmente elas são criadas no período da infância e reforçadas ao longo da vida. Podem surgir dentro da família, quando a pessoa modela o ser e agir de seus parentes; pode ser algo ensinado por professores, pais, instrutores e pessoas que lhe servem ou serviram de orientadores; podem ser fruto de algum estudo mal direcionado ou simplesmente serem consequências de um comportamento e um modo de ser equivocado, adotado inconscientemente pela pessoa, com base em suas vivências e, repetido ao longo do tempo, sedimenta-se em sua mente e torna-se a sua verdade.

Crenças limitantes são pensamentos enraizados que acabam afetando a realidade do indivíduo, como se fosse uma espécie de profecia autorrealizável. Ou seja, a pessoa acredita tanto que aquilo é real que acaba, de fato, tornando-se realidade.

Robert K. Merton, considerado um dos fundadores da sociologia moderna, explica essa profecia em seu artigo *The Self-Fulfilling Prophecy*,[58] publicado em 1948. Segundo ele, uma definição inicialmente falsa pode levar a certos comportamentos que fazem com que ela se torne verdadeira. Podemos dizer que uma crença limitante é uma mentira repetida tantas vezes na mente do indivíduo que ele passa a acreditar que seja uma verdade.

Quando nos vemos como alguém que não é digno de afeto, por exemplo, e mantemos esse pensamento como verdadeiro, com o passar do tempo começamos a criar situações que afastam as pessoas. Criamos, então, uma personalidade fria e desprovida de afeto em função do que vamos vivenciando, e tornamos a falta de afetividade e de bem-querer uma verdade dentro da nossa realidade.

Crenças fortalecedoras

As crenças fortalecedoras[59] produzem mindset de obstinado, com todo o seu grande potencial de realização, conforme apresentei em meu livro *Seja um fodido obstinado*.[60]

Essas crenças encontram-se exatamente no contraponto das crenças limitantes e, assim como estas, costumam ser criadas na infância e desenvolvidas e reforçadas durante a vida.

As crenças fortalecedoras são pensamentos positivos que trabalham a nosso favor e nos ajudam a alcançar nossos objetivos, a superar desafios e a viver uma vida plena e próspera. Geralmente são adquiridas ao longo da vida, muitas vezes de modo consciente, a partir de experiências positivas, valores pessoais e objetivos que nos levam a crer em nosso potencial máximo e a procurar nossa realização pessoal, acreditando sempre que essa é uma alternativa possível.

Um exemplo de crença fortalecedora seria: "Eu tenho o poder de mudar a minha vida para melhor", para gerar maior autonomia e mais responsabilidade pessoal na busca por metas que estejam alinhadas aos nossos valores e propósitos pessoais.

Outro ponto importante é que podemos trabalhar para construir pensamentos e crenças fortalecedores, substituindo as crenças limitadoras e a negatividade por uma energia mais propícia ao nosso desenvolvimento. Para isso é necessário, antes de tudo, dar um voto de confiança para si mesmo e, então, agir vigorosamente, executando ações que ajudem a criá-las em sua mente. A cada crença fortalecedora criada, uma ou mais crenças limitantes são abandonadas ou perdem força e espaço em seus pensamentos.

Como exemplo prático, imagine uma crença limitante que as pessoas normalmente têm, como acreditar não terem tempo suficiente para fazer tudo o que é necessário no dia a dia. Em geral, isso não condiz com a realidade da pessoa. O que acontece é o mau uso do tempo disponível, sobretudo pela falta de priorização de suas atividades diárias. A solução seria criar uma crença fortalecedora oposta e colocar no lugar do pensamento negativo.

A solução para essa crença é simples. Por exemplo, durante uma semana, anote diariamente, em uma planilha ou um caderno, todas as suas atividades diárias (tanto as ligadas ao trabalho quanto as de lazer e outras que você desempenha no dia a dia) e o tempo que gastou em cada uma delas. Depois dessa semana, avalie as informações com bastante atenção. Com certeza, você perceberá que há como organizar seu tempo e priorizar atividades para que sobre espaço em sua agenda para fazer outras coisas.

Quando você compreende e aceita que tem o poder de administrar e fazer melhor uso do seu tempo, cria uma crença fortalecedora e, assim, a crença limitante perde força e você passa a ter melhores resultados.

As crenças fortalecedoras também funcionam como profecias autorrealizáveis, só que para potencializar uma mentalidade que lhe interessa desenvolver. Portanto quanto mais você aumenta a sua crença de que tem tempo para tudo o que é necessário – e age dentro dessa crença –, mais esse pensamento torna-se realidade.

Como converter crenças limitantes em crenças fortalecedoras

Uma vez que o seu mindset é composto pelas crenças básicas que moldam os seus pensamentos e determinam como você vê e faz tudo na sua vida; que definem os seus resultados e dizem até onde você é capaz de chegar, é interessante saber um pouco mais sobre os pensamentos mais comuns presentes como crenças na mente das pessoas.

Para substituir as crenças limitantes por outras fortalecedoras é importante conhecer um pouco mais sobre quais são essas limitações. Acompanhe com atenção os quadros a seguir,[61] nos quais estão listadas as principais crenças limitantes e são oferecidas sugestões de como é possível substituí-las. Avalie cada situação e tire suas próprias conclusões sobre em que pontos de seu mindset você precisa trabalhar mais e como pode fazê-lo.

Esse tema é vital para que se possa pensar efetivamente em uma mudança de mindset. Assim, vale explorar mais o assunto, analisando os exemplos a seguir.

CRENÇA LIMITANTE: Quem nasce pobre, morre pobre.
É bastante comum as pessoas reclamarem que não têm oportunidades porque não nasceram em berço de ouro. Sentem-se em desvantagem em relação a outras pessoas em melhores condições financeiras e vivem se lamentando disso sem nem mesmo se darem a chance de lutar pelo que querem.

CRENÇA FORTALECEDORA CORRESPONDENTE: Trabalhando firme e dando o meu melhor, eu posso ficar rico.
O mundo está repleto de empreendedores bem-sucedidos e milionários que começaram a vida em situações bastante humildes, mas sempre acreditaram que podiam chegar ao topo do sucesso. Eu, por exemplo, saí de Santana dos Garrotes, pequena cidade no interior da Paraíba, fugindo da pobreza e da fome, e nunca deixei de crer que daria a volta por cima e tornar-me-ia um milionário.

CRENÇA LIMITANTE: Sou incapaz de ter sucesso.
As causas desse tipo de crença podem ser diversas, mas o importante aqui é entender que ela impede você de realizar grande parte daquilo que almeja, seja em termos profissionais ou na vida pessoal. Essa insegurança também pode ser derivada do fato de a pessoa não se achar merecedora de bons resultados.

CRENÇA FORTALECEDORA CORRESPONDENTE: Minha capacidade evolui sempre, com base no meu empenho e nas minhas experiências no dia a dia.
É preciso acreditar que por meio de estudos, esforço e vivências diárias podemos crescer e evoluir até atingir o sucesso que procuramos. E depois ir além.

CRENÇA LIMITANTE: Preciso ser perfeito. Só assim consigo alcançar o sucesso.
O sucesso chega para quem faz o que deve ser feito. Arrisca, erra, recomeça, acerta e segue fazendo o que é preciso. A perfeição não existe, e depender dela para ser bem-sucedido é o mesmo que desistir dos seus objetivos.
Colocar pressão sobre si mesmo com altos níveis de autocobrança leva ao estresse e ao desgaste, o que o afasta do sucesso e do prazer da jornada na busca pelos seus objetivos.

CRENÇA FORTALECEDORA CORRESPONDENTE: O feito é melhor que o perfeito.
Cada passo na direção dos seus objetivos conta. Em vez de esperar ter a perfeição para agir, o melhor é avançar e ir se aperfeiçoando ao longo do caminho, aprendendo com os próprios erros e com as experiências vividas no dia a dia.

CRENÇA LIMITANTE: Nunca vou conseguir ter dinheiro suficiente. Não tenho dinheiro para nada.
Essa crença pode ter sido sugestionada para a pessoa durante a infância e acaba sendo reforçada durante seu crescimento, com o pouco desenvolvimento, por ela, de suas próprias habilidades financeiras.
Dinheiro é um assunto muito associado a crenças limitantes. Inclusive, existem diversas frases populares que são ditas e repetidas diariamente e contribuem para que sejam internalizadas pela pessoa, reforçando certas dificuldades dela em determinada área da vida.
Essa crença tem, ainda, o poder de diminuir a autoestima e a autoconfiança da pessoa, tornando-a ainda mais suscetível a outras crenças limitantes, dificultando mais a vida dela.

CRENÇA FORTALECEDORA CORRESPONDENTE: O dinheiro é uma consequência do meu bom trabalho.
Substituindo a crença limitante por pensamentos mais positivos e estimulantes é possível, aos poucos, formar uma crença fortalecedora que trabalhe a seu favor e o ajude a enriquecer e ter sucesso, mesmo que você não tenha nascido em berço de ouro. Ao repetir constantemente a ideia de que você mesmo é responsável pelos seus resultados financeiros, seu ânimo e sua autoconfiança sobre suas próprias expectativas aumentarão, gerando uma mudança significativa em seu mindset para a riqueza e para o sucesso.

CRENÇA LIMITANTE: Já é tarde para começar. Não tenho mais idade para isso.
Essa é uma crença apoiada no medo e na insegurança, possivelmente construída em cima de fracassos ou mesmo pela observação negativa de outras pessoas fracassadas. Considerar-se velho demais para alguma coisa, considerar isso como impedimento ou como fator de dificuldade para começar algum empreendimento ou finalizar algo já começado prende-nos a preconceitos e gera frustração, faz-nos desperdiçar aquela que talvez se tornasse a melhor fase de realização da nossa vida.

CRENÇA FORTALECEDORA CORRESPONDENTE: Minha experiência de vida me tornou mais capaz de ter sucesso agora.
São inúmeros os exemplos no mundo de pessoas que começaram empreendimentos em idades mais avançadas e fizeram uma diferença significativa na própria vida e no mundo. Basta fazer uma rápida pesquisa e você comprovará esse fato.
A idade não deve ser vista como uma limitante, mas como um fator que nos dá experiência de vida e a possibilidade de ter ângulos de visão únicos, que pessoas mais novas não têm.

CRENÇA LIMITANTE: Não tenho tempo para fazer mais nada.
Boa parte das pessoas alega não ter tempo para fazer mais nada além do que já fazem no dia a dia. Nem mesmo pensam em começar ou investir em um novo negócio, uma nova atividade ou um novo aprendizado porque acham que já fazem coisas demais. Por isso acabam deixando passar grandes oportunidades. Na verdade, o que essas pessoas dizem ser falta de tempo é mau uso de suas horas diárias e falta de uma priorização adequada de suas atividades.

CRENÇA FORTALECEDORA CORRESPONDENTE: Sou eu quem faço o meu tempo.
É importante ter em mente que com o tempo disponível podemos realizar muito mais coisas no dia a dia, desde que priorizemos as nossas atividades. Reconhecendo a importância de cada uma, podemos organizá-las de tal maneira que nos tornemos mais eficientes e obtenhamos melhores resultados. Assim, além de criarmos espaço para novos empreendimentos, também teremos tempo para o lazer e para o descanso.

CRENÇA LIMITANTE: Não vou conseguir. Isso está além da minha capacidade. Eu não posso fazer isso. Eu não sei fazer isso.
Essa é uma crença que muito provavelmente veio (ou ainda hoje vem) da falta do reconhecimento de suas realizações por parte de pessoas que você considerava importantes na sua vida. Como elas não reconheceram o seu valor, você aprendeu a não se valorizar. Com o tempo, deixou isso tornar-se um pensamento derrotista, que muitas vezes o impede até mesmo de tentar novas coisas por medo de falhar.

CRENÇA FORTALECEDORA CORRESPONDENTE: Nada está além da minha capacidade. Posso realizar tudo a que me dedicar com afinco e determinação.
Esse é o pensamento de um autêntico empreendedor obstinado. Ser obstinado é ser decidido e comprometido até a alma com aquilo que você sonha realizar. É correr os riscos necessários, acreditando que vai vencer, e dedicar-se para isso. É trabalhar duro e determinadamente, e jamais se juntar àquela parcela da população que, conforme afirmou Theodore Roosevelt, ex-presidente americano, são "os pobres de espírito que nem gozam muito, nem sofrem muito, porque vivem em uma penumbra cinzenta que não conhece vitória nem derrota".[62]

CRENÇA LIMITANTE: Não tenho como competir. Os outros são melhores do que eu. Não sou bom o suficiente.
Esse é um pensamento que pode denotar comodismo, falta de vontade, uma desculpa para ficar onde está sem sentir-se culpado. Ainda pode indicar um sentimento de inferioridade, que provavelmente foi formado como crença a partir de derrotas sofridas ao competir com outras pessoas. Essa ideia também pode ter sido internalizada por você depois de receber diversos comentários de desaprovação de pessoas de quem esperava elogios e valorização, o que jamais ocorreu.

CRENÇA FORTALECEDORA CORRESPONDENTE: Se eu me preparar dando o meu melhor, posso competir em pé de igualdade com qualquer outro concorrente.
É essencial entender que você não é incapaz de coisa alguma. Você pode apenas estar momentaneamente incapacitado, despreparado. Mas nada o impede de se preparar de modo adequado para competir com quem quer que seja para realizar os seus sonhos. Você sabe que quando quer e dedica-se, todos os seus desejos podem tornar-se realidade. Portanto é preciso acreditar em suas possibilidades e investir em sua capacitação para realizar o que deseja. E, muito importante, é fundamental comemorar cada pequena vitória que conquistar rumo àquilo que se propôs alcançar. Dessa maneira, sua crença mudará gradativa e fortemente na direção correta.

CRENÇA LIMITANTE: Eu não tenho sorte nem privilégios. É mais difícil para mim conseguir as coisas.
É bastante comum as pessoas olharem para os outros e acharem que o caminho para o sucesso delas foi mais fácil. É frequente as pessoas dizerem que os outros chegaram onde queriam porque tiveram sorte, ou porque nasceram em berço de ouro, ou, ainda, porque tiveram quem os ajudasse. Na verdade, é mais fácil aceitar as próprias derrotas quando se assume um papel de vítima, de coitado, de alguém não favorecido pela vida. Essa crença pode ser consolidada na mente da pessoa devido a derrotas que ela sofreu e que não enxergou como um estímulo ao seu aprendizado. Ela acredita que merecia as derrotas e que o sucesso não é para ela, apenas para os outros, ou ela se acomodou e se conformou com isso, desenvolvendo uma crença derrotista que a impede de ser bem-sucedida. "O conformismo faz com que você opte por ter cada vez menos. E passe a achar que tem menos porque merece menos."[63]

141

CRENÇA FORTALECEDORA CORRESPONDENTE: A minha sorte sou eu quem faço. Não preciso de privilégios para ter sucesso.

"Sorte e sucesso só vêm antes de trabalho no dicionário."* Sou eu quem faço a minha sorte e construo o meu sucesso.

Constantemente, em minhas palestras ou mentorias, as pessoas perguntam se tive sorte na criação e no desenvolvimento dos meus vários negócios. Eu respondo que na vida não existe sorte nem azar, muito menos no empreendedorismo. A meu ver, "sorte" é a conjunção de conhecimento, habilidades, competência, determinação, dedicação, compromisso, disciplina, foco, muito trabalho, não desperdiçar oportunidades e iluminação divina.[64]

CRENÇA LIMITANTE: Está bom do jeito que está, não preciso de mais do que tenho.

É comum as pessoas dizerem que são humildes e que não precisam de muito para viver. Isso até pode ser verdade, mas quem disse que estamos aqui apenas para sobreviver? Temos uma missão a cumprir e, com certeza, essa missão inclui influenciar e ajudar outras pessoas a evoluírem.

Porém as pessoas confundem humildade com desânimo, baixa autoestima e até mesmo preguiça. Quem não quer mais do que tem e conquistou raramente está, de fato, satisfeito. Só está conformado com uma situação que acha que não pode mudar. Não querer mais é sinônimo de estagnação, de não querer progredir, de deixar de evoluir, de abrir mão da missão de ser um referencial positivo para aqueles que vêm depois de você.

CRENÇA FORTALECEDORA CORRESPONDENTE: Eu sempre quero e mereço mais do que tenho. Quanto mais eu tenho, mais sou capaz de contribuir.

Não se trata aqui de ser ingrato. É preciso, sim, ser grato por tudo o que temos na vida, mas também é preciso ser um eterno insatisfeito para ter a crença, a energia e a atitude de continuar evoluindo.

Procurar ter mais do que temos não é ingratidão ou egoísmo. É a postura de quem sabe o quanto merece e o quanto vale. Além disso, é importante ter em mente que quanto mais temos, maiores são as nossas condições de contribuirmos com o próximo. Portanto querer mais não significa ser insaciável e egoísta, mas criar condições de ter mais a dividir com o mundo, seja em dinheiro, conhecimento, boa energia, bons sentimentos e senso de pertencimento a algo maior do que nós.

CRENÇA LIMITANTE: Eu não mereço o sucesso que desejo. Não tenho méritos para conquistar as coisas com que sonho. Não mereço ter as coisas boas da vida.

A pessoa que pensa dessa forma traz consigo uma crença construída sobre fatos e falácias passadas que a levam a acreditar que é menos do que os outros e que nada do que há de bom no mundo foi feito ou está disponível para ela.

Não acreditar no merecimento é uma das principais razões pelas quais as pessoas fracassam em seus sonhos, objetivos e empreendimentos. Afinal, como alguém pode acreditar que é possível conseguir algo de que ele mesmo não se sinta merecedor? Esse senso de demérito sempre deixa na mente da pessoa uma dúvida, que a faz perder energia e abrir mão da determinação necessária para ter sucesso em qualquer coisa que seja.

---

* Frase popular norte-americana cuja autoria é atribuída ao ex-jornalista esportivo Stubby Currence (1904-1981).

CRENÇA FORTALECEDORA CORRESPONDENTE: Tudo o que há de bom no mundo também foi feito para mim. Por isso eu mereço conquistar aquilo que desejo e pelo que trabalho.
Acreditar-se merecedor é fundamental, mas é importante ter claro que não é porque você se sente merecedor de algo que basta pedir a Deus, sentar-se e esperar que caia dos céus. Ser merecedor significa ter direito à conquista, mas, para conquistar, você deve fazer a sua parte, ou seja, trabalhar e empenhar-se na busca daquilo que deseja. Sonhe, acredite no seu mérito, planeje suas ações e trabalhe, e o universo corresponderá, porque você estará demonstrando o quanto merece o que deseja.

CRENÇA LIMITANTE: Eu não consigo emagrecer.
Essa é uma dificuldade muito comum quando as pessoas pensam em iniciar um programa de emagrecimento. Boa parte das pessoas acredita realmente que não consegue emagrecer, inclusive atribuem a causa a possíveis características genéticas ou a outras justificativas que assumem sem nem mesmo terem analisado as alternativas de modo mais criterioso.
Em resumo, boa parte das vezes a pessoa acredita que emagrecer é apenas para os outros e não faz coisa alguma para conseguir diminuir o próprio peso. Ela coloca essa ideia na cabeça como uma desculpa definitiva para não fazer nada a respeito.
Embora estejamos falando de algo bem específico, entenda que essa postura denota um comportamento derrotista que pode se manifestar em qualquer área da vida. É preciso vencer essa barreira e derrubar essa crença para afastar o derrotismo em relação a qualquer coisa.

CRENÇA FORTALECEDORA CORRESPONDENTE: Emagrecer é uma questão de honra para mim. Sou capaz de seguir um programa bem-ajustado para chegar ao meu peso ideal.
É essencial ter uma crença mais positiva sobre esse tema, como: "Consigo emagrecer com uma alimentação balanceada e praticando atividades físicas moderadas. Seguindo um estilo de vida mais saudável sinto-me melhor, mais disposto e mais vitorioso".
Essa postura positiva ajuda não só no processo de emagrecimento, mas também a elevar a autoestima e a autoconfiança, que beneficia todas as áreas de sua vida.

CRENÇA LIMITANTE: Minha capacidade de progredir é muito limitada. Não sei tudo o que preciso para ter sucesso.
Muitas pessoas acreditam não serem capazes de realizar seus sonhos, de desenvolverem projetos em sua vida; não acreditam que podem subir de cargo ou que tenham condições de realizar boas coisas ou cumprir tarefas e compromissos com qualidade e efetividade. Pensam que sua capacidade não é suficiente e muito do que desejam fica fora de seu alcance. Essa autodesvalorização acaba comprometendo seus resultados ou até mesmo impedindo a pessoa de arriscar-se em coisas das quais não tem um conhecimento forte e seguro.

CRENÇA FORTALECEDORA CORRESPONDENTE: Não sei tudo o que preciso agora, mas sou perfeitamente capaz de aprender. Não existem limites para o que eu posso realizar.
Essa é a crença que deve ser colocada na mente da pessoa nesse caso. Trata-se de uma afirmação forte e muito poderosa. Você pode até argumentar: "Não é só porque estou pensando positivo agora que posso tudo. Tem coisas que eu nunca vou poder fazer". Concordo com você, mas garanto que com a mentalidade certa você sempre fará muito mais se mantiver um mindset de vítima. E, de avanço em avanço, você ampliará a sua capacidade, progredirá e chegará bem mais longe do que pretendia.
Como disse o então palestrante motivacional Zig Ziglar, "o pensamento positivo faz você se sentir muito bem, mesmo quando se sente muito mal".[65] E isso faz toda a diferença do mundo. A forma como você pensa determina o que você se torna.

CRENÇA LIMITANTE: Não sei como resolver esse problema.
É preciso que o indivíduo esteja bastante atento quando faz essa alegação. Muitas vezes, afirmar isso significa, na verdade, que a pessoa não quer lidar com problemas. E esse é o principal erro que se pode cometer, seja na vida profissional, seja no âmbito pessoal.
A vida é feita de desafios – também chamados de problemas –, que precisamos superar e resolver para aprender, crescer e cumprir a nossa missão de contribuir para melhorar este mundo e deixar aqui uma marca positiva da nossa passagem.
Em geral, essa crença é formada a partir de experiências negativas em que a capacidade da pessoa tenha sido menosprezada. Mas isso não é uma sentença definitiva. Esse pensamento pode e deve ser mudado, por decisão da própria pessoa e com seu empenho em buscar recursos para positivar seu mindset.

CRENÇA FORTALECEDORA CORRESPONDENTE: O que não sei, eu aprendo. E assim me torno mais hábil a cada dia para resolver todo e qualquer problema que surgir pela frente.
É relevante compreender que não querer lidar com problemas significa não querer crescer, evoluir. E uma das coisas que nos destaca na vida é exatamente a nossa capacidade de lidar e resolver contratempos.
O mundo precisa de "resolvedores" de problemas. São os profissionais mais bem-pagos e melhor reconhecidos. E, mesmo na vida pessoal, é muito mais feliz quem consegue lidar com as dificuldades de modo mais sereno e positivo.
Como escreveu Roberto Shinyashiki, em seu livro *Problemas? Oba!*: "Para ter sucesso atualmente, a lição mais importante é entender que os problemas que as pessoas nos trazem podem ser os melhores presentes que acontecem em nossa vida".[66] Vence na vida quem se especializa em resolver problemas.

CRENÇA LIMITANTE: Não consigo aprender o suficiente para fazer o que é necessário.
Muito dessa crença começa quando a pessoa, ainda na infância, recebe duras críticas quanto à sua capacidade de aprendizado ou mesmo ao seu desempenho escolar, e não se sente forte o suficiente para superar as emoções que surgem a partir daí. Como consequência, seus sentimentos negativos a respeito de sua própria capacidade evoluem e são reforçados na vida adulta, gerando a crença de impotência.
O resultado desse tipo de mentalidade acaba sendo a falta de iniciativa para começar ou dar continuidade aos seus projetos de vida, de modo que a pessoa dificilmente realiza seus sonhos.

CRENÇA FORTALECEDORA CORRESPONDENTE: A minha capacidade de aprendizado qualifica-me para o sucesso e a felicidade.
Lembre-se sempre: você é capaz de aprender qualquer coisa a que se dedique pelo tempo suficiente e com a energia necessária. Não existe algo que esteja fora do alcance da sua compreensão se você realmente estiver disposto a aprender.
A vontade de aprender, o empenho em procurar as informações corretas e colocá-las em prática levá-lo-ão à conquista dos seus objetivos e à realização dos seus sonhos. Por isso transforme cada novo desafio em oportunidades de aprendizado e crescimento, acreditando que você é capaz de aprender o que for preciso para resolver as questões que surgem pela frente.

CRENÇA LIMITANTE: Não consigo me organizar para fazer o que é preciso.
Existem pessoas que trabalham muito, até mesmo fazem o que é necessário, porém não têm uma visão geral de tudo o que precisa ser feito para atingirem seus objetivos. Assim, atrapalham-se na execução das tarefas, perdem tempo e comprometem seu rendimento.
O planejamento e a organização não fazem parte de seus hábitos, e quando cobradas sobre isso alegam não serem muito boas em se organizar e acabam fazendo tudo de modo caótico.
Essa é uma crença que pode nascer na infância, com certas críticas que o indivíduo recebe sobre seu modo de agir, e que se consolida em outros episódios semelhantes em sua vida adulta.
A crença na incapacidade de se organizar é um dos fatores mais prejudiciais em qualquer empreitada, não permitindo que nossos esforços sejam totalmente aproveitados no sentido de realizarmos nossos sonhos.

CRENÇA FORTALECEDORA CORRESPONDENTE: Sou ótimo em organização e uso minhas habilidades para me programar e agir para fazer o que é necessário para ter sucesso.
O primeiro ponto em que devemos investir para derrubar a crença limitante de que estamos falando é o conhecimento. Precisamos aprender e entender mais sobre organização e planejamento, e os diversos métodos disponíveis para colocarmos ordem em nossas atividades. Com esse conhecimento, praticando o que aprendemos e avaliando os nossos resultados, ficaremos mais autoconfiantes e mais positivos quanto à nossa capacidade em relação a esses dois pontos. Então faremos de melhor forma o que precisamos, consequentemente alcançando melhores resultados.

CRENÇA LIMITANTE: Não consigo me manter focado e persistente quando surgem os problemas. Sempre acabo desistindo do que quero.
Algumas pessoas têm um grau de resiliência muito baixo. Qualquer problema, por menor que seja, é o suficiente para fazê-las desanimar e até desistir de seus sonhos.
Normalmente, essas pessoas "acumulam fracassos". São como aqueles indivíduos que acumulam coisas em suas casas, mesmo que não tenham a menor utilidade. Só que essas coisas inúteis ocupam o lugar de coisas boas que ali poderiam ser colocadas.
É a mesma coisa com as pessoas que acumulam fracassos. Eles ocupam o seu espaço mental e elas criam a mentalidade de que nada dá certo para elas e, então, nem tentam fazer diferente ou já entram derrotadas na luta pelo que desejam.
Elas dão muito mais valor às derrotas do que às vitórias, e quando olham para o passado, só veem os fracassos e as dores de desilusão, desprezando as conquistas.

CRENÇA FORTALECEDORA CORRESPONDENTE: Eu jamais desisto daquilo que quero conquistar ou realizar. Sigo sempre em frente até os meus objetivos.
É muito comum encontrarmos pessoas que passaram por um sem-número de fracassos antes de vencerem. Os desafios e as dificuldades permeiam os caminhos de quem empreende. Quando encontramos um empreendedor de sucesso, com certeza ele tem um histórico de tentativas e frustrações antes da vitória.
Por isso, este é um dos conselhos que dou às pessoas que me perguntam qual é o segredo do meu sucesso: "Se for para desistir, desista de desistir". Faça um juramento para si mesmo de que, por maiores que sejam as dificuldades, você transformará os erros em aprendizado e seguirá em frente, de modo ininterrupto.
Coloque amor ao trilhar sua jornada e lembre-se sempre de que "o sucesso é uma questão de fazer até dar certo e não fazer apenas se der certo".[67] Leve esse lema para a sua vida, trabalhando diariamente com amor e paixão.
Comece, fracasse, recomece e não desista jamais dos seus ideais, sonhos, projetos e propósitos de vida, porque quando você desiste de algo, desiste também de tudo o que vem depois. Você pode até me perguntar: "Janguiê, e se eu ficar exausto de tanto tentar e não conseguir?". Ora, aprenda a descansar, mas nunca esmoreça nem desista. Lembre-se de que a derrota não vem de falhar nas tentativas, mas de desistir de perseguir seus sonhos.

Sem dúvida alguma, existem muitas outras crenças limitantes que não foram citadas aqui e que podem atrapalhar o seu sucesso, porém, a partir desses casos que analisamos, você já pode avaliar as principais delas. Estará apto a identificar as que podem atrapalhar o seu progresso e começar a trabalhar nelas para promover as mudanças necessárias em seu mindset e conquistar o êxito e a felicidade que deseja.

Para uma visão mais completa e objetiva, podemos dizer que as crenças que nos limitam agrupam-se em torno de algumas negações principais, como:

- Não consigo aprender;
- Não consigo fazer;
- Não consigo me organizar;
- Não mereço conquistar isso;
- Não preciso de mais do que tenho;
- Não sei como chegar lá;
- Não sei o que é necessário;
- Não sou hábil o suficiente;
- Não sou persistente o bastante;
- Não sou tão bom nisso quanto os outros;
- Não tenho a idade necessária (sou velho demais ou jovem demais);
- Não tenho capacidade;
- Não tenho conhecimento;
- Não tenho dinheiro;
- Não tenho sorte;
- Não tenho tempo.

Aqui existe um ponto sobre o qual quero chamar a sua atenção de modo especial. Caso você tenha se identificado com alguns desses exemplos, é provável que eles já sejam uma verdade em sua vida, que já estejam instalados em sua mente, mesmo que essa não seja a sua vontade ou você não tenha consciência disso.

Mas não é preciso permanecer assim. Essa situação não é definitiva, não é imutável. Você pode atuar em cada um deles, de modo a mudar a sua forma de pensar e, então, construir um mindset de vencedor. Em outras palavras:

- Não ter dinheiro para nada não significa que nunca terá;
- Não ter tempo não quer dizer que você não pode desenvolver hábitos que o ajudem a gerenciar melhor o seu dia;
- Não se considerar bom o suficiente em algo não significa que você não pode se desenvolver nele;
- Não saber tudo o que é preciso não é sinal de que não pode aprender;
- Não conseguir aprender algo não quer dizer que você não pode buscar um método para se preparar e superar a dificuldade;
- Não ser capaz de se organizar direito não quer dizer que você não pode aprender um sistema de organização pessoal;
- Não merecer algo ou não ser digno das coisas boas da vida não significa que você não pode vir a se valorizar mais e sentir-se mais merecedor;
- Não saber como resolver um problema não denota que não pode aprender com quem sabe;
- Não poder fazer algo não quer dizer que nunca terá condição de fazer;
- Não acreditar que consegue algo não significa que você não pode reavaliar a sua opinião e, a partir daí, preparar-se para conquistar o que deseja.

Em resumo, está tudo em suas mãos. A mudança que você quer e precisa na sua vida depende apenas de um ajuste de mindset. O poeta irlandês John Anster afirmou: "Se você pensa que pode ou sonha que pode, comece. A ousadia tem genialidade, poder e mágica. Ouse fazer e o poder lhe será dado".[68]

A régua das crenças

É sempre bom fazer uma autoavaliação de como estão as nossas crenças para decidirmos o que fazer com elas, de modo a tornar possível construir um mindset de riqueza, crescimento e prosperidade. Por essa razão, criei um pequeno esquema que ajuda a pensar com mais objetividade sobre como uma pessoa está em relação às suas crenças.

A ideia é colocar os níveis de cada um dos tipos de crença – limitantes e fortalecedoras – em uma régua e compará-los visualmente. As premissas básicas para fazer a avaliação são:

- Os valores na régua vão de 0 a 10.
- As somas dos valores de ambas as crenças é sempre 10, isto é: crenças limitantes + crenças fortalecedoras = 10.
- Como decorrência, sempre que alterarmos o valor de uma das crenças, a outra também será alterada na mesma quantidade, porém em sentido contrário à primeira.

Por exemplo, se um indivíduo tiver uma nota 4 na crença fortalecedora, ele obrigatoriamente terá nota 6 na crença limitante (4 + 6 = 10). Caso ele aumente para nota 5 na fortalecedora, sua limitante diminuirá para 5 (5 + 5 = 10).

Levando esses pontos em consideração, uma pessoa poderia, por exemplo, ter sua régua das crenças desenhada da seguinte forma:

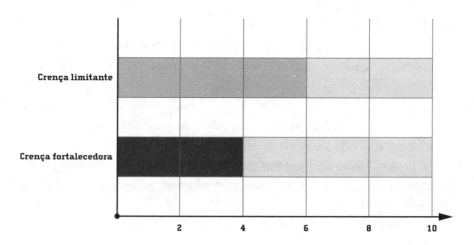

A partir dessa visualização, fica bastante claro o quanto de esforço é necessário empregar para aumentar as chances de construir um mindset de riqueza.

Agora é a sua vez

Experimente fazer essa visualização conforme se encontram hoje suas crenças limitantes e fortalecedoras. Com base em tudo o que você já leu aqui, como se sente quanto a elas ? Dê notas para os dois casos.

- Crença fortalecedora – Nota .....
- Crença limitante – Nota .....

Agora desenhe esses valores no gráfico a seguir:

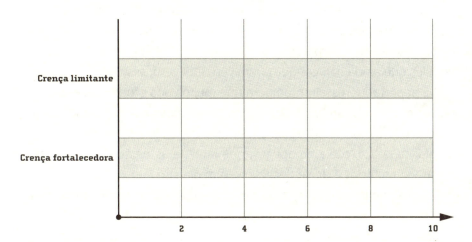

E então? Como você está em termos de crenças? O que isso representa na sua busca pelo crescimento de seu mindset de riqueza? O que você vai fazer quanto a isso? Lembre-se de que é você quem determina como lidar com seu futuro.

Crenças, flexibilidade e proatividade

Para completar esse tópico, é importante reforçar o quanto a flexibilidade e a adaptabilidade são necessárias para uma mudança de mentalidade. Somente quem é flexível e se propõe a fazer adaptações em sua vida tem os requisitos para alterar suas crenças e adotar uma postura mais proativa no sentido de construir o mindset ideal.

Crenças são a base de tudo: nossos pensamentos, nosso comportamento e nossas ações. E é isso que define o nosso presente e o nosso futuro. Se queremos ter uma mentalidade de crescimento, riqueza e prosperidade, precisamos trabalhar diretamente nesses aspectos. Resumidamente, precisamos transformar crenças limitantes em crenças fortalecedoras e, assim, transformar um mindset limitado em um mindset gerador de riquezas.

Existe um número significativo de autores, tanto brasileiros quanto estrangeiros, que se dedicaram a estudar, pesquisar, escrever e compartilhar valiosas lições sobre as crenças limitantes e seu impacto negativo. Esses pesquisadores proporcionaram insights importantes sobre a necessidade de se reconhecer e superar as crenças que mantêm presos à penumbra aqueles que ainda não conquistaram verdadeiro sucesso.

É importante ressaltar também que muitos dos problemas e das limitações que enfrentamos são causados por crenças negativas que acumulamos ao longo do tempo. Elas podem ser consideradas reflexos de uma mentalidade fixa, cheia de apegos, que impede as pessoas de buscarem novas experiências e de se desenvolverem plenamente.

Simultaneamente ao estudo das crenças limitantes, diversos autores abordaram os benefícios das crenças fortalecedoras, que impulsionam em direção ao sucesso, à realização e a uma vida mais plena e feliz. Eles se dedicaram a explorar, a promover e a desenvolver essas crenças transformadoras, destacando sua importância para o desenvolvimento pessoal. As crenças fortalecedoras funcionam como guias internos, que nos motivam a agir de maneira congruente com nossos desejos e aspirações.

Devemos reconhecer a importância de cultivar elementos que nos auxiliem a alcançar nossos objetivos e sermos mais felizes. Nesse contexto, é essencial adotar uma mentalidade positiva e voltarmos constantemente o olhar para o nosso interior, identificando e confrontando nossas crenças limitantes. A partir desse processo de autoconhecimento e de transformação, somos capazes de gerar novas crenças – fortalecedoras – que nos levam na direção dos nossos sonhos e metas.

Um dos pilares fundamentais dessa transformação reside em termos a convicção de que são as nossas crenças que moldam as nossas vidas. Ao reconhecermos essa verdade, compreendemos que temos o poder de mudar nosso presente e o nosso futuro. A transformação começa sempre em nossa própria casa, em nosso interior, em nossa mente e em nossa alma.

Em seu livro *Todos contra todos*,[69] Leandro Karnal ressalta a importância de cultivar crenças fortalecedoras e destaca que nossas crenças podem tanto nos limitar quanto nos impulsionar para o sucesso. Ao cultivar uma mentalidade positiva e resiliente, podemos superar os obstáculos e alcançar o que desejamos.

Roberto Shinyashiki, psiquiatra e escritor,[70] também compartilha dessa visão, enfatizando que, muitas vezes – e como já foi abordado neste livro – as crenças limitantes têm como bases experiências passadas e percepções distorcidas da realidade. Ele acredita que, ao identificarmos e questionarmos essas crenças, podemos liberar o potencial que existe dentro de nós.

Portanto quero salientar a importância de identificar e questionar as crenças limitantes como um passo crucial para superá-las e alcançar nosso potencial máximo. Ao desafiar essas crenças e substituí-las por pensamentos mais positivos e fortalecedores, transformamos a nossa mentalidade e as nossas experiências de vida. Esse processo faz parte da construção de uma mentalidade de riqueza e prosperidade.

Para complementar, vale ressaltar que, além da necessidade de flexibilidade e adaptabilidade, uma das maneiras mais poderosas de transformar crenças limitantes em fortalecedoras é pela prática da autossugestão. Essa técnica é reconhecida como uma ferramenta poderosa, e é tão significativa que dediquei um capítulo exclusivo nesta obra para abordar o tema.

A autossugestão envolve a repetição consciente e regular de afirmações positivas e fortalecedoras e tem o potencial de reprogramar nossa mente e direcionar nossos pensamentos para o sucesso e para a realização pessoal. Essa prática nos capacita a assumir o controle das nossas concepções e a criar uma mentalidade construtiva que nos impulsiona a alcançar nossas metas.

Colocando tudo isso de maneira bem objetiva, podemos afirmar que ao desafiar e transformar nossas crenças limitantes, cultivar crenças fortalecedoras e utilizar técnicas como a autossugestão, é possível expandir nosso potencial, melhorar as nossas experiências de vida e criar uma realidade mais alinhada às nossas aspirações.

Como já abordado, essa transformação começa internamente, na maneira como escolhemos pensar e acreditar em nós mesmos. Ao mudar as nossas crenças, transformamos o nosso comportamento e os nossos resultados, o que nos leva a conquistar o que desejamos e a viver uma vida plena.

8

ACELERADOR 5
Estruturar uma força interior para romper as limitações

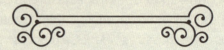

A força interior é uma qualidade psicológica, ou um traço de personalidade, que favorece a superação de dificuldades e o encontro da coragem e perseverança para lidar com as adversidades. Ela é vista como um recurso que ajuda as pessoas a enfrentarem situações diversas, mesmo as mais estressantes, a encontrarem soluções para os problemas e a perseverarem até atingirem seus objetivos.

Ter força interior é importante para vencer as resistências pessoais e afastar o comodismo, que podem nos impedir de evoluir e, assim, mudar positivamente a nossa jornada e os nossos resultados.

Não existe progresso pessoal sem força interior. A construção de um mindset de crescimento, de vida plena e de prosperidade somente é possível a partir do desenvolvimento do poder interior do indivíduo.

O mundo sempre nos oferece resistência, na forma de desafios, e isso exige energia e determinação para superar. Ter uma força interior sólida e equilibrada é o que nos permite enfrentar os percalços de maneira positiva, aprendendo com as experiências e crescendo a cada obstáculo superado.

Porém nem sempre a força interior nasce com a pessoa, mas ela pode ser cultivada e desenvolvida ao longo do tempo, com ações, posturas e pensamentos corretos. É possível e necessário desenvolver essa força, que ajuda a superar obstáculos e alcançar os objetivos de maneira mais eficaz, criando as bases para um mindset ideal.

Força interior, motivação e propósito

Como empreendedor da vida e dos negócios e educador brasileiro, fundador do Grupo Ser Educacional e autor de diversos livros sobre empreendedorismo e desenvolvimento pessoal, um dos temas mais recorrentes em meu trabalho é, sem dúvida alguma, a força interior e sua importância na superação de problemas, no alcance de objetivos e na realização de sonhos.

Como sempre digo, é preciso sonhar muito e sonhar grande se você quiser realizar grandes coisas na sua vida; mas é somente com força interior que você se mantém na luta até realizar seus sonhos.

A força interior é a capacidade de perseverar diante das dificuldades e de manter a motivação para alcançar os objetivos mesmo quando as circunstâncias são adversas – e olhe que tem adversidades no caminho do sucesso! Ela é fundamental para a vida pessoal, para o profissional de carreira, para o empreendedorismo e para a liderança. E o melhor de tudo é que a força interior é algo que pode ser desenvolvido por meio do autoconhecimento e da disciplina.

Quando me perguntam como fazer para aumentar a força interior, digo que é preciso investir em nossas bases, nos pilares que a sustentam. Ou seja, é necessário trabalhar para desenvolver e fortalecer características como resiliência, persistência, autoconfiança e determinação. Ainda, é preciso manter-se focado nos objetivos e buscar constantemente o aprendizado e o crescimento pessoal.

Além disso, a força interior é alimentada pela motivação e pelo propósito. É fundamental ter uma meta clara e um motivo forte para alcançá-la, porque esse é o combustível que nos ajuda a caminhar, superando as dificuldades que surgem.

A força interior vence batalhas e leva à vitória

Uma vez que a vida é feita de desafios que precisam ser vencidos, um após o outro, costumo usar um simbolismo em relação a isso: imagino que cada dificuldade é uma batalha a ser vencida e, para isso, precisamos ter uma força interior sólida e equilibrada. Também é necessário ter uma estratégia de combate que nos dê vantagem em cada batalha. E quando se fala em vencer uma guerra, gosto de lembrar dos ensinamentos de um grande estrategista chinês da Antiguidade.

Sun Tzu foi um dos pensadores mais influentes da história da estratégia e da filosofia chinesa. Ele foi um general, estrategista e filósofo que viveu por volta do século IV a.C. Sua obra *A arte da guerra*[71] é considerada um clássico pelos princípios atemporais que podem ser aplicados em muitas áreas da vida, embora tenham sido construídos sob um enfoque relacionado a como vencer uma guerra.

Seus ensinamentos são vistos como uma resposta aos desafios enfrentados pela China antiga em um período de guerras e conflitos constantes. No entanto suas ideias ainda hoje são relevantes neste mundo marcado por intensa competição global, incertezas e desafios complexos. Por exemplo, em um ambiente empresarial cada vez mais competitivo, as lições de Sun Tzu sobre força interior, importância da preparação, da flexibilidade e da capacidade de adaptação são essenciais para o sucesso.

Essas ideias podem ser aplicadas em qualquer situação em que se busque o sucesso. Um dos aspectos mais fascinantes de suas orientações é a capacidade de nos fazer refletir sobre a importância do preparo, da vontade, da astúcia, da disciplina e da resiliência para alcançar nossos objetivos. É nessas bases que reside a verdadeira força interior.

Ao ler *A arte da guerra* é possível aprender muito sobre como lidar com situações de conflito e competição, sejam elas militares, políticas, comerciais ou pessoais. Por exemplo, Sun Tzu ensina a não subestimar nossos adversários e a procurar conhecê-los o mais profundamente possível. Ele também nos alerta dos perigos de sermos confiantes ou arrogantes demais e incentiva-nos a estarmos sempre preparados para enfrentar mudanças e imprevistos.

Em seu livro, Tzu fala sobre variados princípios que, de modo geral, são aplicáveis no desenvolvimento da força interior. Ele acreditava que a vitória só é alcançada quando se tem confiança em si mesmo e em suas habilidades, e entendia que o medo e a hesitação podem levar à derrota. Portanto ele pregava que é preciso ter uma atitude corajosa e confiante para superar os desafios, e essas são características próprias de quem tem força interior.

Segundo Tzu, uma das chaves para a vitória é a preparação cuidadosa, seja das condições gerais da situação, seja em termos de autopreparação. O que também corrobora a ideia da necessidade de desenvolver uma força que nos leva a nos prepararmos adequadamente, a mantermos a calma e a clareza em situações de pressão e a nos adaptarmos rapidamente às mudanças no ambiente.

Todas essas ideias são fontes de inspiração para aqueles que buscam alcançar o sucesso em qualquer área, pois nos ensinam a importância de cultivarmos a nossa força interior, de sermos astutos e flexíveis em nossas estratégias e de sermos hábeis para lidar com os contratempos.

A força interior também envolve a capacidade de controlar as emoções e manter o foco nos objetivos em longo prazo, mesmo em situações de estresse e pressão. Ela é essencial para manter a disciplina e a perseverança ao longo do tempo, elementos fundamentais para desenvolver uma mentalidade de crescimento, riqueza e prosperidade, que prepara o indivíduo para alcançar um sucesso mais consistente. É um elemento vital para dar agilidade às conquistas do que desejamos.

Em resumo, sendo positivos e ágeis em atingir nossos propósitos, ficamos mais fortalecidos e motivados, elevamos nossa autoestima e, assim, desenvolvemos maior potencial interior, o que evita entregarmo-nos ao tédio e ao desânimo.

Sun Tzu esclarece bem sobre o perigo do tédio e do desânimo em algumas de suas frases; por exemplo:

> **Se estiver combatendo e a vitória demorar, então as armas dos soldados perderão o fio, e seu ardor diminuirá. Se sitiar uma cidade, acabará por exaurir suas forças. Do mesmo modo, se a campanha for longa, os recursos do Estado não se igualarão ao seu esforço.**
>
> **Assim, quando as armas perderem o fio, o ardor diminuir, as forças se exaurirem e o tesouro for gasto, outros chefes rapidamente surgirão para tirar vantagem da situação. Então, ninguém, por mais sábio que seja, conseguirá evitar as consequências.[72]**

A ideia de que a força interior vence batalhas e leva à vitória já foi amplamente comprovada, confirmando que é o poder que reside dentro de uma pessoa que a faz persistir até alcançar suas metas. Desse modo, podemos entender que a força interior também é responsável pela construção de um mindset positivo, que leva a uma vida plena.

Exemplos de como essa força leva à vitória estão presentes no nosso dia a dia e ganham destaques mundiais, como no caso de atletas que competem em esportes de alto nível. Eles precisam ter uma forte força interior bem-estruturada para treinar e competir lidando com a pressão, as adversidades e, às vezes, até com a dor. É essa força interior que os leva a vencer e alcançar a glória.

Também são exemplos aquelas pessoas que superam doenças graves ou grandes lesões. É necessária uma força interior incrível para lidar com a dor e com o sofrimento, bem como para manter a motivação e a determinação para se recuperar e voltar a ter saúde. É essa força que as ajuda a enfrentar e vencer a batalha pela vida.

E não podemos deixar de nos lembrar dos líderes que enfrentaram e venceram desafios muitos difíceis, como Nelson Mandela, líder sul-africano que combateu o *apartheid*, um regime de segregação racial que vigorou na África do Sul por muitos anos; ou Martin Luther King Jr., um líder dos direitos civis nos Estados Unidos que lutou contra a discriminação racial e pela igualdade para todos.

Assim como eles, muitos outros líderes mundiais, conhecidos por suas contribuições significativas na luta pelos direitos humanos e pela igualdade, usaram sua força interior para dedicarem-se às suas causas, superarem as mais duras situações e realizarem mudanças significativas no mundo.

A habilidade de conectar-se com o seu eu interior

Ter força interior significa ter a capacidade de manter-se forte, confiante e motivado diante de dificuldades, buscando sempre aprender e crescer a partir das experiências vividas. A força interior tem a ver com a habilidade de se conectar com os seus valores e com o seu propósito de vida e, então, encontrar a determinação e a coragem necessárias para seguir em frente, sem desistir daquilo que se propôs a fazer.

Resumidamente, a força interior envolve certas características pessoais, como resiliência, autoconfiança, autocontrole, visão positiva e capacidade de resolução de problemas, mesmo em situações estressantes ou incertas, sem se deixar desestabilizar emocionalmente.

Embora seja uma qualidade geralmente associada à invencibilidade ou à ausência de fraquezas emocionais, é importante ressaltar que ser internamente forte não significa ser invencível ou nunca sentir medo ou insegurança. Na verdade, a força interior implica em ter a capacidade de reconhecer essas emoções e enfrentá-las, aprender com elas e crescer a partir delas. Ela coexiste com as nossas fraquezas e é pelo enfrentamento delas que se torna maior.

Sentir medo e insegurança é uma reação natural e normal do ser humano. A verdadeira força interior diz sobre como lidamos com elas. Quando nos permitimos sentir essas emoções, damo-nos a oportunidade de explorarmos a situação mais profundamente, entender nossos limites e nossas fraquezas, e encontrar maneiras de superá-los. Então ficamos mais fortes e descobrimos que somos capazes de irmos muito mais além. Isso nos dá mais confiança e nos prepara melhor para encararmos os desafios.

Ainda, ser interiormente forte também significa pedir ajuda quando necessário, demonstrando a humildade para entender que sempre há algo para se aprender com os outros e algo que alguém pode resolver melhor do que nós. Ninguém é forte e sábio o tempo todo e todos precisamos de ajuda em algum momento. Reconhecer que precisamos de apoio e pedir auxílio é uma demonstração de coragem e força interior.

Joseph Murphy fala extensamente sobre a força interior em seus livros. Segundo seus ensinamentos, essa é uma qualidade essencial para se alcançar sucesso e felicidade na vida.

Em *O poder do subconsciente*,[73] ele argumenta que a força interior é o resultado da comunicação positiva com o subconsciente, que é responsável por grande parte dos nossos pensamentos, sentimentos e comportamentos, e que podemos influenciá-lo por meio da linguagem positiva e da visualização.

Para desenvolvermos a força interior é preciso acreditarmos em nós mesmos, estabelecermos objetivos claros e visualizarmos o sucesso. Além disso, é importante sentir gratidão pelo que já temos e concentrar nossos pensamentos e sentimentos naquilo que queremos criar em nossa vida.

A mentalidade de crescimento é uma característica fundamental de uma pessoa com força interior. Ter tal mentalidade não significa que as pessoas com força interior não enfrentem fracassos ou obstáculos, e sim que elas estão sempre dispostas a experimentar e arriscar, mesmo que haja a possibilidade de não serem bem-sucedidas. E quando as coisas não saem conforme o planejado, elas veem isso como uma oportunidade de aprendizado e ajuste, em vez de desistirem ou sentirem-se derrotadas. Elas sabem que o êxito não vem facilmente e estão predispostas a trabalharem duro, mesmo quando enfrentam contratempos além do esperado, para alcançá-lo.

Um ponto interessante a ressaltar é que a mentalidade de crescimento é uma característica fundamental de uma pessoa com força interior e, ao mesmo tempo, a força interior gera uma mentalidade de crescimento. Isso quer dizer que o caminho da mentalidade de crescimento e a força interior alimentam-se mutuamente, criando uma sinergia que leva o indivíduo a ter cada vez mais de ambos os elementos.

Quando alguém tem o mindset de crescimento, enfrenta e supera obstáculos com confiança, porque entende que sua capacidade de lidar com situações difíceis pode ser sempre melhorada. Isso, por sua vez, contribui para a força interior da pessoa, pois ela se sente capaz e segura quanto à sua capacidade de lidar com o que a vida lhe traz.

Principais características de quem tem força interior

Uma vez que ter força interior é fundamental para enfrentar desafios e mudanças de maneira positiva e, assim, contribuir para construir o mindset ideal, convém falarmos mais detalhadamente sobre as características de quem tem essa força.

É bom lembrar que cada uma das táticas, estratégias e ações que ajudam a construir algumas das características servem também para muitas outras. Isso é muito bom, porque significa que investindo em determinada estratégia, potencializamos várias qualidades ao mesmo tempo ou desenvolvemos outras, elevando ainda mais a nossa força interior e a construção do nosso mindset positivo de modo mais eficaz.

➥ Autoconfiança

Acreditar em nós mesmos e em nossa capacidade de lidar com situações difíceis e atingir metas e objetivos. Quando temos força interior, confiamos em nossas habilidades, o que nos torna mais efetivos e eficazes.

Um exemplo incontestável é o de Serena Williams, tenista americana de renome mundial que é conhecida por sua autoconfiança e determinação. Ela é uma das atletas mais bem-sucedidas da história, dona de inúmeros recordes nesse esporte.

A seguir, listo algumas estratégias para se construir a autoconfiança:

- *Conheça seus pontos fortes:* é importante identificar suas habilidades e seus pontos fortes e usar isso para construir sua autoconfiança. Ao se concentrar em seu lado positivo, você vai sentir-se mais confiante em sua capacidade de lidar com diferentes situações e desafios.
- *Desafie-se:* quando você se desafia, seja física ou mentalmente, desenvolve a postura de acreditar que pode ir além de seus limites, o que também o ajuda a desenvolver autoconfiança.
- *Mude sua mentalidade:* a forma como você se vê tem um grande impacto na sua autoconfiança. Em vez de concentrar-se em seus pontos fracos, concentre-se em suas realizações e sucessos. Isso vai ajudá-lo a construir uma imagem mais positiva de si mesmo e aumentar a sua autoconfiança.

➥ Autoconhecimento

É a capacidade de reconhecer seus pontos fortes e fracos, seus valores e propósitos de vida, suas especialidades e suas deficiências, seus potenciais e suas limitações. Isso lhe permite tomar decisões alinhadas com as suas metas, sempre considerando a realidade dos fatos e como eles podem interferir em seus planos.

O psiquiatra suíço Carl Jung (1875-1961), que se tornou uma das figuras mais influentes na psicologia moderna, era conhecido por sua abordagem da "psicologia analítica". Nela, Jung enfatizava a importância do autoconhecimento para alcançar as saúdes mental e emocional.

Aqui estão três táticas para ajudar a construir autoconhecimento:

- *Aceite suas próprias limitações:* reconheça que todos temos limitações e imperfeições. Isso vai auxiliá-lo a ser mais realista quanto às suas capacidades e a tomar decisões mais conscientes sobre como investir seu tempo e energia.

- *Busque por feedback externo:* pergunte a outras pessoas em quem você confia como elas o veem e o que pensam de suas habilidades e comportamentos. Isso o ajudará a entender e a identificar melhor os pontos cegos que você tem sobre si mesmo. Além disso, também pode auxiliá-lo a identificar áreas que precisam de melhoria.
- *Pratique a atenção plena e a meditação:* tire algum tempo para sentar e refletir sobre suas emoções, pensamentos e comportamentos. Pergunte a si mesmo coisas como: *Por que estou me sentindo assim?* ou *O que me motivou a fazer isso?* Assim, você entenderá melhor suas motivações e emoções.

➥ Autocontrole

É a habilidade de controlar emoções, sentimentos e reações. Por meio do autocontrole, a força interior ajuda-nos a não sermos afetados negativamente por eventos externos, permitindo-nos manter a calma em situações estressantes e, assim, tomarmos decisões mais racionais.

Mahatma Gandhi (1869-1948) foi um líder político indiano conhecido por sua filosofia de não violência e sua luta pela independência da Índia do domínio britânico. Ele era especialmente conhecido por seu autocontrole e por sua capacidade de liderar movimentos pacíficos, com seu controle emocional dando o tom da manifestação.

Kobe Bryant (1978-2020) também era conhecido por seu autocontrole e determinação em quadra. Não por acaso, ele foi considerado um dos melhores jogadores de basquete profissional norte-americano da história da NBA.

Alguns recursos que podem ser usados para construir o autocontrole:
- *Pratique mindfulness:* embora já tenha mencionado esse tipo de meditação, considero que vale a pena falar dela novamente, pois a sua prática regular, assim como da meditação e da yoga, ajuda a aumentar o nosso autocontrole, levando-nos a lidar melhor com emoções difíceis e a tomar decisões mais conscientes, em vez de reagir de modo impulsivo. Por nos estimular a focar mais no presente e sermos mais flexíveis, ela também nos auxilia a desenvolver resiliência emocional e a lidar melhor com o estresse.
- *Estabeleça metas claras:* estabelecer metas específicas e realistas e trabalhar para alcançá-las vai ajudá-lo a manter o foco e a disciplina, evitando distrações e impulsividade.

- *Autoavalie-se com frequência:* faça uma autoavaliação regularmente para identificar padrões comportamentais e emocionais negativos. Ao identificá-los, você pode trabalhar para modificá-los e desenvolver mais autocontrole em situações semelhantes no futuro. Além disso, a autoavaliação também pode ajudá-lo a identificar seus pontos fortes e suas fraquezas, permitindo que você melhore o que for necessário.

➥ Coragem

Coragem não é a ausência de temor, mas a disposição para enfrentar medos e inseguranças e buscar soluções aos contratempos e circunstâncias difíceis.

Ayrton Senna (1960-1994) é considerado um dos melhores pilotos de todos os tempos e ficou conhecido por sua coragem em ultrapassar limites e sua determinação em competir no mais alto nível. Situações de perigo extremo não o impediam de seguir adiante, porém sempre com riscos calculados e primando pela segurança.

Outro exemplo digno de nota é Malala Yousafzai, ativista paquistanesa pelos direitos das mulheres e pela educação, que ficou conhecida por sua coragem em enfrentar a opressão.

Para construir e alimentar a coragem, existem algumas estratégias que são fundamentais:

- *Enfrente seus medos:* para construir a coragem é importante identificar seus medos e enfrentá-los gradualmente, com pequenas ações diárias que o ajudem a sair da zona de conforto e agreguem-lhe autocontrole aos poucos.
- *Construa autoconfiança:* esta característica é uma das principais bases para a coragem. Ao identificar suas forças e habilidades, você pode aumentar sua autoconfiança e acreditar mais em si mesmo, sentindo-se mais corajoso para enfrentar desafios.
- *Pratique a tomada de decisão*: muitas vezes, a coragem requer tomar decisões difíceis em situações de pressão ou incerteza. Para desenvolvê-la, tente tomar decisões cada vez melhores e mais acertadas, sobretudo em momentos de adversidades.

➥ Crescimento pessoal

A força interior nos ajuda a lidar com nossos medos e inseguranças, a superar nossas limitações e a sempre buscar desenvolvimentos pessoal e profissional. Quem é interiormente forte não estagna na vida e não se mantém em zonas de conforto.

A cantora brasileira Anitta é um exemplo de alguém que investiu muito em crescimento pessoal. Superando desafios como a depressão e a ansiedade, ela aumentou sua presença internacional e a sua comunicação com seus fãs em todo o mundo.

Outro bom exemplo é Dwayne "The Rock" Johnson, ator e ex-lutador profissional, que também venceu alguns problemas, como abuso de substâncias ilícitas e uma lesão que o afastou dos esportes. Então ele aprendeu novas habilidades, como atuar e produzir filmes, e expandiu suas oportunidades de carreira e de sucesso.

Algumas posturas que auxiliam no crescimento pessoal são:

- *Faça autorreflexão:* tire um tempo para refletir sobre suas habilidades, seus comportamentos e valores, e avalie o que você pode fazer para melhorar e crescer como pessoa.
- *Defina metas claras:* estabeleça metas claras e realistas e trabalhe de maneira consistente para alcançá-las. Ter uma visão objetiva do que você quer ajuda a manter o foco e a determinação, o que, por sua vez, auxilia a desenvolver novas habilidades e expandir seus horizontes, ampliando sua força interior.
- *Busque novas experiências:* saia da sua zona de conforto e experimente coisas novas, como ler livros, viajar para lugares desconhecidos ou aprender novas habilidades. Isso amplia sua perspectiva e desafia os seus limites.

➥ Determinação

É a disposição para trabalhar duro e perseverar mesmo quando se enfrenta dificuldades que parecem intransponíveis.

São muitos os exemplos de pessoas que têm determinação muito além do que seria possível imaginar, como é o caso da escritora e ativista norte-americana Helen Keller (1880-1960), que, apesar de ser surda e cega desde a infância, tornou-se uma das figuras mais importantes na luta pelos direitos das pessoas com deficiência. E, também, Stephen Hawking

(1942-2018), físico teórico e cosmólogo britânico que lutou contra a esclerose lateral amiotrófica (ELA) por décadas e trabalhou e contribuiu para a ciência até a sua morte.

Outra pessoa especialmente inspiradora é o escritor e palestrante brasileiro Marcos Rossi, que tem uma deficiência rara, conhecida como Síndrome de Hanhart. Ele nasceu sem braços e pernas, mas isso não o impede de viver e de realizar todos os seus sonhos. Em suas próprias palavras, temos uma mensagem inspiradora:

> **Eu tinha vontade de viver. Vontade de viver a vida e de me fartar dela. Vontade de dar o melhor de mim e acreditar que as coisas eram possíveis. Determinação não se compra. E antes que houvesse a força do pensamento positivo, eu já acreditava – e muito. Era como se todas as células do meu corpo dissessem isso. Como se minha alma tivesse acordado com força para me deixar ainda mais vivo. E quando eu me sentia mais vivo, sorria internamente e ganhava um impulso extra. Eu ficava autoconfiante. Eu não via limites.**

Você pode ler e aprender muito com outras mensagens desse tipo no livro *O que é impossível para você?*, de Marcos Rossi.[74]

Para desenvolver determinação, podemos lançar mão de algumas táticas bastante simples, mas altamente eficazes, como:

➥ Empoderamento

A força interior capacita-nos a assumir a responsabilidade por nossa própria vida e a tomar decisões que nos levam na direção do crescimento, da existência plena e da prosperidade.

Trata-se de um processo com o qual adquirimos poder, controle e autoridade sobre nossa vida e circunstâncias, e que envolve o aumento da autoestima, da confiança e de diversas habilidades, bem como a capacidade de tomar decisões bem-formadas e de agir a partir delas.

O objetivo do empoderamento é permitir que as pessoas se tornem agentes ativos de suas próprias vidas em vez de serem dependentes ou submissas a outras pessoas ou instituições. Isso costuma levar a mudanças positivas na vida das pessoas e em suas comunidades, bem como a uma maior justiça social e igualdade.

Grandes nomes destacam-se não só pelo próprio empoderamento como no empoderamento de seus semelhantes. A seguir cito algumas pessoas famosas que usam seus recursos para promover mudanças sociais positivas e ajudar a empoderar outras pessoas.

Emma Watson, atriz britânica, é uma defensora dos direitos das mulheres. Embaixadora da Boa Vontade da ONU, ela usa seus recursos para levantar questões relacionadas à igualdade de gênero e incentivar as mulheres a serem líderes em suas comunidades.

O escritor brasileiro Paulo Coelho é um dos autores mais lidos no mundo. Ele usa suas histórias para inspirar e empoderar as pessoas, falando de temas como autoconhecimento, amor-próprio e superação de obstáculos.

A apresentadora norte-americana Oprah Winfrey é uma das personalidades mais influentes do mundo. Ela usa sua plataforma social para discutir questões importantes como saúde mental, igualdade racial e justiça social. Também é uma defensora dos direitos das mulheres e criou a Oprah Winfrey Leadership Academy for Girls para ajudar meninas da África do Sul a terem acesso à educação.

O empoderamento pode ser alcançado de várias maneiras: por meio da educação, do acesso a recursos e oportunidades, do desenvolvimento de habilidades e conhecimentos, do apoio a grupos ou organizações comunitárias. Individualmente, ele pode ser alcançado com algumas estratégias, como:

- *Construa uma plataforma social:* essa ferramenta costuma ser fundamental para o empoderamento. Podemos incluir nessa atividade a presença ativa nas redes sociais, a criação de um blog para divulgar e discutir ideias e propósitos, e a organização de eventos públicos voltados ao tema que você defende.
- *Fale sobre questões importantes:* é vital falar para a sociedade sobre assuntos importantes, como igualdades racial e de gênero, saúde mental e outros.
- *Seja autêntico:* o empoderamento é construído em torno da autenticidade. É importante ser honesto e verdadeiro quanto a crenças e valores. Isso ajuda a construir uma conexão com o público e a inspirar outras pessoas a agirem.

➡ Flexibilidade

É a capacidade de adaptar-se a mudanças, situações e desafios com rapidez e eficácia, sem perder o equilíbrio emocional ou a capacidade de tomar boas decisões. Essa é uma habilidade importante nas mais diversas áreas da vida – trabalho, relacionamentos interpessoais, saúde física e mental.

Como exemplos de posturas flexíveis, podemos citar o jogador de futebol brasileiro Neymar Jr., que é conhecido por sua habilidade de adaptar-se a diferentes circunstâncias e mudar seu estilo de jogo para atender às necessidades de sua equipe, demonstrando, inclusive, grandes flexibilidades mental e emocional; e Elon Musk, empresário e inventor sulafricano, conhecido por sua capacidade de ajustar-se a novas ideias e tecnologias.

Construir a flexibilidade fica mais simples e produtivo quando incluímos em nossas estratégias elementos como:

- *Expor-se a novas experiências*: a exposição a novas vivências e desafios contribui para desenvolver uma mente mais aberta e flexível. Viajar para lugares desconhecidos, experimentar novos alimentos, aprender novas habilidades ou simplesmente fazer caminhos distintos entre a casa e o trabalho e mudar a ordem de algumas rotinas do seu dia a dia podem fazer uma diferença substancial na construção da flexibilidade.
- *Desenvolver uma mentalidade de aprendizagem contínua*: estar sempre aberto a aprender coisas novas e desafiar suas próprias ideias ajuda a ser mais flexível em relação a diferentes cenários. Leia livros diferentes dos habituais, assista a palestras ou a aulas fora da sua área de atuação, amplie sua gama de interesses.

➡ Inteligência emocional

De maneira bem simples, podemos dizer que inteligência emocional é a capacidade de lidar com emoções próprias e dos outros de tal modo a nos relacionarmos de maneira positiva e produtiva com os demais.

Essa competência envolve a capacidade de lidar tanto com emoções positivas quanto com negativas sem ser dominado ou controlado por elas. Isso abrange também a habilidade de expressar emoções de maneira adequada, sem reprimi-las ou explodir em momentos inadequados.

A inteligência emocional também inclui a empatia, a capacidade de colocar-se no lugar do outro e entender seus sentimentos e perspectivas, uma habilidade importante para desenvolver relações saudáveis.

Costumo citar Barack Obama, ex-presidente dos Estados Unidos, como um bom exemplo de uso da inteligência emocional. É com essa característica que ele se comunica com pessoas de diferentes origens e crenças, o que o torna um orador habilidoso, com a capacidade de inspirar e motivar pessoas em todo o mundo.

Algumas táticas que ajudam a construir a inteligência emocional são:

- *Pratique a autoconsciência:* isso vai auxiliá-lo a reconhecer suas próprias emoções e a entender como elas afetam suas ações e comportamentos, o que é útil para comunicar-se melhor e lidar com acontecimentos complexos de maneira mais eficaz e com maior equilíbrio emocional.
- *Pratique a empatia:* a empatia faz com que você entenda as emoções e as perspectivas de outras pessoas, ampliando a sua capacidade de comunicar-se de modo mais eficaz e criar melhores conexões.
- *Desenvolva habilidades de comunicação:* tais habilidades são essenciais para você se expressar de maneira clara e eficiente, melhorando o seu relacionamento com outras pessoas e a maneira como você lida com situações difíceis. Um dos pontos cruciais de uma boa comunicação é ter a habilidade de "escuta ativa". Também merecem muita atenção as técnicas de comunicação não violenta e de negociação de conflitos.

➡ Resolução de problemas

Ter força interior permite-nos abordar os problemas com a mentalidade de solução em vez de nos sentirmos sobrecarregados ou derrotados por eles. E resolvê-los amplia a nossa força interior, capacitando-nos ainda mais para enfrentar os contratempos.

Muitas pessoas podem ser consideradas especialistas em resolver problemas, seja em suas áreas de atuação ou na vida em geral. Como exemplos temos: Elon Musk, já citado, conhecido por sua habilidade em resolver problemas relacionados a tecnologia, inovação e sustentabilidade; Angela Merkel, política alemã e ex-chanceler, renomada por sua capacidade de solucionar questões em níveis nacional e internacional, especialmente na área da política internacional; Bill Gates, conhecido por sua capacidade de resolver desafios globais, especialmente relacionados à saúde pública e à educação; e Ayrton Senna, piloto de Fórmula 1, famoso por sua competência em resolver situações difíceis durante as corridas, como problemas mecânicos, acidentes e até mesmo o trato com competidores agressivos.

Selecionei algumas posturas que podem ajudá-lo a construir uma mentalidade voltada para a resolução de problemas:

- *Faça uma abordagem sistêmica:* ou seja, uma abordagem para tentar entender todos os componentes do problema e como eles interagem entre si. Isso auxilia a identificar soluções mais eficazes e duradouras.
- *Mantenha o pensamento crítico:* essa é uma habilidade fundamental para a resolução de problemas. Envolve avaliar informações, identificar preconceitos e suposições e analisar os prós e os contras de várias soluções antes de se tomar uma decisão.
- *Busque e estimule a criatividade e a inovação:* essas duas habilidades são importantes para resolver dificuldades em áreas complexas e em constante mudança. Isso abrange abandonar padrões, experimentar novas soluções e estar aberto a ideias inovadoras. A colaboração com outras pessoas e diferentes perspectivas acabam estimulando a criatividade e a inovação na resolução de problemas.

Volto a citar aqui Roberto Shinyashiki e seu livro *Problemas? Oba!*[75] – cuja leitura recomendo – no qual o autor discorre sobre as vantagens e os ganhos de se ter uma mentalidade voltada para a solução de problemas.

Enfim, ressalto mais uma vez que todas as estratégias aqui apresentadas para se desenvolver força interior complementam-se e contribuem entre si para um resultado cada vez mais sólido e eficaz. Portanto essas práticas precisam fazer parte do nosso dia a dia para elaborarmos ou aprimorarmos nossa mentalidade na direção de um mindset de crescimento e riqueza plena.

Avaliando a sua força interior

Uma vez que ficou claro que ter força interior é essencial para enfrentar os desafios e as mudanças de modo positivo e construir um mindset de crescimento, riqueza plena e prosperidade, é especialmente interessante e necessário avaliar como está a nossa força interior. E é com base nas características que permitem a uma pessoa ser interiormente forte que podemos avaliar como se está nessa questão.

É claro que a força interior é um aspecto subjetivo da personalidade e, assim, esse teste não tem a intenção de avaliar o seu nível de força interior com precisão, mas ele vai ajudá-lo a refletir sobre esse tema, sobre o quanto você tem de força interior e o que pode fazer a respeito disso.

Os resultados não mostram se você está correto e, sim, como se sente com relação aos pontos citados. O que importa é o que você pensa e sente quando analisa a sua pontuação e a interpretação final dos seus resultados. Lembre-se bem disso: o que importa é como você se sente, afinal, somente você sabe qual é a sua verdade.

E aí? Quer saber como anda a sua força interior? Vamos lá então!

Comece dando notas para cada uma das afirmações que constam na tabela, conforme você sente serem elas verdadeiras, reais ou presentes em sua vida e no seu modo de ser. Uma observação importante: **as notas devem ir de 3 a 9** – por uma razão muito simples: ninguém é tão pobre em força interior que mereça nota menor do que 3 nem tão perfeito que mereça um 10.

AFIRMATIVAS QUE FAVORECEM A FORÇA INTERIOR	QUAL É A SUA NOTA?
Acredito em mim mesmo e em minha capacidade de lidar com situações difíceis e atingir objetivos.	
Reconheço meus pontos fortes e fracos, meus valores e propósitos de vida, minhas especialidades e minhas deficiências, meus potenciais e minhas limitações.	
Tenho grande habilidade para controlar minhas emoções e meus sentimentos e evitar reações impensadas.	
Tenho disposição para enfrentar medos e inseguranças e buscar soluções para situações difíceis, ou arriscar-me por caminhos ainda desconhecidos, mas que podem levar-me ao meu objetivo.	
Sempre adoto determinadas ações, posturas e táticas de modo a construir o meu crescimento pessoal. Jamais permaneço estagnado em zonas de conforto.	
Tenho disposição para trabalhar duro e perseverar em busca de metas e da realização dos meus sonhos.	

Estruturar uma força interior para romper as limitações

AFIRMATIVAS QUE FAVORECEM A FORÇA INTERIOR	QUAL É A SUA NOTA?
Assumo a responsabilidade por minha própria vida e por tomar decisões que me levam ao crescimento, à riqueza plena e à prosperidade.	
Adapto-me a mudanças, situações e desafios com rapidez e eficácia, sem perder o equilíbrio emocional ou a capacidade de tomar decisões acertadas.	
Tenho a capacidade de lidar com minhas próprias emoções e também com as emoções dos outros, construindo relacionamentos positivos e produtivos.	
Recupero-me pronta e rapidamente das dificuldades, seguindo em frente e mantendo a confiança e a determinação necessárias para superar os desafios.	
Abordo os problemas com uma mentalidade de solução em vez de sentimentos carregados de dúvidas ou posturas derrotistas.	
Vejo o lado positivo das coisas e procuro encontrar oportunidades em situações difíceis, o que me permite manter uma perspectiva otimista e motivadora.	
Conheço meus valores fundamentais e vivo-os com respeito em meu dia a dia.	
Sempre trato as pessoas com respeito e compreensão, mesmo quando estou sob pressão ou estresse.	
Procuro ser compreensivo comigo mesmo e com os outros, inclusive quando enfrento dificuldades.	
Recebo críticas ou feedbacks negativos com humildade e aceitação.	
Diante de uma mudança inesperada, reposiciono minhas estratégias e sigo em frente.	
Reconheço minhas limitações e fraquezas e procuro aprimorar-me nesses quesitos.	
Tento sempre me concentrar em realizações e sucessos passados, positivando minha mentalidade para enfrentar as dificuldades no presente.	
Alimento minha mente e meu espírito com conteúdos saudáveis que nutrem a minha força interior e trazem novas energias e vibrações positivas.	
SOME TODAS AS SUAS NOTAS E COLOQUE AQUI O TOTAL	

Essas perguntas ajudam a avaliar a sua força interior, e é importante lembrar que cada indivíduo é único e manifesta essas características de diferentes maneiras. Além disso, a força interior tem um aspecto dinâmico que pode ser desenvolvido ao longo do tempo.

Para você ter uma informação visual do seu resultado, assinale no gráfico a seguir em que nível a sua força interior está de acordo com a soma dos pontos obtidos. Depois, pense o que você pode fazer para melhorar seus resultados.

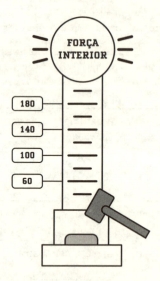

Agora vamos analisar seu resultado e verificar o que significa o total de pontos alcançado. Acompanhe as observações a seguir:

De 141 a 180 pontos: você tem uma grande força interior. Continue a investir nela, pois vai ajudá-lo a construir rapidamente um mindset de riqueza plena.

De 101 a 140 pontos: você tem uma força interior razoável, mas pode melhorá-la. Procure rever alguns dos seus comportamentos e aprimorá-los de acordo com o que já discutimos neste capítulo.

De 60 a 100 pontos: você precisa aprimorar sua força interior. Avalie com calma o seu comportamento e perceba onde você precisa investir mais tempo e mais esforços.

Menos de 60 pontos: você precisa fazer algo para mudar essa situação, e com urgência. É impossível mudar para o mindset desejado se você não tem energia interior suficiente para isso.

Recomendo refazer o teste em momentos diferentes da sua vida e comparar os resultados para ver como está o progresso em sua força interior.

Caminhando com os melhores

"Você é a média das cinco pessoas com quem convive". Essa frase é frequentemente atribuída ao empresário e autor norte-americano Jim Rohn (1930-2009), embora seja difícil determinar com certeza a origem dela. Mas foi ele quem popularizou essa ideia em seus discursos e livros, sendo um tema recorrente em seus ensinamentos sobre sucesso e desenvolvimento pessoal, como em *The Five Major Pieces to the Life Puzzle*.[76]

A concepção por trás dessa frase é que as pessoas a quem você se associa têm um grande impacto na sua vida e no seu sucesso. Por isso mesmo é tão importante escolher suas amizades e seus parceiros de negócios.

Seguindo os conselhos de Rohn, devemos sempre caminhar com os melhores, com aquelas pessoas que já conquistaram o sucesso que ainda estamos buscando, e que nos servem de inspiração para continuar a trilhar com fé a nossa jornada.

Conforme você já deve ter percebido, todas as táticas aqui apresentadas para a construção ou para o aprimoramento da força interior, que também levam a uma mudança positiva em seu mindset, contribuem uma com a outra para um resultado cada vez mais sólido e eficaz.

Podemos comprovar a validade dessas estratégias acompanhando e modelando os pensamentos e realizações de alguns dos grandes homens de sucesso conhecidos pelo mundo.

Assumir a responsabilidade pela própria vida

Um dos autores brasileiros mais conhecidos que falam sobre a força interior é Paulo Vieira, criador do método Coaching Integral Sistêmico (CIS)[77] e autor de vários livros de desenvolvimento pessoal.

Para Vieira, a força interior é a capacidade de superar obstáculos e alcançar metas, mesmo diante de grandes dificuldades. Ele ensina que essa força pode ser desenvolvida com treinamento e disciplina, assim como um atleta treina para se tornar mais forte.

Para desenvolvê-la, é preciso cultivar uma mentalidade positiva e resiliente e estar disposto a assumir a responsabilidade pela própria vida, além de estabelecer objetivos claros e de trabalhar duro para alcançá-los, sem esmorecer.

Vieira acredita, ainda, que a força interior é um componente essencial para se alcançar as realizações pessoais e profissionais e diz que com ela é possível superar as adversidades e conquistar a vida que se deseja.

Um dos pilares do sucesso

Em seu livro *Pense e enriqueça*,[78] Napoleon Hill ensina que a força interior é a capacidade de acreditar em si mesmo e em seus objetivos, apesar dos contratempos, e que ela pode ser desenvolvida por meio de pensamentos positivos e ação persistente, sendo um dos pilares para o sucesso.

Segundo ele, a força interior também pode ser desenvolvida pelo relacionamento com pessoas bem-sucedidas e positivas, e que se cercar de pessoas que compartilham seus objetivos e valores ajuda a fortalecê-la e aumentar as chances de vitória.

A chave para o sucesso

T. Harv Eker, empresário e autor canadense, fala sobre a força interior em seu livro *Os segredos da mente milionária*,[79] e acredita ser ela a chave para o sucesso financeiro e pessoal. Ele defende que a força interior começa a partir da mentalidade certa e é construída com disciplina, persistência, determinação e superação de obstáculos.

O empresário enfatiza, ainda, a importância de desenvolver uma visão de abundância na própria vida, e que a força interior começa adotando-se a crença de que somos capazes de alcançar nossos objetivos. Infelizmente, a maioria das pessoas não tem essa mentalidade, mas nada as impede de desenvolvê-la.

Eker também ressalta a importância de se cercar de pessoas positivas e motivadoras, que compartilhem dos nossos objetivos e valores, pois isso nos ajuda a ampliar a força interior e a alcançarmos o que desejamos.

Uma conexão com a essência mais profunda do seu ser

Eckhart Tolle, autor e palestrante alemão, também fala sobre a força interior em seus livros[80] e palestras sobre espiritualidade e desenvolvimento pessoal. Para ele, essa força é a chave para uma vida plena e significativa, sendo baseada na conexão com a essência mais profunda do nosso ser, nosso verdadeiro eu, em um estado de foco total e consciente do momento presente, e, assim, encontrarmos um propósito mais profundo na vida.

Um de seus principais argumentos é que a maioria das pessoas vive presa em um estado de identificação com a mente e suas histórias e que é preciso transcender tal identificação para encontrar a força interior. Vem daí a importância de libertar-se de padrões mentais limitantes, pois eles impedem-nos de acessar nossa verdadeira força interior.

Ele enfatiza também a importância da prática da atenção plena e da aceitação das mudanças, das incertezas e das circunstâncias da vida, sem fazer qualquer julgamento, pois isso nos dá a capacidade de permanecermos calmos e centrados, mesmo em situações de estresse e pressão.

Ser autêntico e genuíno em nossas interações e ter uma atitude positiva e otimista diante das adversidades

Outro grande pensador que nos forneceu um extenso material sobre estratégias de desenvolvimento de nossa força interior foi Dale Carnegie.

Em seus livros, Carnegie não fala especificamente sobre "força interior", mas muitos de seus ensinamentos podem ser aplicados na elaboração de um mindset de riqueza plena e do nosso acelerador para o sucesso.

Seus ensinamentos enfatizam a importância de habilidades interpessoais, como a comunicação eficaz, a empatia, a liderança, a resolução de conflitos, a atitude positiva e a autenticidade no desenvolvimento da força interior.

Em seu livro *Como fazer amigos e influenciar pessoas*,[81] Carnegie ressalta a relevância de sermos autênticos e genuínos em nossas interações com os outros em vez de tentarmos manipular ou controlar as pessoas. Ele argumenta que a empatia, ou seja, a capacidade de ver as coisas a partir da perspectiva do outro, é fundamental para estabelecermos relacionamentos saudáveis e bem-sucedidos, e que é importante sermos firmes, mas também respeitosos ao lidarmos com conflitos.

Em outro de seus livros, *Como evitar preocupações e começar a viver*,[82] Carnegie falou sobre o valor de se ter uma atitude positiva e otimista diante das adversidades, pois a preocupação excessiva é prejudicial à saúde e à felicidade, e ensinou técnicas para lidar com a ansiedade e o estresse.

Aprendendo com quem já fez

Esses são apenas alguns dos muitos exemplos de sucesso de pessoas que construíram um mindset de riqueza plena, de crescimento e de prosperidade, espalhando a sua mensagem pelo mundo, incentivando, motivando e orientando milhões de pessoas.

Então, neste momento, a minha mensagem principal para você é: aprenda com quem já fez. Espelhe-se nas pessoas que já chegaram no lugar em que você quer chegar. Essa é uma estratégia que comprovadamente ajuda a alcançar nossos objetivos pessoais e profissionais de maneira muito mais rápida e eficaz.

Também é interessante relacionar-se com pessoas bem-sucedidas, aprendendo com suas habilidades, estratégias e pensamentos, além de sua perseverança e resiliência diante das adversidades. Em meu livro *O poder da modelagem*[83] falo bastante sobre esse assunto.

Mesmo que você não tenha acesso direto a pessoas bem-sucedidas, você pode estudar suas biografias, seus livros e discursos, assistir a vídeos e palestras para aprender com suas experiências e incorporar seus ensinamentos em sua jornada.

Todavia, quero lembrá-lo de que você não deve cobrar de si mesmo resultados iguais aos dessas pessoas. Você deve se inspirar no exemplo delas, mas nunca se comparar ou competir com elas. Cada pessoa tem a sua própria jornada e a sua própria definição de sucesso.

Embora seja útil aprender com as experiências e os exemplos de outras pessoas, devemos adaptar as lições às nossas necessidades e aos nossos objetivos pessoais. A jornada para o sucesso é única e é importante permanecermos fiéis a nós mesmos e aos nossos valores enquanto aprendemos com os outros.

Carregando as baterias

De modo prático, seguindo o que conversamos neste capítulo, você já pode dar, digamos, "uma carga rápida" na sua bateria de energia, na sua força interior. Depois, continue aplicando as táticas sugeridas para manter a evolução da sua força interior, e junte as suas atitudes a elas.

Porém lembre-se de que construir a força interior é um processo contínuo e leva tempo. É importante ser gentil consigo mesmo, continuar atuando no sentido de elevar sua energia, mas, ao mesmo tempo, permitir que o processo aconteça naturalmente. Com o tempo e a prática você desenvolverá uma força interior intensa e duradoura.

Como já vimos, essa força é construída a partir de uma combinação de fatores, como habilidades de resiliência, autoconfiança, autoestima, autoconhecimento, perseverança, determinação, coragem e fé em si mesmo. E todas essas fontes precisam ser trabalhadas para que a elevemos cada vez mais. E esse trabalho é essencialmente psicológico, logo, uma das ferramentas mais eficientes para se conseguir força interior é a autossugestão.

Essa técnica é excelente não só para facilitar a construção da força interior, mas também para ajudar a criar o mindset que tanto queremos. Falarei sobre isso com mais profundidade em um dos nossos próximos capítulos.

9

ACELERADOR 6

Construir e manter uma rede de suporte

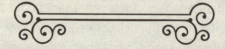

O conceito de rede de suporte (ou rede de proteção) fica bem claro quando lembramos de apresentações de trapezistas, normalmente feitas em grandes circos e espetáculos.

O trapézio é uma atividade circense que envolve muita habilidade e técnica, e pode ser muito perigoso se não for executado corretamente.

Mesmo os mais experientes estão sujeitos a cometer erros ou enfrentar imprevistos, como ventos fortes ou equipamentos defeituosos, que podem resultar em quedas.

Se fizermos um paralelo com essas ideias e a nossa busca por transformações na nossa vida, veremos que elas têm tudo a ver com a necessidade de termos em nossa jornada uma rede de proteção para nos servir de apoio para chegarmos aos nossos objetivos. Isso é especialmente verdadeiro quando queremos construir um mindset de riqueza plena, crescimento e prosperidade.

E qual é a importância delas quando queremos promover uma mudança em nossa mentalidade? Elas são úteis para garantir que estamos seguros enquanto realizamos atividades de alto risco, e também servem como elementos motivadores quando nosso ânimo eventualmente arrefece. Além disso, elas nos ajudam a manter o foco e a determinação, principalmente quando encontramos obstáculos mais difíceis de serem transpostos.

Mudar seu mindset não é tarefa fácil

Durante a mudança para a sua nova vida vai ter momentos em que pessoas vão criticá-lo; e elas podem ser muito duras. Outras vezes a falta de recursos para seguir em frente pode se tornar difícil de suportar. À medida que avança, você vai enfrentar muitos problemas, vai se decepcionar com os seus resultados, que nem sempre estarão de acordo com o que você imaginava, vai gastar quase toda a sua energia e perder o entusiasmo. Nesses momentos, você vai precisar contar com uma rede de proteção, um apoio para ajudá-lo a se manter no rumo que você traçou.[84]

Mas não encontramos uma rede de apoio pronta. Precisamos montar a nossa e só nós podemos fazer isso. Ela deve ser constituída por mentores, amigos verdadeiros e familiares, pessoas que nos querem bem, que nos apoiam nas horas mais difíceis, nos momentos de maior angústia e de maior dúvida. São as pessoas que ficam ao nosso lado, incentivando-nos e motivando-nos a superar as dificuldades. E é com elas que devemos comemorar as nossas vitórias. Com essa rede de proteção, os desafios se tornam menos assustadores, e a desistência, uma possibilidade mais remota.

Ter uma rede de suporte é importante para que possamos pôr em prática qualquer mudança significativa em nossa vida – especialmente quando estamos construindo o mindset de riqueza, crescimento e prosperidade. Essa rede auxilia-nos a manter o foco no que realmente interessa, no que é importante e inspira-nos a continuar em frente mesmo quando as coisas se complicam.

É extremamente útil e necessário ter pessoas que nos dão apoio emocional e prático quando decidimos mudar. Seguem alguns pontos em como esse apoio pode colaborar no sucesso da nossa mudança.

➡ **A ampliação do nosso suporte emocional:** quando decidimos fazer uma mudança significativa em nossa vida, podemos nos sentir inseguros ou temerosos sobre o que pode acontecer. Ter alguém em quem confiamos para conversar é reconfortante e nos ajuda a manter a motivação e a perseverança necessárias para alcançar nossos objetivos. Um exemplo é o caso de alguém que decide largar o emprego para seguir uma carreira diferente, porém ainda está inseguro em sua decisão. Nesse caso, o apoio emocional de um amigo ou parceiro pode auxiliar a superar a ansiedade e a insegurança.

→ **A oferta e a disponibilidade de ajuda prática:** mudanças significativas geralmente exigem esforço e podem ser bastante desafiadoras, assim, além do apoio emocional, é muito bom ter pessoas que nos ajudem na prática, por exemplo, auxiliando com tarefas básicas, como cuidar dos filhos ou dos animais de estimação, ou oferecer recursos financeiros durante o período da mudança. Outro exemplo: se a sua decisão for morar em outra cidade, a colaboração de amigos ou familiares pode ser fundamental na mudança, na busca por um novo emprego e na adaptação ao novo ambiente.

→ **Reforço na nossa responsabilidade com a mudança a que nos propomos:** ter pessoas que se preocupam conosco, que acreditam em nosso potencial e que nos apoiam, nos ajuda a nos mantermos responsáveis por nossas decisões. Quando sabemos que há pessoas que estão torcendo para que tenhamos sucesso, é mais provável que nos esforcemos mais para cumprir nossas metas. Um exemplo é quando decidimos adotar uma dieta saudável. Ter um amigo ou um parceiro que também está comprometido com a saúde e com quem podemos dividir nossas dúvidas, vacilos e fraquezas, e também comemorar as nossas vitórias, mantém-nos mais responsáveis e motivados para seguir em frente.

Enfim, essa rede de suporte é essencial para qualquer pessoa que queira crescer e se desenvolver em sua vida pessoal e profissional. Ter um grupo de pessoas em quem confiar, que ofereçam suporte, feedback construtivo e orientação positiva é vital para superarmos os obstáculos que surgem ao longo do caminho.

O que é uma rede de suporte ou rede de apoio

Uma rede de suporte é uma estratégia de segurança para seguirmos em frente rumo aos nossos objetivos. Como já foi dito, ter pessoas em quem confiar, com as quais possamos compartilhar nossas preocupações e celebrar nossos sucessos é um elemento fundamental em qualquer empreitada.

É bom ter em mente que uma rede de suporte não se limita apenas a ter pessoas que nos apoiam emocional e moralmente. Embora isso seja fundamental, há outros elementos que também são essenciais em nossa jornada, como ter uma reserva financeira, aprender técnicas e atividades necessárias para chegar aonde queremos, fazer um planejamento cuidadoso e buscar orientação de profissionais especializados para ajudar a planejar e gerenciar as finanças.

Possuir uma reserva financeira, por exemplo, pode ser crucial para lidar com imprevistos e situações de emergência que possam surgir ao longo do caminho. Já aprender novas técnicas e habilidades relevantes para nossos objetivos ajuda-nos a alcançá-los de modo mais efetivo; isso inclui buscar cursos, treinamentos e outras formas de aprendizado úteis aos nossos propósitos.

Uma rede de suporte pode ser especialmente importante em momentos de crises ou dificuldades maiores. Durante a pandemia da covid-19, por exemplo, as pessoas tiveram que ficar isoladas e enfrentar desafios emocionais e financeiros para os quais não estavam preparadas. Nesse contexto, ter apoio – mesmo que a distância – dá um senso de conexão e de solidariedade que auxilia a enfrentar a incerteza e a ansiedade.

Uma rede de suporte pode ter muitas formas, dependendo dos objetivos e das necessidades de cada pessoa. Pode incluir familiares, amigos, mentores, colegas de trabalho, grupos de networking, comunidades on-line e outras pessoas que compartilhem interesses e valores semelhantes. Mas não basta só isso. Como comentei antes, envolve também a obtenção de diversos outros recursos e habilidades, a elaboração de um planejamento estratégico e outras medidas práticas que nos ajudem a superar os desafios e alcançar nossos objetivos.

No entanto a verdade é que a maioria desses aspectos abrangem técnicas bastante específicas, que não cabem na abordagem desta obra e que devem exploradas e ensinadas em outro tipo de contexto. Neste livro vamos nos ater ao conceito de rede de suporte no sentido de ter pessoas que nos apoiem, mencionando os demais aspectos apenas como ilustrações de determinadas situações.

Nesse sentido, a visão que aqui temos sobre uma rede de apoio fica melhor representada pela figura a seguir:

Encontre os guardiões da sua mudança de mindset

Quem são os guardiões da sua mudança de mindset? Quem são as pessoas que efetivamente precisam fazer parte da sua rede de suporte? O escritor Gilberto Cabeggi descreveu bem o papel desses guardiões.[85]

Segundo o autor, na nossa rede de segurança devemos ter a presença de um familiar querido, um amigo fiel ou um profissional de psicoterapia, ou, ainda, alguém que você admire pelo modo correto e feliz de ser, que o ajude a ganhar novas forças e a estimular pensamentos e atitudes mais positivas no seu dia a dia.

Avalie: quem são as pessoas com quem você pode contar para essa mudança? Quem você quer que esteja ao seu lado, dando-lhe apoio, quando resolver mudar e as coisas à sua volta parecerem desabar na sua cabeça? Quem são as pessoas que não deixam você desistir quando as coisas ficam difíceis? Junto ao seu mentor, essas são as pessoas que serão os guardiões da sua mudança de mindset.

Naqueles momentos em que você está prestes a desistir da sua mudança, é importante e reconfortante saber que um conselheiro, um mentor, um amigo, um familiar que o inspira e o motiva a seguir em frente estará presente e fará toda a diferença. A função dessas pessoas é ajudá-lo a encarar o desconhecido, para que você possa seguir a sua estrada, atingir os seus objetivos e cumprir o seu propósito de vida.

Um mentor é alguém que lhe é especial, que o faz repensar sua decisão de recusar os chamados da vida. Então, mesmo não sabendo o que encontrará no próximo capítulo da sua história, com a ajuda dessa pessoa você aceita o desafio de seguir em frente.

A sua relação com pessoas em quem você confia é um dos seus maiores pontos de apoio para os próximos passos na busca do seu crescimento e da sua evolução. Nela deve existir uma conexão forte, seja entre pai e filho, entre mestre e discípulo, entre mentor e aprendiz.

A mudança de mindset é uma caminhada que você tem de fazer sozinho, sem dúvida alguma, e os obstáculos testarão a sua vontade a cada passo. Mas sua força interior será renovada se você tiver alguém com quem dividir suas angústias e suas dúvidas, chorar suas perdas e, é claro, comemorar suas vitórias.

"Encontre guardiães para amparar as suas mudanças. Essa é uma atitude própria de quem entende que tem seus limites, mas não quer que eles o impeçam de se manter no rumo da felicidade", conclui Gilberto Cabeggi.

É importante ter um grupo de pessoas com quem podemos contar quando precisamos de ajuda ou de um impulso extra, ou mesmo de uma dose a mais de motivação, porém é preciso ter consciência de que ter essa rede não significa depender dos outros para alcançar nossos objetivos. Precisamos manter a nossa autonomia e a nossa responsabilidade pessoal por nossas escolhas e ações. A rede pode nos oferecer apoio, mas cabe a nós mesmos tomar as iniciativas, partir para a ação, aproveitar as oportunidades e enfrentar os desafios.

Riscos próprios das mudanças

Mudança é sinônimo de incerteza e os riscos são sempre a verdade presente mais forte. É nessas horas de incerteza que o apoio de pessoas em que confiamos faz toda a diferença.

Elencarei, a seguir, os riscos associados às mudanças – em especial quando se trata de mudanças de mindset – que geralmente estão entre os principais motivos pelos quais as pessoas desistem de seus sonhos, muitas vezes sem nem mesmo tentar alcançá-los.

O risco de falhar

O risco do fracasso aciona um dos piores vilões das mudanças: o medo de falhar. Essa é uma barreira comum, levantada pelas pessoas quando diante da necessidade de mudar. O medo de fracassar pode impedir as pessoas de até mesmo tentarem coisas novas. Mas se você não tentar por medo de fracassar, saiba que já fracassou.

Não tentar por medo da derrota é assassinar seus próprios sonhos, matar as suas possibilidades de futuro. Imagine o que teria sido destas pessoas, de seus feitos e efeitos no mundo, se elas tivessem desistido ou nem ao menos tentado seguir em frente:

- Se Sylvester Stallone tivesse desistido depois das primeiras rejeições, ele teria perdido a oportunidade de criar um dos filmes mais marcantes de todos os tempos e não teria participado nem produzido tantos outros que fizeram sucesso no mundo todo;
- Se Ayrton Senna tivesse abdicado de seus objetivos após enfrentar dificuldades em sua carreira, nós nunca teríamos assistido a todas as suas históricas vitórias;
- Se J.K. Rowling não tivesse insistido após as inúmeras rejeições do seu primeiro livro, o mundo nunca teria conhecido Harry Potter e suas histórias fascinantes;
- Se Gisele Bündchen tivesse desistido diante de tantas reprovações, ela nunca teria se tornado uma das modelos mais famosas de todos os tempos em todo o mundo;
- Se Michael Jordan não tivesse perseverado depois de ter sido cortado do time de basquete do ensino médio, não teríamos presenciado sua incrível carreira na NBA;
- Caso Oscar Niemeyer (1907-2012) tivesse cedido ao medo de arriscar e tentar coisas novas na arquitetura, ele nunca teria criado alguns dos edifícios mais icônicos do Brasil e do mundo;
- Se Thomas Edison (1847-1931) não tivesse persistido após suas primeiras tentativas fracassadas de criar a lâmpada elétrica, não teríamos a sua invenção que mudou o mundo.

Esses exemplos mostram que o maior risco que existe é que o medo do fracasso impeça as pessoas de tentarem coisas novas e alcançarem suas metas. Quando as pessoas desistem, muitas vezes até mesmo antes de tentar, perdem a oportunidade de realizar grandes feitos e até mesmo de mudar o mundo.

Nas horas de incerteza, uma rede de suporte formada por um grupo de pessoas que realmente nos apoiem é fundamental para seguirmos em frente sem esmorecer, e com coragem para mudar o que for necessário em nossa vida. É com esse apoio que vamos encarar o fracasso como uma parte natural dos processos de aprendizado e de crescimento.

Aqueles que enfrentam seus medos e tentam algo novo, mesmo que isso signifique correr o risco de fracassar, possuem mais chance de alcançarem o que desejam e de realizarem os seus sonhos. É importante lembrar que o fracasso não é o fim da linha e que é melhor tentar e falhar do que nunca tentar.

Como disse Zig Ziglar: "O fracasso é apenas um evento e não a pessoa".[86] Portanto não encare suas falhas como algo pessoal. Elas fazem parte do processo e melhoram as chances de aprendizado e de aperfeiçoamento do seu mindset.

O risco financeiro

Quando promovemos mudanças em nossa vida sempre existe o receio de nos comprometermos financeiramente ou de não termos os recursos necessários para concluir os nossos projetos. Muitas vezes, as mudanças envolvem investimentos financeiros significativos, o que pode levar a perdas substanciais se as coisas não correrem como planejado. E isso não é diferente quando se trata de mudança de mentalidade. Quando buscamos a construção de um mindset positivo também há a dúvida se teremos os recursos necessários para levar esse projeto adiante.

O risco financeiro pode dificultar a mudança do mindset de várias maneiras. Uma das principais é que o medo de perder dinheiro acaba impedindo a pessoa de tomar decisões que podem mudar positivamente a sua vida e gerar um foco excessivamente direcionado ao ganho (ou não) de dinheiro, promovendo falta de confiança em suas habilidades e dificultando o desenvolvimento de um mindset mais positivo e focado no crescimento pessoal.

Quando a pessoa está muito preocupada com o dinheiro, ela fica menos propensa a concentrar-se em coisas positivas e a adotar uma perspectiva mais otimista em relação à vida. Isso pode acarretar estresse e ansiedade, que comprometem seu bem-estar emocional e mental.

Um bom exemplo é o caso de alguém que está infeliz no trabalho e quer mudar de carreira, mas tem medo de perder sua renda. Essa pessoa sente-se presa ao trabalho atual, de que talvez não goste, mas tem dificuldade em adotar uma perspectiva mais positiva em relação ao futuro.

Outro exemplo seria um empreendedor que quer investir em seu negócio, mas tem medo de arriscar seu dinheiro. Essa pessoa fica presa ao não crescimento e a uma perspectiva negativa em relação às oportunidades de expansão, estagnando, sem iniciativa para mudar para uma mentalidade positiva.

Um terceiro exemplo é alguém que está passando por uma crise financeira real e bastante forte e não consegue adotar uma visão otimista em relação à vida. Ela fica desencorajada e desmotivada e pode, muitas vezes, não enxergar as oportunidades ao seu redor.

Em momentos assim, uma rede de apoio composta por pessoas que nos apoiem com sinceridade ajuda tanto fornecendo orientações sobre como lidar com as dificuldades como nos dando motivação para não desistirmos e, se necessário, até mesmo auxiliando com o fator financeiro em si.

O risco de rejeição social

A importância do apoio quando buscamos mudanças em nossa mentalidade também se evidencia quando tememos a rejeição social.

Quando as pessoas mudam, podem ser rejeitadas por amigos, familiares ou colegas que não entendem ou não apoiam suas escolhas. Também é comum que, à medida que a pessoa se transforma, ela mude seus pensamentos e seu modo de agir e passe a não se encaixar mais nos antigos grupos aos quais pertence. Isso gera uma sensação de perda, de solidão e até mesmo de rejeição social.

Em resumo, ao mudar, uma pessoa pode passar por situações desafiadoras como:

➡ **Ser rejeitada por amigos, familiares ou colegas que não entendem ou não apoiam suas escolhas:** quando alguém muda hábitos, crenças, estilo de vida ou carreira, é comum que algumas pessoas do seu círculo social não o compreendam ou não o apoiem nessas mudanças. Isso pode levar a conflitos, críticas e até mesmo à perda de amizades ou relacionamentos importantes. Um exemplo disso é quando alguém decide tornar-se vegetariano e enfrenta a resistência da família e amigos que não concordam com essa escolha e podem até deixar de chamá-lo para reuniões e jantares, o que acaba desmotivando-o.

➡ **Mudança nos pensamentos e no modo de agir que a fazem não se encaixar mais nos antigos grupos de amigos:** conforme a pessoa muda, seus interesses, objetivos e valores podem igualmente mudar, também fazendo com que ela não se identifique mais com seu antigo círculo social. Isso pode gerar as sensações de perda e de solidão, pois ela pode sentir que não se encaixa em lugar algum. Por exemplo, por ter se envolvido em um movimento político ou social diferente, os amigos que não têm as mesmas opiniões acabam se afastando dela.

➡ **Sentimento de rejeição social:** ao mudar, a pessoa não se sente mais compreendida ou aceita por seu círculo de amigos, o que traz o sentimento de rejeição social, levando-a ao isolamento e à baixa autoestima. Isso pode acontecer quando a pessoa decide mudar um hábito, como deixar de beber, e é criticada ou excluída por amigos que ainda mantêm esse costume; ou quando a pessoa, que era uma excelente parceira nas noitadas, casa-se, e já não pode mais atender a todos os compromissos com os antigos companheiros.

Mas há uma infinidade de exemplos de pessoas que passaram por situações semelhantes a essas e as superaram, em grande parte das vezes com a ajuda de um grupo de pessoas que as apoiaram em suas decisões.

Quando Steve Jobs deixou a Apple em 1985 e fundou a NeXT, uma empresa de computadores, e investiu em um estúdio de animação chamado

Pixar, suas escolhas foram vistas por alguns como um fracasso e ele foi rejeitado por boa parte da indústria de tecnologia.

A atriz Fernanda Montenegro, um sucesso incontestável do teatro e da televisão brasileiros, quando se envolveu em causas políticas enfrentou rejeição e censura por parte das autoridades. Porém ela continuou a lutar por seus ideais, apoiada por pessoas que, acima de tudo, respeitavam o seu modo de pensar.

A escritora J.K. Rowling enfrentou críticas e rejeição por sua série de livros Harry Potter, mas perseverou e acabou se tornando uma das autoras mais bem-sucedidas de todos os tempos.

Caitlyn Jenner, quando anunciou que era uma mulher transgênero, foi criticada e rejeitada por parte de sua família e amigos, e enfrentou forte bullying virtual. Ela continuou a expressar-se, ajudando a conscientizar as pessoas sobre a questão e a promover a inclusão e a aceitação.

A chef de cozinha Bela Gil ficou conhecida por suas receitas saudáveis e pela defesa de uma alimentação mais natural e orgânica. No entanto, por ser ativista social e defensora dos direitos das mulheres e dos povos indígenas, já encarou censuras e oposição de muitas pessoas que não compartilham de suas visões políticas e sociais.

Todas essas pessoas – e tantas outras mais no mundo – enfrentaram dificuldades ao mudarem e/ou defenderem e promoverem a conscientização sobre temas importantes para a sociedade. Embora houvesse quem as rejeitasse em um primeiro momento, elas ganharam força com o suporte vindo de pessoas que as apoiaram.

O risco de estresse e esgotamento

As mudanças para um mindset mais positivo têm o potencial de serem estressantes e exigirem muito tempo e energia, o que pode levar à exaustão emocional e física. Esse é um risco real, que deve ser levado em conta quando nos propomos a levar adiante uma mudança desse tipo.

Mudar o mindset para um mais positivo é um processo desafiador e exige muito esforço e dedicação. Geralmente, a pessoa precisa mudar hábitos antigos, excluir crenças limitantes e trabalhar sua autoestima e sua autoconfiança. Tudo isso é estressante e cansativo, especialmente quando se trata de mudanças profundas e duradouras.

Para superar uma experiência traumática, como um abuso, um acidente grave ou uma perda significativa, é necessário trabalhar intensamente para mudar a perspectiva e as emoções associadas a ela. Isso pode envolver terapia, práticas de meditação e autodesenvolvimento, além de uma grande quantidade de energia emocional e física. E, nesse contexto, a rede de suporte, composta por pessoas comprometidas com o nosso bem-estar, também é útil e fortalecedora.

Mais um exemplo: para adquirir hábitos alimentares e inserir atividades físicas em nossa vida, é preciso comprometimento e esforço constante, pois, muitas vezes, precisaremos resistir às tentações e deixar de lado a preguiça de nos exercitarmos. Novamente, a rede de apoio, composta por companheiros de jornada e por profissionais das áreas envolvidas, faz diferença nos resultados.

Como já foi dito nesta obra, lidar com crenças limitantes é outra necessidade comumente envolvida em processos de mudança de mindset. Essas crenças podem ser antigas e difíceis de serem alteradas, e a pessoa pode precisar da ajuda de um terapeuta ou de um coach para identificá-las e desafiá-las, além de ter de praticar a autoaceitação e o amor-próprio para se libertar dessas amarras mentais. E uma rede de suporte é fundamental nesses casos.

Levando em conta a quantidade de riscos presentes em qualquer mudança e as muitas dificuldades enfrentadas pelas pessoas dispostas a alcançarem um mindset de crescimento e de prosperidade, Chip Heath chama a atenção para alguns facilitadores de processos de mudanças.

Seu livro *Switch*[87] é um guia prático e inspirador sobre como obter mudanças bem-sucedidas em qualquer contexto, mesmo quando elas são muito difíceis.

O termo *switch* é uma metáfora que o autor utiliza em uma de suas principais técnicas de mudanças, associando-a ao ligar e desligar de uma chave de luz (*switch*). Heath afirma que toda mudança requer um processo de "desligar" – deixar de fazer algo – e "ligar" – agora fazendo algo novo. Desligamos o antigo e ligamos o novo e, assim, a mudança acontece. De acordo com Heath, essa troca é essencial para superar a resistência à mudança e alcançar o sucesso.

Em essência, o objetivo do autor é fornecer estratégias práticas para ajudar as pessoas a superarem as dificuldades que geralmente acompanham as mudanças, como falta de motivação, resistência e inércia de modo geral. Sua mensagem central é que para mudar é necessário esse processo de desliga–liga, que envolve abandonar velhos hábitos e criar outros. Essa ideia é bem alinhada a muitas filosofias orientais que pregam que o velho precisa morrer para dar espaço ao novo.

Heath usa uma abordagem diferente para lidar com mudanças e trata da importância de direcionar a parte emocional e instintiva do nosso cérebro para a disposição de mudar, como motivar a sua parte racional e analítica para que ele possa conceber a mudança de maneira eficaz, e apresenta maneiras de alterar o ambiente e os sistemas que sustentam nossos comportamentos para tornar as mudanças mais fáceis e duradouras.

No geral, *Switch* é um livro acessível, que oferece uma estrutura clara para entender e liderar alterações significativas em nossa vida.

Período de transição

Quando decidimos mudar, é inevitável passar pelos períodos de transição, aqueles em que ainda não chegamos onde queremos estar, mas não abandonamos totalmente onde estávamos. Por exemplo, você tem um emprego, mas decide montar um negócio próprio: você está focado no novo negócio, mas ainda depende do salário do seu trabalho. Nesse caso, a insegurança e a sua energia precisam ser bem administradas.

Nesses momentos é necessário agir conscientemente para dar os passos certos, mas também deve haver certa dose de fé, que nos dá a ousadia de seguir em frente, apesar das incertezas. Existe até um dito popular, sem autoria definida, que diz: "Primeiro a gente dá o passo, depois Deus coloca o chão. Isso se chama fé". Complementando, o autor Gilberto Cabeggi escreveu: "Quando saltamos obstáculos, ficamos com os dois pés fora do chão. Nesse momento, o que nos sustenta é a nossa fé!".[88]

Somando-se a essa fé, há outros recursos que também devemos acionar para dar continuidade à nossa construção de um novo mindset, e um deles é justamente o apoio da nossa rede de suporte.

A transição de uma situação para outra é um processo desafiador em que varia a quantidade de energia e de empenho exigidos, dependendo do tipo de mudança que se quer implementar. E você pode usar a sua rede de apoio para auxiliá-lo, em especial naquelas fases que costumam gerar muitas dúvidas.

Para tirar melhor proveito do seu grupo de apoio, listo a seguir algumas recomendações que podem ajudar na interação e facilitar a sua transição para o novo. Conscientize-se delas e procure saber o máximo sobre cada uma.

➡ **Defina claramente seus objetivos:** Para interagir de modo mais produtivo com sua rede de apoio, é importante saber exatamente o que você quer alcançar. Além disso, definir objetivos claros ajudará a mantê-lo motivado e focado durante o processo de transição.

➡ **Faça um planejamento:** Crie um plano detalhado para alcançar seus objetivos. Desse modo, quando você conversar com sua rede de apoio, poderá passar a eles, de modo claro, a proposta da mudança que você quer realizar e quais são as etapas necessárias para alcançar o resultado desejado.

➡ **Reconheça que a transição pode ser um processo gradual:** Mudanças significativas não acontecem da noite para o dia. Mesmo com a ajuda de sua rede de apoio, é importante reconhecer que a transição é um processo gradual e que você vai precisar de tempo e paciência para alcançar seus objetivos.

➡ **Peça apoio:** De nada adianta você ter uma rede de suporte se não recorrer a ela. Se você está fazendo uma mudança significativa em sua vida, peça o apoio das pessoas que o acompanham. Elas só podem auxiliá-lo se você sinalizar que está precisando de ajuda.

➡ **Celebre suas realizações:** Sua rede de apoio não existe apenas para socorrê-lo em momentos de dificuldade. Eles também querem aplaudir as suas vitórias. Ao longo do processo de transição, reconheça, agradeça e celebre suas realizações ao lado deles. Cada etapa alcançada é uma vitória, e comemorar e agradecer vai ajudá-lo a manter a motivação para continuar.

Consciente desses aspectos, você estará melhor capacitado para interagir com sua rede de suporte e tirar melhor proveito de seu apoio.

Lembre-se de que a transição é um processo desafiador, mas também pode ser uma oportunidade para você crescer, aprender e desenvolver-se. Com um plano cuidadoso, apoio e paciência, você pode fazer uma transição bem-sucedida para uma nova situação em sua vida e construir um mindset de riqueza plena e prosperidade.

Todos precisam de uma rede de apoio

Quem pensa que apenas pessoas despreparadas ou desprovidas de recursos precisam de uma rede de apoio para atingir seus objetivos engana-se totalmente. Elas são úteis e indispensáveis para qualquer um, inclusive para aqueles de grande sucesso mundial. Sempre que enfrentamos uma mudança, beneficiamo-nos pelo fato de termos uma rede de suporte dando-nos respaldo.

Quando Steve Jobs voltou para a Apple em 1997, a empresa estava lutando para sobreviver. Jobs implementou mudanças arriscadas, como a eliminação do que não estavam dando lucro e voltar o foco para produtos inovadores, como o iMac e o iPod. Essas mudanças foram apoiadas por uma rede de suporte que incluía um grupo de executivos talentosos que Jobs levou para a empresa, bem como uma base leal de fãs da Apple que se identificavam com a visão dele para a empresa. A rede de suporte de Jobs ajudou a impulsionar a Apple para um enorme sucesso e tornou-a uma das empresas mais valiosas do mundo.

Quando a empreendedora brasileira Luiza Trajano decidiu iniciar uma rede de lojas de varejo de moda em um momento em que o setor estava enfrentando uma crise econômica, ela contou com o apoio, inclusive financeiro, de sua família. Além disso, recebeu suporte de outras empreendedoras que faziam parte de um grupo chamado "Mulheres do Brasil", que ofereceu orientação e networking para ajudá-la a crescer.

Quando Nelson Mandela tornou-se presidente da África do Sul em 1994, ele enfrentou o enorme desafio de unificar um país profundamente dividido após anos de *apartheid*. Mandela implementou mudanças arriscadas, como a promoção da reconciliação entre os grupos raciais e a implementação de políticas de igualdade racial. Essas mudanças foram apoiadas por uma rede que incluía líderes políticos de diversos grupos étnicos, organizações não governamentais e a comunidade internacional. Essa rede ajudou a fortalecer as mudanças de Mandela e a pavimentar o caminho para um futuro mais justo para a África do Sul.

Quando Felipe Neto, que ficou conhecido por sua atuação no YouTube e nas redes sociais, em que produzia conteúdo humorístico para jovens, decidiu mudar sua carreira e passou a envolver-se em questões políticas e sociais, defendendo pautas como a diversidade e a inclusão, contou com o apoio de seus fãs e seguidores, que o incentivaram e o apoiaram na mudança. Ele também se cercou de uma equipe de profissionais de comunicação e marketing que o ajudou a planejar e a executar sua estratégia de engajamento social. Hoje, Felipe Neto é um dos influenciadores digitais mais populares do Brasil.

Quando Elon Musk fundou a SpaceX, em 2002, ele enfrentou o desafio de construir uma empresa que pudesse competir com as grandes empresas espaciais já estabelecidas. Musk implementou mudanças ousadas, como o desenvolvimento de foguetes reutilizáveis e o estabelecimento de parcerias com a Nasa. Essas mudanças foram apoiadas por uma rede de suporte que incluía engenheiros talentosos, investidores que acreditavam em sua visão e o interesse público crescente em exploração espacial. A rede ajudou a SpaceX a tornar-se líder em exploração espacial e a estabelecer um novo padrão na indústria.

Em todos esses casos, a rede de suporte foi fundamental para que essas pessoas realizassem mudanças arriscadas em suas vidas e alcançassem o sucesso em suas novas empreitadas. É interessante notar que essas redes de apoio incluíram familiares, amigos, mentores, outros empreendedores e profissionais de diferentes áreas que forneceram orientação, apoio financeiro e emocional e de divulgação e engajamento.

Isso mostra o quanto ter uma rede de apoio é crucial para superar os desafios e as incertezas que acompanham as transições significativas, além de oferecer os sensos de comunidade e de pertencimento que ajudam a manter a motivação e a resiliência.

Uma rede de apoio de excelência

Quando falamos em montar uma rede de suporte para a construção de um mindset positivo, podemos nos inspirar nas ideias e sugestões de diversos e renomados especialistas em comportamento humano.

Como seres sociais, estamos acostumados a buscar o apoio e o encorajamento das pessoas ao nosso redor para alcançarmos os nossos objetivos. Da mesma forma, ter um grupo de apoio é essencial para desenvolver um mindset de crescimento e prosperidade.

Os benefícios de ter uma rede de pessoas que nos inspirem a buscar paz interior e conexão com o momento presente e com a nossa busca por melhorias são inegáveis. Significa contar com quem acredita em nós e nos motiva a seguir em frente.

Um grupo de apoio desempenha um papel crucial ao nos manter motivados, focados e encorajados, em especial quando enfrentamos contratempos mais difíceis. Além disso, ele possibilita a troca de conhecimentos e experiências, oferece apoio emocional e incentiva a busca por melhorias a cada avanço que fazemos.

Para construir um grupo de excelência, é fundamental compreender quais qualidades as pessoas devem ter para que realmente nos ajudem em nossa jornada de transformação rumo ao mindset que tanto desejamos.

Há alguns pontos que são de suma importância na construção da nossa rede de apoio. Entre eles estão:

- A busca por uma mentalidade de crescimento é mais efetiva quando temos o apoio de pessoas que nos incentivem a buscar desafios, a aprender com os erros e a desenvolver nossas capacidades;
- Pessoas mais experientes, com conhecimentos e habilidades que possam nos auxiliar em nossas trajetórias pessoais e profissionais, também são essenciais, pois podem nos orientar e dar conselhos valorosos;
- Para que nosso grupo de suporte seja ainda mais eficaz, devemos incluir pessoas que nos ofereçam suporte emocional e prático, além de feedbacks construtivos;

- Também devem ser incluídas pessoas otimistas, que nos incentivem a crescer e a evoluir, e que nos ajudem a encontrar significado e propósito para nossa vida;
- É importante que o grupo de apoio compartilhe dos nossos valores e objetivos, mas tenha perspectivas diferentes, que nos estimulem a trilhar novos caminhos;
- Além de buscar apoio humano, também devemos adquirir conhecimento em cursos, treinamentos, leituras e outras atividades que contribuam para o nosso aprendizado, criando uma base sólida para o sucesso.

Da mesma forma, é importante incluir profissionais especializados, como coaches e terapeutas, para lidar com questões emocionais e traçar planos de ação.

É fundamental desenvolver habilidades sociais e emocionais para cultivar relacionamentos saudáveis e construtivos, incluindo em nossa rede de apoio colegas, amigos e familiares, e sempre buscar conhecimento e aprendizado para fortalecer essas relações, gerando uma sinergia em torno de nossas jornadas.

Devemos estar sempre dispostos a aprender com as experiências dos outros e compartilhar as nossas próprias vivências para ajudar os demais. Além disso, é importante ser grato às pessoas que compõem o nosso grupo de apoio e reconhecer o papel essencial desempenhado por todas em nossa jornada.

Ressalto, mais uma vez, que a construção de uma rede de apoio forte e positiva é um processo contínuo que requer dedicação e esforço constantes, e que essa rede pode ser ampliada com atividades de networking, participação em eventos de compartilhamento de conhecimento e engajamento em grupos de interesse comum, em redes sociais e em outras atividades que nos permitam conhecer novas pessoas e ampliar nossos horizontes.

Com a construção de uma rede de apoio forte, com mais facilidade superamos obstáculos e alcançamos as nossas metas em longo prazo. No entanto é importante lembrar que ela não deve ser usada como uma muleta ou de modo dependente. Ela deve ser uma fonte de inspiração e estímulo para o nosso desenvolvimento contínuo, mas nós também devemos colaborar e ajudar a todos da melhor maneira possível.

Os grandes pensadores da Antiguidade

Muitos dos grandes pensadores da Antiguidade também nos deixaram ensinamentos quanto à necessidade e às vantagens de se ter uma rede de apoio para enfrentar as adversidades, em especial em tempos de mudança.

Sócrates (470-399 a.C.) enfatizava a importância da autodescoberta e do diálogo com outras pessoas para encontrar a verdade e alcançar o crescimento pessoal. Ele acreditava que ter amigos e colegas que nos desafiam intelectualmente e nos fazem questionar nossas crenças é essencial para nosso desenvolvimento.

Platão (428-348 a.C.), por sua vez, defendia que a educação é fundamental para alcançar a excelência e o aperfeiçoamento pessoal. Para ele, ter professores e mentores sábios e experientes é uma das principais formas de desenvolver nossas habilidades e adquirir conhecimento.

Aristóteles (384-322 a.C.) também enfatizava a importância da educação e achava que o desenvolvimento humano é um processo contínuo e que devemos aprimorar incessantemente nossas habilidades e nossos conhecimentos. Em sua visão, ter ao nosso lado pessoas de mente aberta e compartilhar nossas ideias e experiências com elas é uma das principais formas de crescer e evoluir.

Ou seja, para os grandes pensadores da Antiguidade, a melhor maneira de alcançarmos crescimento e prosperidade é ter ao nosso lado um grupo de amigos, colegas, professores, mentores e mestres sábios e experientes que nos desafiem intelectualmente, que nos guiem no caminho do conhecimento e da virtude e que compartilhem suas experiências e ideias conosco.

Os grandes pensadores do Oriente

Da mesma forma que em outras linhas de pensamento, grandes pensadores do Oriente enfatizam a importância de cultivar relacionamentos positivos e de encontrar uma comunidade que apoie o nosso desenvolvimento pessoal.

Confúcio (552-489 a.C.), filósofo chinês, dizia ser a educação fundamental para o desenvolvimento humano e destacava a importância de se seguir os ensinamentos dos ancestrais e de ter um mentor como guia no caminho do conhecimento e da virtude. No confucionismo, a importância das relações humanas é enfatizada e as pessoas são incentivadas a desenvolver laços estreitos com amigos e familiares que, em geral, unem-se e apoiam uns aos outros em momentos de dificuldades.

No budismo, a ideia de "Sangha" refere-se à comunidade de pessoas que se reúne para apoiar o crescimento e o desenvolvimento espiritual uns dos outros. Essa concepção é vista como uma parte essencial do caminho para a iluminação.

No taoísmo, a ênfase está na importância de encontrar um mentor ou um mestre que oriente e ajude no desenvolvimento espiritual e no cultivo de uma mentalidade de crescimento. O taoísta busca a sabedoria dos anciões para obter auxílio em sua jornada de evolução.

A sabedoria judaica

Na tradição judaica há vários pontos de vista a respeito da importância da rede de apoio. Por exemplo, a ideia de ter um "rebbe", ou mentor espiritual, para orientar e apoiar o indivíduo em sua jornada pessoal é sempre citada. Esse mentor pode ser um rabino, um professor ou outra pessoa sábia e experiente.

Já a concepção de "chavruta" refere-se a um tipo de parceria de estudo em que duas pessoas trabalham juntas para aprofundar seu conhecimento da Torá. Essa parceria é uma forma de apoio mútuo e de crescimento pessoal.

Outro conceito poderoso é a importância da família e dos relacionamentos próximos como uma fonte de apoio em momentos de mudança e de desenvolvimento pessoal. Isso inclui pais, cônjuges, filhos e outros familiares.

A sabedoria judaica também enfatiza a importância da comunidade e do envolvimento em atividades em conjunto, como uma forma de construir conexões significativas e apoio mútuo com outras pessoas.

Enfim, são muitas as linhas de pensamento da humanidade que assinalam a ideia de ter um grupo de suporte como parte importante do nosso desenvolvimento intelectual, espiritual e pessoal.

Por essa razão, fiz questão de destacar esse ponto, pois contar com uma rede de apoio é, com toda certeza, fator determinante para se ter sucesso em situações de mudança e, em especial, para o desenvolvimento de um mindset de crescimento, prosperidade e riqueza plena.

Deixo, ainda, mais uma sugestão sobre esse tema: além de cultivar relacionamentos de confiança e de respeito com pessoas próximas, é importante estar aberto a conhecer novas pessoas e ampliar sua rede de contatos, fazer networking de qualidade e expandir seu grupo de apoio, pois quanto maior o número de pessoas com quem você compartilha seus conhecimentos e suas experiências, mais forte ele fica e maior se torna a cultura de colaboração e aprendizado mútuo.

Além disso, fique atento à importância de sempre investir em conhecimento e habilidades que contribuam para o seu sucesso em diferentes áreas da vida. Sou um defensor ferrenho da educação, pois tenho vasta experiência em acompanhar os excelentes resultados de quem investe no próprio desenvolvimento.

Ao adquirir novas competências, aumentamos nossa autoconfiança e a nossa capacidade de superar obstáculos e aproveitar as oportunidades que surgem. E, muito importante, também aumentamos as nossas condições de colaborar com outras pessoas dentro do nosso grupo de apoio, que deve ser um grupo de colaboração mútua, em que todos se ajudam e melhoram suas chances de evoluir e construir um mindset de riqueza cada vez mais forte e mais sólido.

Como criar uma rede de suporte

Criar uma rede de suporte adequada ao que pretendemos realizar e que realmente nos ajude exige que saibamos quais são os nossos propósitos e que tenhamos um plano que nos ajude a nos manter focados neles, mesmo quando os desafios à nossa frente sejam difíceis. É dessa maneira que mostramos às pessoas que estamos seriamente comprometidos com aquilo que desejamos e, então, fica mais fácil de elas se engajarem conosco nessa luta, já que passam a confiar em nossa determinação.

A partir daí já é possível buscar apoio e orientação de pessoas de confiança, como amigos, familiares, terapeutas ou mentores, que podem nos ajudar a manter o foco e a motivação, e também nos fornecer orientação e suporte quando precisarmos.

Podemos, então, partir para a construção da nossa rede de apoio. Para facilitar essa operação, fiz uma lista de sugestões, um passo a passo, que o auxiliará na criação dessa rede que, por sua vez, ajuda-lo-á a criar e fortalecer um mindset de crescimento e prosperidade.

Importante: todos os passos desta lista devem ser executados e devidamente registrados por escrito (antes, durante e após a execução). Essa é uma forma de você assumir e reforçar o compromisso consigo mesmo de mudar a sua mentalidade.

- ➡ **Passo 1:** identifique suas necessidades e seus objetivos de crescimento e prosperidade. Tenha em mente que você está construindo um mindset de riqueza plena.
- ➡ **Passo 2:** defina em que você precisa mudar. Faça uma lista dessas mudanças para facilitar o processo.
- ➡ **Passo 3:** levante quais serão os recursos necessários, mesmo que de maneira básica.
- ➡ **Passo 4:** identifique pessoas que possam ser seus mentores ou que estejam trabalhando em objetivos semelhantes aos seus.
- ➡ **Passo 5:** liste prováveis pessoas para a sua rede de suporte.
- ➡ **Passo 6:** analise-as e certifique-se de que elas são realmente adequadas para o seu projeto.
- ➡ **Passo 7:** selecione aquelas que você efetivamente deseja ter em seu grupo de apoio.
- ➡ **Passo 8:** entre em contato com elas e estabeleça um relacionamento.
- ➡ **Passo 9:** apresente suas ideias e peça o apoio delas.
- ➡ **Passo 10:** defina a sua rede de apoio em nível 1 (mais básica, com as primeiras pessoas).
- ➡ **Passo11:** comece a participar de grupos e eventos de networking relevantes para o seu objetivo.

- ➡ **Passo 12:** considere juntar-se a grupos de *mastermind* ou programas de mentoria que possam ajudá-lo a alcançar seus objetivos.
- ➡ **Passo 13:** procure por recursos on-line, como blogs, fóruns, podcasts e comunidades de mídia social em que você possa conectar-se com pessoas que tenham interesses semelhantes aos seus.
- ➡ **Passo 14:** entre em contato com essas novas pessoas e estabeleça um relacionamento.
- ➡ **Passo 15:** novamente, apresente suas ideias e peça o apoio delas.
- ➡ **Passo 16:** considere a contratação de um coach de vida ou de um consultor de negócios para ajudá-lo a desenvolver um plano para alcançar seus objetivos.
- ➡ **Passo 17:** defina a sua rede de apoio em nível 2 (mais aprimorada, incluindo os novos contatos).
- ➡ **Passo 18:** esteja disposto a ser vulnerável e compartilhar suas lutas e desafios com a sua rede de apoio.
- ➡ **Passo 19:** mostre-se disponível para ajudar os membros dessa rede nas jornadas de crescimento e prosperidade deles.
- ➡ **Passo 20:** mantenha sua rede de apoio atualizada quanto ao seu progresso e celebre suas conquistas com seus membros.
- ➡ **Passo 21:** esteja sempre à disposição para colaborar com as pessoas de sua rede de suporte, assim como elas colaboram com você.

A partir deste ponto, amadureça a sua rede. Com o embrião dela idealizado, é preciso trabalhar com dedicação nesse passo a passo para fazê-la crescer e consolidar-se.

Sua rede não vai ser a ideal logo de início. Você terá de fazer ajustes, como colocar pessoas e remover outras que não se mostrem adequadas aos seus objetivos. Assim, você vai amadurecendo e aperfeiçoando a sua rede em função da sua interação com os envolvidos. Pode levar algum tempo até que você tenha um grupo confiável e eficaz, mas valerá a pena todo o investimento que nela fizer.

Existe outro ponto que é fundamental e que jamais pode ser esquecido: na sua rede, como em qualquer outra rede de suporte, a troca deve ser sempre justa. Ou seja, você será ajudado, mas também deverá estar disposto e disponível para ajudar seus companheiros de jornada.

Por fim, lembre-se que mudar o mindset é um processo que leva tempo e requer esforço e dedicação. Portanto é preciso ser paciente e não desistir, mesmo quando enfrentar obstáculos complicados. Com determinação e perseverança, eles serão superados e você alcançará os resultados que deseja.

Como está a sua rede de suporte hoje

Mantendo a nossa estratégia de fazer uma autoavaliação quanto a cada um dos aceleradores discutidos nesta obra, sugiro que você faça um pequeno teste para sentir como está a sua rede de apoio hoje.

Pense no objetivo de construir um mindset de riqueza plena, de crescimento e de prosperidade, avalie seus relacionamentos atuais e dê notas para si mesmo em cada um dos quesitos da lista a seguir.

Para cada afirmação, marque um número **de 0 a 3**. Esse número é **a quantidade de pessoas com quem você pode contar** para resolver a situação de cada ponto.

Você deve dar nota **nas duas colunas** de cada linha, levando em conta as seguintes condições:

Coluna A: com quantas pessoas **posso contar com certeza** para me ajudar a resolver este problema?

Coluna B: com quantas pessoas **talvez eu possa contar** para me ajudar a resolver este problema?

Veja um exemplo:

SITUAÇÃO ENFRENTADA	COLUNA A: POSSO CONTAR COM CERTEZA	COLUNA B: TALVEZ EU POSSA CONTAR
Autossabotagem: a pessoa pode acabar sabotando a si mesma, pensando que não é capaz de atingir seus objetivos e, consequentemente, não tomar as ações necessárias para alcançá-los. Com quantas pessoas posso contar para me ajudar nesse caso?	1	2

Neste exemplo, as respostas dadas significam o seguinte: para me ajudar com o problema de autossabotagem, posso contar com certeza com 1 pessoa e talvez eu possa contar ainda com outras 2 pessoas.

Agora preencha as suas respostas na tabela a seguir. Lembre-se:

- Marque **um número de 0 a 3** para cada afirmação;
- Você deve **preencher sempre as duas colunas** de cada linha;
- As pessoas que você enumerou em quaisquer das questões **podem ser as mesmas** que você assinalar nas outras. Não há problemas quanto a repetir as pessoas.

Agora preencha o quadro:

SITUAÇÃO ENFRENTADA Com quantas pessoas posso contar para me ajudar neste caso?	COLUNA A: POSSO CONTAR COM CERTEZA	COLUNA B: TALVEZ EU POSSA CONTAR
Autossabotagem: a pessoa pode acabar sabotando a si mesma, pensando que não é capaz de atingir seus objetivos e, consequentemente, não tomar as ações necessárias para alcançá-los.		
Falta de confiança: não confiar em si mesma pode fazer a pessoa ter medo de correr riscos, de tentar coisas novas e de enfrentar desafios.		
Falta de motivação: a falta de incentivo pode desencorajar a pessoa a seguir em frente e fazê-la perder o foco.		
Falta de conhecimento: a falta de conhecimento pode impedir a pessoa de tomar as melhores decisões, de fazer boas escolhas e de criar estratégias eficazes.		
Dificuldades financeiras: a pessoa pode ter dificuldades financeiras que a impeçam de investir em si mesma, em seu desenvolvimento pessoal e profissional, ou até mesmo em seu próprio negócio.		
Falta de tempo: a pessoa pode sentir que não tem tempo suficiente para dedicar-se aos seus propósitos, o que pode impedir seu crescimento e sua prosperidade.		

SITUAÇÃO ENFRENTADA Com quantas pessoas posso contar para me ajudar neste caso?	COLUNA A: POSSO CONTAR COM CERTEZA	COLUNA B: TALVEZ EU POSSA CONTAR
Falta de suporte: a falta de apoio pode levar a pessoa a sentir-se sozinha e sem o estímulo necessário para continuar em frente.		
Concorrência acirrada: em alguns setores ou mercados, a competição pode ser extremamente acirrada, o que dificultar destacar-se no mercado e alcançar o sucesso.		
Falta de recursos: a falta de equipamentos, tecnologia ou pessoal pode dificultar o crescimento e a prosperidade.		
Falta de clareza: não ter bem definidos os objetivos e a visão de tudo pode atrapalhar na definição de um plano claro para alcançá-los.		
Medo do fracasso: o medo de fracassar pode impedir a pessoa de se arriscar, o que pode limitar seu potencial de modo geral.		
Problemas de saúde: distúrbios de saúde física ou mental atrapalham a capacidade de concentração nos objetivos e nas ações necessárias para alcançá-los.		
Falta de habilidades: não ter as habilidades necessárias para alcançar determinados objetivos pode impedir a pessoa de atingir seu potencial máximo.		
Mudanças de mercado: as alterações no mercado podem ter um impacto significativo nos negócios ou na carreira da pessoa, o que pode exigir que ela se adapte e aprenda novas habilidades.		
Dificuldades pessoais: problemas de ordem pessoal, como relacionamentos ruins ou desentendimentos familiares acabam afetando a capacidade de focar nos propósitos e nas atitudes necessárias para atingi-los.		
Procrastinação: adiar tarefas importantes afeta o progresso e impede a pessoa de alcançar seus objetivos.		
Falta de disciplina: a indisciplina dificulta manter um ritmo consistente de trabalho e seguir o plano de ação desenvolvido.		

SITUAÇÃO ENFRENTADA Com quantas pessoas posso contar para me ajudar neste caso?	COLUNA A: POSSO CONTAR COM CERTEZA	COLUNA B: TALVEZ EU POSSA CONTAR
Falta de conexões: ter poucas conexões na indústria ou na área de interesse pode atrapalhar no desenvolvimento de um networking significativo e em encontrar oportunidades e parcerias estratégicas.		
Pressão social: sentir-se pressionada pode levar a pessoa a seguir um caminho que não é o melhor para ela, afetando seu crescimento e sua prosperidade.		
Falta de feedback construtivo: a falta de feedback construtivo pode atrapalhar a pessoa a aprender e a crescer a partir de suas experiências, limitando seu potencial de desenvolvimento. Com quantas pessoas posso contar para me ajudar neste caso?		
SOME AGORA OS SEUS PONTOS EM CADA COLUNA E COLOQUE AQUI OS TOTAIS	TOTAL A:	TOTAL B:

Visualize melhor os seus resultados colocando-os em um gráfico, como no exemplo a seguir:

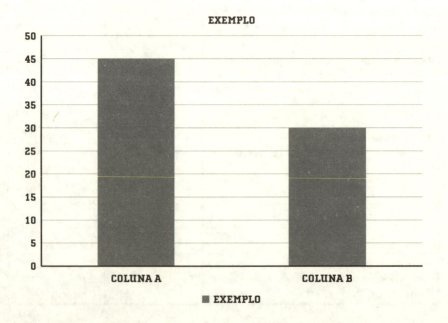

Agora insira aqui seu próprios resultados:

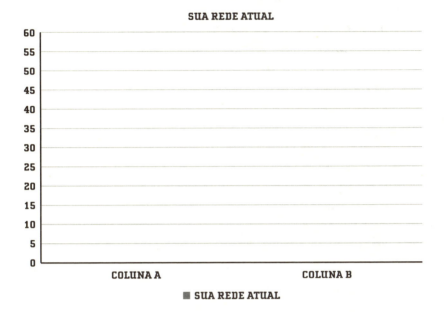

Vamos fazer uma análise dos seus resultados conforme a sua pontuação. Inicialmente, vamos analisar o seu resultado na **Coluna A** (ou seja, vamos pensar em termos do **seu potencial de receber ajuda** das pessoas com quem **realmente pode contar**):

Se você obteve de 0 a 30 pontos na coluna A: sua rede de apoio está um tanto deficiente e precisa ser mais trabalhada para que você potencialize a ajuda a receber quando precisar.

Se você obteve de 31 a 60 pontos na coluna A: a sua rede de apoio está muito boa, o que lhe garante um bom respaldo ao trabalhar em seu objetivo. Mas sempre dá para melhorar mais. Continue dando atenção à construção e à consolidação de seu grupo.

Agora vamos analisar o seu resultado na **Coluna B** (ou seja, vamos pensar em termos do **seu potencial de receber ajuda** das pessoas com quem **talvez você possa contar**).

Se você obteve de 0 a 30 pontos na coluna B: você tem pouco potencial de desenvolvimento da sua rede de apoio. Procure expandir suas bases de contatos, conhecendo e relacionando-se com novas pessoas para agregar e trabalhar forte na sua rede.

Se você obteve de 31 a 60 pontos na coluna B: você tem um bom potencial de desenvolvimento e de expansão da sua rede de apoio. Trabalhe firme com essas pessoas e transforme-as em colaboradores fiéis e comprometidos com você e com seus objetivos. Também é válido buscar novos contatos e relacionamentos, no sentido de aumentar ainda mais o potencial do seu grupo.

Com esses resultados em mãos, você já tem uma ideia de como anda a sua rede de suporte e pode tomar providências para lançar-se ao objetivo de construir seu mindset de riqueza plena, crescimento e prosperidade.

E agora faço as minhas clássicas perguntas para provocar: o que você concluiu a partir desse teste básico sobre sua rede de apoio? Como você está hoje nesse quesito? Está satisfeito com o que você concluiu? Sua rede tem condições de apoiá-lo na jornada de transformação do seu mindset? O que você vai fazer a respeito disso?

Lembre-se: saber não é tudo. Saber por saber não muda a sua vida. Certa vez ouvi o dr. Lair Ribeiro dizer em uma palestra algo como: "Conhecimento é poder em potencial". Ou seja, se você não fizer nada com o conhecimento que tem, de nada ele valerá. Então mãos à obra: trabalhe para ampliar e potencializar a sua rede de apoio.

10

ACELERADOR 7
Cuidar da manutenção do seu novo mindset

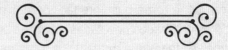

Para manter o novo mindset conquistado, é essencial fazer uma escolha consciente nessa direção e comprometer-se a preservar a mudança. Isso exige a adoção de novos hábitos, mudanças na rotina, conexões com pessoas que apoiam a nova mentalidade e persistência mesmo quando houver retrocessos. Em síntese, manter um novo mindset positivo e desejável exige mudanças fortes no seu pensamento e no seu comportamento, além de um compromisso firme com a mudança e um processo contínuo de aprendizagem e crescimento.

Mudar o mindset de modo positivo é um processo contínuo e requer esforço permanente. E é bom lembrar que um novo mindset não é algo que pode ser alcançado da noite para o dia, trata-se de um processo de aprendizagem e crescimento, que requer paciência, persistência e autodisciplina, mas que traz benefícios significativos para a sua vida pessoal e profissional.

Quando você decide mudar a forma de pensar e agir, percebe que é necessário desprender-se de hábitos e comportamentos antigos, buscar feedback e apoio quando necessário e aprender novas maneiras de abordar situações e desafios. É exatamente como diz o professor Chip Heath:[89] fazer mudanças bem-sucedidas requer um processo de chaveamento de pensamentos em que é preciso desligar alguma coisa (deixar de fazer algo antigo) e ligar outra nova (passar a fazer algo novo) – um processo de troca essencial para superar a resistência à mudança e alcançar o sucesso.

O que as pessoas precisam compreender é que nesse processo de mudança de mindset não existe a ideia de "descansar sobre os louros da vitória", ou seja, deve ser uma busca constante, e que mantê-lo, muitas vezes, é mais difícil do que conquistá-lo, sobretudo em longo prazo.

Uma das principais razões pelas quais é difícil mantê-lo é que as pessoas tendem a voltar aos velhos hábitos e comportamentos com mais facilidade do que criar e preservar novos, pois os comportamentos antigos são mais confortáveis. Além disso, manter novo mindset pode exigir mudanças significativas em estilo de vida, de rotina e de hábitos alimentares, em relacionamentos, escolhas de carreira etc., o que demanda sacrifícios, tempo e energia significativos, e torna bastante fácil perder o foco e desanimar, sobretudo quando os resultados não são imediatos e suficientemente gratificantes.

Uma vez feita uma mudança, é fundamental que ela seja duradoura e efetiva. Isso requer aprimoramento constante e disciplina para continuar a aplicar no dia a dia os novos conceitos e comportamentos adquiridos. Conforme já citado, procurar o feedback e o apoio de pessoas de confiança, como amigos, colegas de trabalho ou profissionais especializados, quando necessário, é essencial. A visão de quem está fora do seu processo de aperfeiçoamento sempre traz um novo ângulo para que você possa analisar e ajustar a sua caminhada.

Estar aberto a novas perspectivas e ideias é outro aspecto fundamental para manter e aperfeiçoar cada vez mais o novo mindset. Isso significa estar disposto a aprender com os outros e a considerar diferentes pontos de vista – ou seja, mudar a sua mentalidade não quer dizer tornar-se inflexível.

Também é importante ter em mente que a mudança de mindset não é um processo linear e que, portanto, podem e vão ocorrer retrocessos ao longo do caminho, e eles precisam ser administrados como algo natural, algo que faz parte da jornada. É importante não se desencorajar e continuar a trabalhar, com paciência e persistência, para manter o novo mindset positivo.

A mudança de mindset não é o objetivo final

É importante lembrar que a mudança de mindset não é o objetivo final, mas parte de um processo contínuo de aprendizado e crescimento. Mudar e conservar a mentalidade é resultado de uma grande dedicação, que gera uma evolução na nossa própria maneira de ser. Não existe um limite para o saber e não há um ponto máximo de evolução que podemos atingir. Este é o verdadeiro significado da vida: sempre há mais a aprender e a realizar.

Considero isso como uma verdade inquestionável, defendida, inclusive, por grandes pensadores da história. Por exemplo, acredito que você já tenha ouvido a frase "Só sei que nada sei", bastante popular, cuja autoria é atribuída ao filósofo grego Sócrates. O significado por trás dessas palavras é que, embora possamos – e devamos – buscar conhecimento e sabedoria ao longo da vida, nunca conheceremos tudo, sempre haverá muito mais a aprender. Essa é uma humilde admissão de que não temos todas as respostas e que devemos permanecer abertos a novas concepções.

Isso sugere que a verdadeira sabedoria vem do reconhecimento da própria ignorância e não da pretensão de sabermos tudo. Ao admitirmos nossa falta de conhecimento, abrimos espaço para a curiosidade, para a reflexão e para o crescimento pessoal, colocando-nos em condições de continuar a ampliar os nossos horizontes e aperfeiçoar cada vez mais o nosso mindset de riqueza plena.

Outra frase da sabedoria popular diz: "Quem acha que sabe tudo já morreu e não sabe disso". Esse pensamento também traz uma reflexão importante sobre o quanto o aprendizado é um processo contínuo e como a humildade é essencial para o nosso desenvolvimento pessoal e profissional.

Ninguém sabe tudo e sempre haverá algo novo a ser aprendido em qualquer área da vida. Aqueles que acham que já sabem o suficiente, provavelmente se fecharão para novas possibilidades e perderão a oportunidade de crescer e evoluir. A arrogância e a autoconfiança em excesso podem ser obstáculos para o aprendizado e para o aprimoramento.

Corroborando esta nossa conversa, em uma citação na peça *Hamlet*, escrita por volta de 1601, William Shakespeare afirmou: "Há mais coisas entre o céu e a terra do que sonha a tua filosofia".[90] Novamente fazemos conexão com o fato de que há muitas coisas no mundo e no universo que ainda não compreendemos e que a nossa capacidade limitada de entendimento não nos permite imaginar ou apreender tudo o que existe. Essa frase pode ser interpretada como um convite para sermos humildes e reconhecermos que sempre há mais a aprender e a descobrir.

Além disso, é bom ressaltar que o conhecimento também está em constante evolução. Aquilo que considerávamos verdade em um momento pode ser questionado e desafiado em outro. Portanto é fundamental manter a mente, questionando nossas próprias certezas e aprendendo com as pessoas e as situações ao nosso redor.

É nesse contexto que a mudança de mindset não deve ser vista como um objetivo final e, sim, como parte de um processo contínuo de aprendizado e crescimento. O desenvolvimento e a manutenção de uma nova mentalidade requerem a constante busca por novos conhecimentos e habilidades, bem como a disposição para adaptar-se às mudanças e às novas circunstâncias. Isso inclui a participação em cursos, treinamentos, workshops e *master classes*, a leitura de livros e artigos sobre temas relevantes, a busca por mentoria e orientação e as práticas de reflexão, autoavaliação e autossugestão – tema a ser desenvolvido no próximo capítulo devido à sua importância em qualquer processo de transformação, em especial na mudança positiva e produtiva de mindset.

Além disso, é importante ter em mente que o processo de mudança de mindset é desafiador e envolve sair da sua zona de conforto. É preciso estar disposto a lidar com as incertezas, a experimentar novas ideias e a enfrentar desafios, mesmo que isso signifique amargar fracassos e colecionar frustrações.

Porém, mesmo com todas as dificuldades, a mudança de mindset vale muito o sacrifício exigido, pois traz muitos benefícios, como mais resiliência, adaptabilidade, criatividade e motivação. Com o tempo, a tendência é que essa mudança se torne uma habilidade natural e intrínseca e nos ajude a alcançar nossos objetivos e a ter uma vida mais plena, satisfatória e feliz.

É preciso estar atento, interessado em aprender sempre e ativo em práticas que o ajudem a manter o seu novo mindset atuante e forte, promovendo sempre novos avanços, novas mudanças e novas atualizações para criar um crescimento contínuo – "Hoje melhor do que ontem, amanhã melhor do que hoje", filosofia do *kaizen*,[91] já citada.

Manter vivo e forte o novo mindset conquistado

Como você já deve ter percebido com o que foi exposto, manter um novo mindset exige uma mudança permanente no pensamento e no comportamento. Nesse sentido, existem algumas etapas que você pode seguir para manter viva e forte a nova mentalidade, sobre as quais falarei um pouco mais.

Definir seus objetivos de maneira clara é essencial para manter um novo mindset. Pense em quais são os de longo prazo e divida-os em metas menores e alcançáveis para que você, ao olhar para eles, identifique qual é o caminho a seguir e continuar avançando. Depois, crie um plano de ação, pois isso ajuda muito a alcançar o que você definiu. Seja bastante específico em relação ao que você precisa fazer para alcançar cada meta e defina prazos para cada etapa.

Mantenha-se comprometido com seu plano de ação, mesmo que isso signifique fazer mudanças significativas no seu comportamento, na sua rotina e no seu modo de viver. Seja consistente em sua abordagem e pratique a autodisciplina para manter seu novo mindset.

Como ninguém é perfeito e raramente alguém acerta logo na primeira tentativa, lembre-se de que você pode cometer erros ao longo do caminho, então aceite isso como uma coisa natural. Em vez de desanimar ou criticar a si mesmo negativamente, aprenda com seus erros e use as experiências para crescer e melhorar.

Também mantenha-se motivado e inspirado, lendo livros e assistindo a vídeos motivacionais, participando de eventos que promovem o crescimento pessoal e profissional; tenha à sua volta pessoas que compartilham seus valores e seus objetivos; e busque a paz e o equilíbrio interior com meditações, orações e um pensamento positivo.

Jamais deixe de celebrar as suas conquistas, não importa o quão pequenas elas sejam. Envolva nas celebrações todas as pessoas que lhe são importantes e que torcem por você, especialmente aquelas que o apoiaram. Isso também ajudará a manter a sua motivação e o seu entusiasmo e criará vínculos mais fortes e duradouros com as pessoas que realmente importam.

Essas são apenas algumas estratégias que você pode seguir para manter vivo e forte o novo mindset conquistado. Lembre-se: a mudança demanda tempo e esforço, mas com persistência e dedicação você alcançará e manterá um mindset positivo.

A importância da sua rede de suporte

Como não podia deixar de ser, a sua rede de suporte terá um papel vital na manutenção e na evolução do seu novo mindset. Portanto, quero retomar aqui um pouco do que já conversamos sobre esse tema.

Ter pessoas ao seu redor que o apoiem e o encorajem é muito importante para manter seu mindset vencedor e torná-lo cada vez mais poderoso. Assim, crie relacionamentos positivos com pessoas que o incentivam a alcançar seus objetivos, que o incentivem e que depois continuem presentes para ajudá-lo a seguir em frente, crescendo e conquistando vitórias cada vez mais significativas e duradouras, que realmente façam uma diferença positiva no mundo.

Como você já sabe, um grupo de apoio – que a esta altura você já deve estar desenvolvendo – é uma ferramenta poderosa para manter e ampliar ainda mais a sua mudança de mindset, e existem incontáveis práticas, feitas em grupos de apoio, que são especialmente poderosas para se realizar com um grupo de suporte.

Você e os membros do seu grupo podem compartilhar suas experiências pessoais de mudança de mindset, bem como os desafios que estão enfrentando. Isso ajuda a desenvolver uma compreensão mais profunda dos obstáculos comuns e a fornecer novas perspectivas sobre como superá-los. Os membros do grupo devem oferecer apoio mútuo, encorajamento e feedback construtivo sobre como lidar com os desafios e continuar avançando.

Em grupo, é possível realizar sessões de brainstorming mais consistentes e abrangentes para gerar novas ideias e criar estratégias para resolver contratempos e alcançar objetivos. A realização de exercícios e atividades em grupo promovem o desenvolvimento de pensamento positivo, liderança, comunicação e resolução de problemas.

Fazer parcerias para trabalhar em conjunto amplia as possibilidades e os resultados, pois compartilhar recursos, conhecimentos e habilidades abre uma infinidade de possibilidades e de novas oportunidades. O grupo pode estabelecer um plano de ação em conjunto, definindo metas específicas e ações a serem tomadas para alcançá-las. Isso ajuda a manter a motivação e o foco no progresso do mindset de todos os envolvidos. O grupo também torna mais interessante e produtiva a participação em palestras, cursos, *master classes* e workshops.

Vale ressaltar que as opções de grupos de apoio são muito amplas e que as ações a serem tomadas precisam ser ajustadas às necessidades e interesses específicos de cada grupo e, também, dos seus participantes. E para um grupo de apoio funcionar devidamente, todos devem estar cientes de que a ajuda é mútua, de que não se trata de uma simples troca de interesses. Tudo deve ser feito de modo justo e coerente, para gerar uma sinergia tal que levará ao crescimento e um fortalecimento dos relacionamentos internos.

Outro ponto essencial que não pode jamais ser esquecido: as vitórias de cada um de seus membros deve ser comemorada em conjunto, pois, assim, serão mais prazerosas e gerarão grande motivação.

Práticas imediatas para manter ativo e forte o novo mindset

Sendo bastante objetivo, vou fechar este capítulo focando em algumas informações diretas para que você mantenha em mente o que interessa fazer com regularidade para consolidar o novo mindset conquistado, mantê-lo ativo e forte e em franca evolução. Acompanhe a visão geral no diagrama a seguir, que mostra a dinâmica de alimentação dos pontos principais do seu novo mindset, e depois leia o detalhamento na descrição.

MANUTENÇÃO E CRIAÇÃO DO NOVO MINDSET CONQUISTADO

Pratique a autodisciplina e a autodeterminação. Estabeleça metas claras e desafiantes para si mesmo e trabalhe com dedicação e entusiasmo para alcançá-las. Defina metas que o ajudem a manter o foco e a motivação rumo ao sucesso desejado. É importante ter um plano de ação e revisá-lo regularmente para garantir que você continua no caminho certo ou descobrir quando pegou algum desvio e voltar à rota planejada.

Busque continuamente novos conhecimentos e novas habilidades, leia livros, participe de cursos, assista a vídeos, enfim, amplie seu aprendizado sempre. Manter-se atualizado sobre as tendências e as oportunidades de mercado também é fundamental para ampliar o mindset de crescimento e prosperidade.

Enfrente as adversidades com pensamento positivo, buscando soluções e oportunidades. Desenvolva uma mentalidade de abundância em vez de focar nas limitações e na escassez. Aprenda a reconhecer as possibilidades de crescimento em qualquer situação, sinta-se satisfeito com as coisas que já foram conquistadas e esteja aberto a novas ideias e perspectivas, ouvindo distintos pontos de vista e considerando diferentes abordagens.

Desenvolva sua rede de apoio e busque a orientação de mentores, amigos e familiares que possam ajudá-lo a lidar com as dificuldades e mantê-lo motivado. Relacionamentos positivos e produtivos com pessoas que têm uma mentalidade realizadora são fontes de inspiração e apoio para ampliar seu novo mindset. Faça um networking de qualidade, direcionado para os objetivos que você quer atingir.

Cultive o autoconhecimento, pratique a autoanálise e a autorreflexão, buscando compreender seus pontos fortes e fracos e como eles afetam seus pensamentos e ações. Pratique a gratidão pelo aprendizado, pelas conquistas e oportunidades, valorizando o que você tem e as pessoas que o cercam.

Seja proativo, tome a iniciativa para alcançar seus propósitos, planeje suas ações e trabalhe com determinação para alcançá-los. Acima de tudo, respeite-se, pratique a autocompaixão e o amor-próprio, cuide da sua saúde – física e mental – e lembre-se de celebrar as suas conquistas.

Mantenha seu ambiente organizado e limpo, estabeleça rotinas e hábitos saudáveis que o ajudem a manter o foco e a produtividade. Monitore e revise os seus resultados. Acompanhe e avalie regularmente suas conquistas, bem como o progresso em relação às metas estabelecidas. Essa é uma forma de manter a motivação e identificar áreas que precisam de ajustes e melhorias.

Sou um grande defensor da educação e acredito que o aprendizado constante é fundamental para manter-se competitivo no mundo dos negócios. Por isso renovo aqui o meu conselho para que você continue investindo em sua educação. Hoje em dia são muitos os recursos disponíveis para isso. Mantenha-se atualizado sobre as tendências dos negócios e explore novas áreas de atuação, sempre com base em uma análise cuidadosa de risco e retorno.

Ainda, manter a motivação e uma boa energia é crucial para continuar evoluindo e superar os desafios que surgem ao longo do caminho. Uma das formas de continuar motivado é celebrar suas conquistas e cercar-se de pessoas que o apoiem e o inspirem, e desenvolver e manter uma rede de contatos ampla e diversificada. Conecte-se com pessoas influentes e experientes em diferentes áreas de atuação, que lhe ofereçam insights valiosos e lhe abram portas para novas oportunidades.

Finalmente, ressalto a importância de manter-se flexível e adaptável diante das mudanças do mercado e das demandas dos clientes. Esteja sempre disposto a experimentar novas abordagens quando necessário, sem perder de vista sua visão em longo prazo.

11 Um retrato de como andam os seus aceleradores

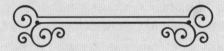

Para finalizar a abordagem dos aceleradores que levam ao desenvolvimento de um mindset de riqueza plena, crescimento e prosperidade, vamos fazer uma pequena avaliação de como você está em cada um dos aceleradores que lhe foram apresentados.

Antes, porém, quero abordar um assunto que vai lhe dar uma nova dimensão para realizar a sua autoavaliação. Vamos falar um pouco sobre "A teoria dos três eus".

Essa é uma linha de pensamento atribuída ao psicólogo e filósofo suíço Carl Jung, que acreditava que cada pessoa possui três "eu" distintos: o eu público, o eu privado e o eu ideal. Porém destaco aqui que outras teorias da Psicologia também discutem a existência de múltiplas facetas da personalidade humana, cada uma com sua própria dinâmica e função psicológica.

- **O eu público:** é aquele personagem que as pessoas conhecem e veem quando estão interagindo com você. Ele é moldado pelo comportamento e pela imagem que você projeta para as outras pessoas.
- **O eu privado:** esse é o eu que apenas você conhece, que é a soma de suas experiências e crenças pessoais, de seus pensamentos e sentimentos. É a sua verdadeira essência, que pode ser diferente da pessoa pública que você mostra aos outros.
- **O eu idealizado:** é aquele personagem que você gostaria de ser, que pode ser influenciado por suas aspirações, suas metas e seus desejos. É uma imagem idealizada de si mesmo, que pode ou não corresponder à sua pessoa pública ou privada.

Por que estou falando sobre isso? Apenas para lembrar que você deve levar isso em consideração quando for dar notas a si mesmo no teste que fará a seguir. A cada nota dada, sugiro que faça uma pequena reflexão e pergunte a si mesmo: *Qual desses três é "o eu" que está dando esta nota para mim agora?* Com isso você terá consciência do motivo de ter dado a si próprio cada nota e compreender o quão confiável está sendo o seu julgamento. Acredito que, assim, você conseguirá ser o mais genuíno possível em suas avaliações, o que só favorecerá o desenvolvimento do seu mindset positivo.

Dito isso, vamos ao teste: na tabela a seguir, com o conhecimento adquirido a respeito dos aceleradores, dê notas para si mesmo segundo a sua avaliação quanto ao seu nível atual em cada um deles.

Lembre-se de que, durante esse processo, é importante tentar perceber com qual dos "três eus" você está atribuindo cada nota e, então, verificar se está satisfeito com a sua análise. Quanto mais criterioso e sincero você for, mais confiáveis e mais úteis serão os seus resultados.

Neste teste, as notas devem variar **de 2 a 9**, para evitar os dilemas normalmente provocados pelas notas 0, 1 e 10.

ACELERADOR AVALIADO	DESCRIÇÃO	QUE NOTA VOCÊ DÁ A SI MESMO NESSE ACELERADOR?
ACELERADOR 1	Como está a sua COMPREENSAO e a sua CLAREZA SOBRE o seu MINDSET ATUAL?	
ACELERADOR 2	Como estão o seu OTIMISMO, a sua POSITIVIDADE e a sua PERSPECTIVA POSITIVA? Como está a sua AUTOGESTÃO EMOCIONAL e a do seu PENSAMENTO?	
ACELERADOR 3	Como está o seu nível de ENFRENTAMENTO EFICAZ DAS ADVERSIDADES?	
ACELERADOR 4	Como está a sua FLEXIBILIDADE e a sua ADAPTABILIDADE?	
ACELERADOR 5	Como estão a ESTRUTURA e o NÍVEL DE SUA FORÇA INTERIOR? Eles são capazes de romper suas limitações?	
ACELERADOR 6	Como está a sua REDE DE SUPORTE?	
ACELERADOR 7	Como estão a sua HABILIDADE e a sua CAPACIDADE DE MANUTENÇÃO do seu NOVO MINDSET?	

Agora, insira as notas para cada acelerador no gráfico a seguir para que você possa visualizar seus resultados todos juntos, em forma de imagem. "Pinte" cada coluna de acelerador de acordo com a nota atribuída por você.

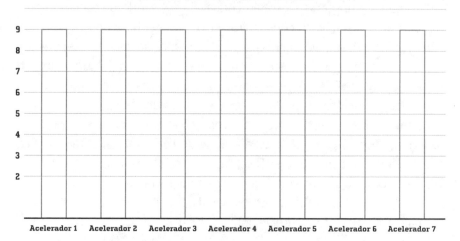

Pois bem, agora que você tem uma imagem de como andam os seus aceleradores, fica mais fácil visualizar em que precisa concentrar mais esforços para avançar em sua busca por um mindset de riqueza, crescimento e prosperidade.

E para não deixar passar esta oportunidade, vou fazer-lhe uma última provocação, pedindo que você pense e responda para si mesmo as seguintes questões:

- O que você achou desse resultado?
- Está satisfeito com ele?
- Em que você precisa melhorar com urgência?
- Esse quadro está ajudando-o a chegar ao mindset que você deseja e precisa?
- O que você vai fazer a respeito disso?
- Quando você vai fazer?

12   O poder incomparável da autossugestão

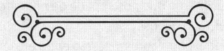

Tudo o que já dissemos até aqui funcionará muito melhor, mais rápida e efetivamente se você tiver um desejo ardente de construir e manter uma mentalidade de crescimento, riqueza e prosperidade em seu subconsciente, de modo a servir como acelerador para a sua realização. Aquilo que você diz para si mesmo importa muito. Aquilo em que acredita em seu mais íntimo ser é o que define para onde você chegará, o que será e que resultados terá.

O trabalho mais intenso e mais dedicado em sua transformação de mindset tem que ser feito no seu próprio interior, nas bases do seu modo de ser, em seu subconsciente. E é aqui que a autossugestão entra como a grande ferramenta transformadora da sua vida.

A mudança de mindset requer busca constante por novos conhecimentos e novas habilidades, bem como a disposição para adaptar-se a mudanças e a novas circunstâncias. Nesse sentido, a prática constante da autossugestão é muito poderosa e eficaz – tema de grande relevância em qualquer processo de transformação, em especial de seu mindset.

A autossugestão é fundamental à mudança de mentalidade, porque é a forma mais poderosa de influenciar o subconsciente e reprogramar padrões de pensamentos e comportamentos limitantes. Ela permite que uma pessoa reprograme a mente com novas crenças, mais desejáveis e mais construtivas. Por meio dela, uma pessoa pode criar uma imagem mental positiva e direcionada para um objetivo específico, alterando as crenças limitantes que podem estar impedindo-a de alcançar seus objetivos.

Ela é uma ferramenta poderosa que nos permite moldar nossa mente subconsciente de acordo com nossos propósitos conscientes. Ao aproveitar essa possibilidade, tornamo-nos mestres de nossos próprios destinos, construindo um mindset de riqueza, de crescimento e de prosperidade, criando, assim, a vida que desejamos e merecemos.

O subconsciente é responsável por processar a maioria das informações que recebemos e tomar a maior parte das nossas decisões. Quando há um desencontro entre o que o consciente (que está ciente do que está acontecendo) deseja e o que o subconsciente acredita ser verdade, há uma batalha interna que nos impede de mudar de comportamento e dificulta a mudança do mindset.

É aqui que a autossugestão entra em jogo. Com a repetição consciente de afirmações positivas e construtivas, para que sejam "ouvidas" pelo subconsciente, podemos reprogramar nossas crenças e pensamentos limitantes, permitindo que nossas ações se alinhem com os nossos objetivos e desejos conscientes.

A estratégia de trabalho com a autossugestão envolve o uso de afirmações e visualizações positivas para reprogramar o subconsciente e fortalecer o consciente. Quando uma pessoa se concentra em uma afirmação positiva repetidamente, cria uma nova imagem mental, que é reforçada por sua repetição. Ao visualizar a si mesma alcançando um objetivo específico, ela está programando a sua mente para acreditar que é possível realizar aquilo, motivando-a a tomar as ações adequadas para alcançá-lo.

Um exemplo bem corriqueiro de como isso funciona pode ser observado nos casos em que a pessoa quer perder peso. Ela pode usar a autossugestão para mudar a sua mentalidade em relação à comida e aos exercícios físicos. Por exemplo, pode repetir para si mesma: *Eu sou forte e saudável, eu amo meu corpo e me esforço para cuidar dele*, além de visualizar-se comendo alimentos saudáveis e exercitando-se com facilidade e prazer. Ao fazer isso, essa pessoa estará criando uma nova mentalidade e estimulando um novo conjunto de hábitos que vão ajudá-la a alcançar seu objetivo de perda de peso de maneira saudável e consistente.

A mudança positiva no subconsciente leva à criação de um novo mindset que favorece a plenitude, é orientado para o sucesso e é capaz de enfrentar desafios com mais eficácia. Ao fazer uso da autossugestão, podemos mudar a nossa mentalidade, fortalecer a nossa autoconfiança, construir um sentimento de empoderamento pessoal e atingir níveis mais elevados de vitória e realização de maneira mais eficaz.

Entendendo a autossugestão

A autossugestão é um processo mental em que uma pessoa repete uma ideia sucessivamente para si mesma, até que ela comece a influenciar seus pensamentos, suas emoções e seu comportamento. É uma técnica que, quando adequadamente aplicada, é uma ferramenta poderosa para alcançar metas e desejos, como construir um mindset de riqueza plena.

Essa estratégia pode ser usada de diferentes maneiras, como a visualização positiva ou com afirmações ou repetição de palavras ou frases. É importante que as sugestões sejam positivas e realistas e que sejam repetidas de maneira consistente para que possam ter um efeito duradouro.

A autossugestão é uma ferramenta eficaz para eliminar padrões de pensamentos negativos ou comportamentos indesejados, além de crenças que atrapalham o progresso de uma pessoa. No entanto, é importante lembrar que ela não é uma solução mágica e que requer tempo e esforço para produzir resultados.

As emoções positivas precisam ser parceiras dos seus pensamentos que, por sua vez, também devem ser positivos. Assim torna-se possível transformar os pensamentos positivos em crenças positivas, algo que pode ser feito com a autossugestão.

Sob uma visão mais ampla, a autossugestão é a comunicação entre o consciente e o subconsciente. Nada passa do primeiro ao segundo sem a ajuda dela. E a autossugestão só funciona de modo eficaz quando emoções fortes estão associadas ao pensamento.

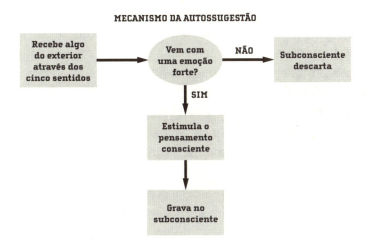

Se você receber algo pelos cinco sentidos – que pode ser irrelevante ou significativo –, mas que não seja suportado por uma emoção forte, essa informação será descartada. Para que o subconsciente grave o pensamento, o que você recebe tem que vir de uma forte emoção. Ela reforça a importância do que você recebe e acredita e, então, repetindo-se o processo várias vezes, a autossugestão é enfatizada, gerando uma crença nele.

É importante notar que você tem o domínio de tudo o que chega ao seu subconsciente, porque para chegar lá é preciso passar pela autossugestão. E passar por ela significa dar força e ampliar um pensamento por meio da forte emoção agregada a ele.

Esse é um processo espontâneo que acontece continuamente e que você precisa aprender a usar a seu favor. Porém, na maioria das vezes, as pessoas deixam isso ao acaso, o que é, além de um grande desperdício, uma irresponsabilidade em relação à própria vida e ao próprio futuro. Lembre-se de que a prática cria o hábito de pensar positivamente, e sintonizar com boas emoções sempre trabalhará a seu favor.

Você precisa assumir a responsabilidade por selecionar as impressões que chegam aos seus sentidos, escolher o que lhe traz benefícios e, então, estar presente na tarefa de colocar emoções fortes naquilo que você quer perpetuar como uma crença em seu subconsciente, que seja favorável ao seu crescimento e à sua felicidade.

Se você quiser introduzir pensamentos e emoções positivas em seu subconsciente, deve estar presente e atento aos estímulos externos que os favorecem e afastar-se daqueles que atrapalham seus objetivos.

Influencie seu subconsciente usando a autossugestão

Quando falamos em autossugestão, precisamos pensar um pouco nas emoções. Afinal, como já vimos, a autossugestão ocorre com mais facilidade e efetividade quando nossos pensamentos chegam ao subconsciente carregados pelas nossas emoções.

Segundo os ensinamentos de Napoleon Hill,[92] nossa mente assume a natureza das influências que a dominam. Tudo aquilo a que nos expomos gera uma marca em nosso subconsciente. É importante compreender essa verdade para termos noção do quanto é essencial incentivar as emoções positivas como forças predominantes em nossa mente e eliminar as que são negativas.

Uma mente dominada por emoções positivas – ou por uma "atitude mental positiva" – torna-se um porto seguro favorável a um estado de espírito em que domina a fé. Uma mente assim estabelecida dá-nos a tranquilidade para instruirmos o nosso subconsciente que, aceitando-as, imediatamente as transforma em ações e dar-nos-á a certeza de estarmos caminhando rumo à realização dos nossos objetivos mais nobres.

Emoções positivas e negativas não podem ocupar nossa mente ao mesmo tempo. Uma ou outra precisa dominar. E é nossa a responsabilidade garantir que predominem as positivas. Assim, é preciso criar o hábito de buscar e usar esse tipo de emoção e, com o tempo, elas dominarão a nossa mente de modo tão completo que as emoções negativas não terão espaço para proliferar.

O meu objetivo ao falar sobre as emoções é inspirá-lo a lidar bem com as suas emoções e com os seus sentimentos, para que você desenvolva em seu mindset comportamentos adequados à promoção de mudanças que o levarão ao sucesso e à felicidade.

Para o que nos interessa no contexto desta obra, vamos nos ater ao fato de que as emoções são determinantes no processo de autossugestão e essenciais ao processo de construção do mindset desejado.

Entre os sentimentos – que aqui chamarei de "emoções" – que funcionam como catalisadores das nossas transformações por meio da autossugestão, quero comentar somente três deles, por considerar que já são exemplos suficiente do desenvolvimento dessas ideias e para dar a você, leitor, um pouco mais de segurança em relação aos pontos sobre os quais estamos conversando. Vou elencar brevemente estas três "emoções": o desejo, a fé e o amor.

Desejo

Tudo começa com o desejo. Todos os indivíduos, sem exceção, tornam-se o que são por causa de seus pensamentos predominantes, originários de desejos que teimavam em arder em suas mentes a ponto de lhes tirarem o sono. Isso é compreensível se entendermos que todo desejo profundamente enraizado leva a pessoa a buscar uma expressão externa que possa transformá-lo em realidade. Um desejo ardente tem o poder de mover qualquer barreira que impeça a sua realização.

A ideia de que um desejo é o início de tudo tem raízes em filosofias antigas, como a estoica e a budista, que enfatizam seu papel central e também o das emoções na vida humana. De acordo com essa perspectiva, nossos desejos são a fonte dos nossos pensamentos e ações e moldam nossa vida de maneiras profundas e duradouras.

Na prática, isso significa que os desejos que alimentamos em nossa mente têm o poder de levar-nos em direção a determinados objetivos e afastar-nos de outros. Mas isso não quer dizer que todos os nossos desejos são benéficos ou saudáveis. Por isso mesmo é preciso critério e bom senso para decidir quais deles devemos nutrir em nossa mente, para que possamos escolher aqueles que nos levarão a uma vida mais feliz, saudável e significativa.

Quando falo em desejo, sempre faço questão de destacar que existe um deles que considero como sendo "o rei da emoção do desejo": é o desejo sexual, ou ainda, a manifestação da sexualidade. Digo isso porque o desejo sexual, na forma de energia sexual, pode ser transmutado para gerar ações e atitudes criativas com o poder de transformar toda a realidade, gerando sucesso e riqueza em todos os setores da existência humana.

Sem dúvida alguma, o desejo sexual é uma das forças mais poderosas e fundamentais do ser humano. Ele está intimamente ligado aos impulsos biológicos, porém não se limita ao aspecto físico da existência. A energia sexual transcende essa perspectiva, tendo ações e influências também no plano mental e espiritual do indivíduo, ajudando a determinar e influenciar os rumos que ele vai tomar na jornada da vida. A compreensão dessa relação mais ampla entre a energia que sustenta o desejo sexual e todos os aspectos da natureza humana é fundamental para explorarmos com eficiência e eficácia todo o potencial transformador que ela carrega consigo.

O desejo sexual é, portanto, um fluxo energético que permeia todos os aspectos da nossa existência. Ele está entrelaçado em nossas emoções mais profundas, influenciando nossos estados de ânimo e nossas paixões e definindo as conexões emocionais que construímos ao longo da nossa jornada. A energia do desejo sexual influencia nossos processos mentais, moldando a criatividade, definindo nosso foco e a clareza de nossos pensamentos. No plano espiritual, essa energia assume um papel significativo na busca de autoconhecimento, expansão da consciência e conexão com as dimensões mais elevadas da nossa natureza.

Quando direcionamos esse desejo conscientemente, ele se torna uma ferramenta poderosa para a autorrealização e o desenvolvimento pessoal. Ao canalizar essa energia de maneira construtiva, podemos vivenciar um equilíbrio emocional mais profundo, ter uma mente mais clara e criativa e experimentar uma sensação de alinhamento espiritual muito além do que poderíamos vivenciar no dia a dia rotineiro.

É importante compreender, portanto, que em vez de simplesmente liberar essa energia por meio da atividade sexual é possível transmutar o poder do desejo sexual e o direcionar para outros aspectos da existência, como a criatividade, a produtividade, a busca de objetivos, a realização de sonhos e a geração de riqueza nas mais variadas vertentes. Essa abordagem gira em torno da possibilidade de que essa poderosa energia seja canalizada, transformada e direcionada de maneira consciente, com o intuito de desempenhar um papel fundamental na busca da prosperidade, do sucesso e da realização em várias áreas da vida.

A transmutação adequada dessa energia permite, por exemplo, optar por um modo mais eficaz de alimentar a mente com uma força capaz de gerar inovação para a solução de problemas e o desenvolvimento do empreendedorismo. A paixão e a intensidade associadas a essa energia podem inspirar as pessoas a pensarem de maneira diferenciada e a buscarem soluções inovadoras para desafios mais complexos.

A ideia de que a energia sexual pode ser transmutada, transformada a partir de sua expressão puramente física, nos abre um horizonte amplo e cheio de possibilidades de usar essa energia para transformar a vida como um todo. A transmutação bem-direcionada da energia ligada ao desejo sexual é um meio capaz de fortalecer a mentalidade e a autodisciplina, tornando possível desenvolver hábitos mais produtivos, foco, resiliência e outras habilidades necessárias para alcançar um sucesso consistente e duradouro.

Uma das vertentes do uso da energia sexual transmutada explora a ideia de que ela pode também ser alinhada com muita propriedade à obtenção de objetivos financeiros e geradores de riqueza. Ao direcionar essa energia para empreendimentos profissionais e empresariais, o praticante vai encontrar fontes adicionais de motivação e inovação, por exemplo. Haverá então muito mais energia de qualidade disponível para uso na busca do êxito, o que favorece também a tão desejada obtenção de riquezas.

Relações saudáveis e conexões significativas são consideradas fundamentais para o progresso humano, tanto em nível pessoal como no profissional. A energia que sustenta o desejo sexual desempenha também um papel crucial nas relações humanas, influenciando as dinâmicas sociais, levando à formação de laços emocionais e sociais mais fortes, gerando conexões mais poderosas.

O gerenciamento adequado da energia sexual está associado a um maior equilíbrio emocional, mental e físico. Esse equilíbrio contribui para a saúde geral do indivíduo e para uma sensação maior de bem-estar, fatores determinantes no progresso e na felicidade do ser humano.

Uma vez transcendendo sua manifestação física, a energia associada ao desejo sexual se transforma em uma fonte inestimável de vitalidade e crescimento em todas as dimensões da jornada humana.

Esse assunto é tão rico, fascinante e importante que seria impossível explorá-lo adequadamente nesta obra. Por essa razão, decidi deixar para meu próximo livro a abordagem em profundidade do tema. Aqui, vou expandir a discussão sobre a transmutação da energia do desejo sexual para produzir ações e atitudes criativas, com o poder de transformar toda a nossa realidade, gerando sucesso e riqueza.

Fé

Como tudo começa com o desejo, é com a fé que vamos vislumbrar a possibilidade de realizá-lo. A fé é uma crença inabalável em algo ou em alguém, independentemente até mesmo de evidências contrárias. Ela tem o poder de fornecer benefícios psicológicos e motivacionais, incluindo uma maior sensação de tranquilidade e confiança.

Ter uma mente aberta é fundamental para a crença. Mentes fechadas não inspiram fé, coragem ou esperança. Portanto é importante entender que existe uma grande diferença entre querer uma coisa e estar pronto para recebê-la. Você nunca estará pronto para qualquer coisa até acreditar que pode adquiri-la, até que tenha fé de que o que deseja é possível em sua vida.

O seu estado de espírito deve ser de crença profunda, não de simples esperança ou vontade. Mais ainda, o entusiasmo tem que ser tal que a crença se transforme em fé. E a fé é uma crença em um nível muito superior, muito além do simples desejo e do simples querer. Ela coloca ao seu lado forças imensas e universais, é uma conexão com o divino que fornece as sensações de apoio e orientação, independentemente das circunstâncias.

Além disso, a fé fornece um senso de significado e propósito, o que é particularmente importante em tempos de dificuldades ou incertezas. Porém é importante lembrar que a fé é uma questão muito pessoal e que seus efeitos e seu entendimento variam de uma pessoa para outra.

Amor

Tudo começa com o desejo, torna-se possível com a fé e concretiza-se com o amor que temos pela vida, pelas pessoas e pelo que fazemos dentro da nossa missão de vida.

A realização dos nossos sonhos começa com os nossos desejos internos, que são impulsionados pela nossa vontade e pela nossa paixão pela vida. Mas para transformar esses desejos em realidade é preciso ter fé e confiança no processo e em nós mesmos, para superar as dificuldades que podem surgir no caminho.

Em geral, a fé envolve acreditar em algo que ainda não é tangível, como uma ideia ou um sonho, e manter a esperança de que ele se tornará realidade.

É a fé que nos impulsiona a continuar trabalhando em direção aos nossos objetivos, mesmo quando os resultados parecem distantes ou incertos.

No entanto, a concretização dos nossos desejos também exige amor – pela vida, pelas pessoas ao nosso redor e pelo que fazemos. É esse amor que nos dá a motivação e a energia necessárias para superar os desafios, encontrar soluções criativas e perseverar diante das adversidades.

Em última análise, cada um de nós tem uma missão de vida única, sendo que a realização dos nossos desejos e sonhos é uma parte fundamental dessa missão. E quando temos desejo, fé e amor em nossa vida e em nossas ações, conseguimos alcançar coisas incríveis e contribuir para um mundo melhor.

Novamente citando ideias de Napoleon Hill,[93] as emoções do desejo, da fé e do amor estão entre as mais potentes das emoções positivas. Quando elas se misturam, têm o efeito de "colorir" a vibração do pensamento de tal forma que ele, no mesmo instante, alcança o subconsciente, onde é transformado em seu equivalente espiritual – a única forma que induz uma resposta da inteligência infinita. O amor e a fé são psíquicos, estão relacionados ao lado espiritual da humanidade. A mistura dessas três emoções tem o efeito de abrir uma linha direta de comunicação entre a mente humana finita e pensante e a inteligência infinita.

Complementando, ainda segundo Hill, desejo, fé e amor, quando misturados com qualquer impulso de pensamento, imprimem-lhe mais ação do que qualquer uma dessas emoções é capaz de fazê-lo isoladamente.

Poderia discorrer aqui sobre as tantas emoções e os múltiplos sentimentos a que somos submetidos no dia a dia, mas isso fugiria ao propósito desta obra. Por hora, basta gravar em nossa mente a ideia de que precisamos trabalhar nossas emoções e nossos sentimentos com atenção e dedicação, uma vez que ficou claro que é a partir da intercessão deles que nossos processos de autossugestão ganham força e ajudam-nos a criar novas crenças positivas que nos levarão a construir um mindset de plenitude e satisfação.

Via de regra, as outras tantas emoções são associadas às três citadas – desejo, fé e amor – ou aparecem combinadas com elas e podem contribuir paralelamente na formação do processo de fortalecimento do nosso subconsciente por meio da autossugestão.

O que realmente precisa ficar claro aqui é o fato de que as nossas emoções são os catalisadores que fazem o nosso subconsciente aderir os nossos pensamentos. E essa é a base dos processos de autossugestão que devemos colocar em prática se, de fato, quisermos construir uma mudança sólida e consistente para um mindset de riqueza plena, crescimento e prosperidade.

Desejo ardente e autossugestão

Sempre que falo em criar riqueza faço questão de ressaltar que, ainda como ensinou Napoleon Hill, toda a jornada para construir um mindset de riqueza plena deve começar com você manifestando um desejo ardente sobre aquilo que quer ter, ser ou realizar na vida. E a pergunta que vem, na maioria das vezes, é: como manifestar um desejo ardente?

O ponto de partida é definir um propósito. É com ele que tudo tem início. Assim, você tem que, primeiramente, responder a estas perguntas: *o que eu realmente quero da minha vida? Por que eu quero isso?* E aqui entra a necessidade de fazer um bom trabalho no sentido de encontrar o seu "porquê". Tudo o que você vai empreender na vida exige que você saiba qual é a finalidade daquilo que fará ou está fazendo.

O desejo ardente é um combustível que só se obtém quando o motivo está completamente claro. Uma vez que você saiba o que quer e por que quer, começa verdadeiramente a sua jornada. É esse desejo que vai fazê-lo trabalhar até chegar lá.

Por exemplo, querer dinheiro, todos querem. Mas só querer não basta. É preciso ter um desejo ardente pelo dinheiro, um desejo tão forte que servirá de combustível para fazer você seguir em frente, a despeito de qualquer adversidade ou dificuldade, e batalhar pela conquista financeira.

O que também precisa ser levado em conta é o fato de que o seu desejo não está relacionado apenas com um "querer". Ele também está intimamente ligado ao que você define que vai "dar em troca" para alcançar o que deseja. Simplesmente porque, na sua busca, você não deve agir sobre o seu "querer", mas na construção daquilo que está oferecendo. É o retorno ao mundo do que você oferece que vai gerar as condições para satisfazer o seu querer.

Por exemplo, no caso de você querer certa quantia em dinheiro, o seu desejo ardente não vai formar-se somente a partir do seu impulso de ganhar dinheiro. Ele virá, principalmente, da execução daquilo que você se comprometeu a entregar em troca disso. Por isso a intensidade do desejo ardente sempre estará ligada à sua vocação. Quanto mais o que você oferecer estiver dentro daquilo que é a sua vocação neste mundo, maiores serão os seus resultados, mais dinheiro você ganhará.

Um dos frutos principais de um desejo ardente é a perseverança, que faz com que você jamais desista diante das adversidades. É comum nossos planos não darem certo logo na primeira vez, assim como também é bastante comum que o sucesso esteja somente a um passo depois de uma derrota. Portanto o desejo ardente gera perseverança e resiliência e ajuda a aprender com as derrotas, fortalecendo-o para seguir adiante e chegar à vitória. Como diz um ditado popular, "todo fracasso carrega consigo a semente de um sucesso equivalente".

Essa frase, frequentemente atribuída a Napoleão Hill, é um conceito comum na filosofia de sucesso e foi dita por outras pessoas ao longo do tempo. Ela sugere que quando enfrentamos um fracasso devemos aprender com a experiência e usar essa aprendizagem para alcançar o que desejamos. Essa reflexão nos ajuda a descobrir novas abordagens para alcançar nossos objetivos.

Outra característica fundamental do desejo ardente é que ele nos dá a consciência do sucesso e, com isso, estimula os pensamentos de abundância, de sucesso, de riqueza e de vitória. Ao desejarmos algo intensamente, mudamos a nossa mentalidade para a de abundância e ganhamos a esperança de que sua ideia, por mais louca que possa parecer, pode realmente dar certo. E, aqui, também estamos falando de fé.

Permita-se ser envolvido pela fé

A transformação do pensamento em algo material, por exemplo, do desejo em riqueza, só ocorre quando você se coloca na energia correta. O ponto de virada entre desejar muito e começar a materializá-lo está na fé que você cultiva enquanto age na execução do que é necessário.

É preciso entender que nada ocorre sem ações claras. Ou seja, a partir do desejo é necessário construir um planejamento e, então, partir para a ação. Você pode estar se perguntando: *Tudo bem! Mas onde é que fica a fé nesse contexto?*

Para falar sobre isso gosto de citar um trecho do livro *Santo remédio*:[94]

> Quero dizer para você que é muito bom ter fé, simplesmente porque é muito melhor viver com ela do que sem ela. A fé ainda é o melhor remédio, em qualquer situação. Tudo o que você pode fazer na vida, pode fazer melhor com um pouco de fé. E com a grande vantagem de que com fé você pode fazer ainda muito mais, pode ir muito mais longe – porque soma à sua a energia do Universo, a força da Criação.

A fé, assim, é um estado de espírito propício à ação, que leva, portanto, à realização.

Resumidamente, ocorre o seguinte processo a partir de um desejo ardente:

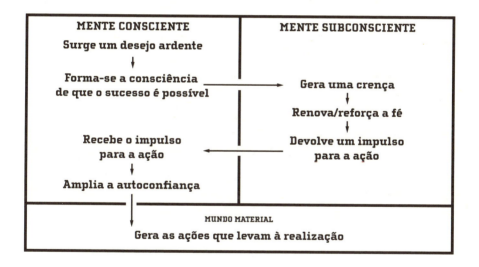

Após adquirir um desejo, você fica consciente do sucesso. Esse sentimento é enviado ao seu subconsciente, no qual se forma uma crença positiva. Essa crença renova ou reforça a sua fé e seu subconsciente a devolve para o seu consciente, na forma de um impulso para a ação. Com a motivação para agir, o seu consciente amplia a sua autoconfiança e passa a trabalhar para materializar no mundo real o seu desejo.

No entanto, por mais sincero que seja o seu desejo ardente, talvez o seu subconsciente não esteja preparado para deixá-lo no estado de espírito correto, o que se torna um ponto delicado. Portanto devemos preparar o nosso subconsciente para o que pretendemos realizar. A melhor forma de fazer isso é procurando entender como age o nosso subconsciente e fazendo um trabalho minucioso e primoroso de autossugestão.

Conheça algumas técnicas e atitudes para aprimorar a autossugestão

É impossível falar sobre autossugestão sem nos basearmos no trabalho de Joseph Murphy, em especial em seu livro *O poder do subconsciente*.[95]

Como já citado, Murphy foi um autor, palestrante e professor que se tornou conhecido por seus livros sobre espiritualidade, autoajuda e poder da mente. Ele foi ordenado ministro da Igreja Unida do Canadá e serviu como pastor em diversas igrejas em Massachusetts e Nova York. Durante sua carreira religiosa, ele começou a interessar-se por psicologia e espiritualidade e acreditava que a mente humana tem um poder imenso para criar a realidade.

Murphy ensinou que nosso subconsciente é capaz de influenciar diretamente nossas experiências e que podemos usar técnicas de visualização e de afirmação positiva para alcançar nossos objetivos. Em seus escritos, ele enfatiza a importância da mentalidade positiva, de acreditar em nós mesmos e em nossa capacidade de criar a realidade que desejamos.

Embora alguns críticos tenham questionado a validade científica de suas ideias, a verdade é que seu trabalho continua inspirando muitas pessoas em todo o mundo a buscar o autoaperfeiçoamento e a encontrar um sentido maior em suas vidas.

Por essa razão, ao lado de tantos outros nomes de grande influência no processo de mudança de mentalidade, os ensinamentos de Murphy têm sido de extrema utilidade e têm formado algumas das bases de nossa jornada para obter um mindset de riqueza plena, crescimento e prosperidade.

Nossas crenças subconscientes só se instalaram ali com a autorização do nosso consciente. Em algum momento da nossa vida, em determinadas circunstâncias, permitimos que o que está ali permanecesse.

Quando alguém lhe diz algo, você forma uma imagem mental do que foi dito e essa imagem confronta suas crenças e seus valores. Desse confronto nasce uma interpretação e, então, uma resposta.

Minha avó dizia que comer manga e tomar leite fazia mal. Como adoro tomar vitamina de leite com manga e isso nunca me fez mal, descartei essa ideia. Porém um parente meu que passou mal certa vez após comer manga e tomar leite sempre tem um mal-estar quando faz essa combinação de alimentos. Podemos dizer que o que minha avó disse não entrou no meu subconsciente, mas no do meu parente, sim. Logo, a mesma situação gerou crenças diferentes em nós dois e por isso reagimos de modos distintos.

Esteja aberto e atento para o que você aceita como verdadeiro. Cuidado com as crenças que permite que se formem em seu subconsciente. Busque formar as que o fortalecem, que o levem para o sucesso e para a riqueza que você pretende conquistar.

É possível mudar suas crenças, eliminar as indesejáveis e acrescentar as que lhe convêm. Para isso, você deve trabalhar com técnicas de autossugestão para treinar o seu subconsciente, ensinando o que ele deve aceitar como verídico. Acompanhe aqui algumas das técnicas que você pode utilizar.

➡ O poder da visualização

Imagine um objetivo seu sendo alcançado. Veja, sinta e transpire o resultado desejado. Por exemplo, se você é palestrante e quer apresentar-se com sucesso, use esta técnica antes de subir ao palco. Pense em cada detalhe da sua apresentação e que ela está ocorrendo com todo o sucesso que você deseja e merece. Veja a si mesmo sendo aplaudido de pé ao final da apresentação. Sinta a emoção dessa conquista.

➡ O uso do relaxamento

As maiores inimigas da autossugestão são as crenças limitantes que "tentam" autopreservar-se, perpetuar-se. Imagine que você precisa fazer uma entrevista de emprego e fica se lembrando que suas últimas entrevistas tiveram resultados negativos. Você ficou nervoso, tentou agradar o entrevistador, acabou metendo os pés pelas mãos e não foi contratado. Então você acredita que não conseguirá novamente.

Em casos assim, antes de ir para a entrevista, relaxe o corpo e entre em um estado de sonolência. Quanto mais sonolento você estiver, menos barreiras estarão levantadas contra a autossugestão. Durante alguns minutos, repita a si mesmo que você quer ser bem-sucedido na entrevista e declare-se competente para conseguir isso.

➥ Comemore as suas vitórias

Comemore cada pequeno progresso que conquistar. Agradeça e festeje com sinceridade cada um dos objetivos que você ainda deseja alcançar, como se já tivesse conseguido. Isso ajuda a imaginar como sua vida será depois de alcançá-los e renova seu compromisso para chegar lá.

Mantenha o desejo e a imaginação sempre consistentes

Querer algo é muito fácil e imaginar isso também é. No entanto não adianta imaginar se logo em seguida você começa a enumerar tudo que pode levá-lo a fracassar. Manter a congruência entre o que você quer e o que pensa que pode realizar é um dos requisitos principais para ser bem-sucedido.

É muito importante alinhar os nossos desejos com as nossas crenças e capacidades pessoais. Muitas vezes, as pessoas querem algo, mas não acreditam que têm as habilidades ou recursos necessários para obtê-lo. Isso leva à autossabotagem, à falta de motivação e, consequentemente, ao fracasso.

Por exemplo, uma pessoa quer ser um empreendedor de sucesso, mas acredita que não tem as competências essenciais para gerir um negócio ou que não tem os recursos financeiros para começar um. Provavelmente, ela desistirá antes mesmo de tentar.

Assim, é importante manter uma congruência entre aquilo que se quer e aquilo que se pensa ser realizável. Isso não significa que devemos limitar nossos sonhos, mas avaliar honestamente as nossas habilidades e os nossos recursos e desenvolvê-los para conquistar o que desejamos.

Porém, você não deve realizar as técnicas de autossugestão como se estivesse travando uma luta feroz entre seus pensamentos. É preciso trabalhar paciente, determinada e efetivamente na mudança de sua mentalidade, construindo positividades e crenças fortalecedoras que superem e afastem as negatividades. As crenças negativas e já consolidadas no subconsciente serão vencidas com tranquilidade e regularidade.

É preciso recriar as suas crenças e amadurecê-las de modo positivo, levando em conta que será um passo de cada vez, já que você deverá lidar com barreiras mentais que passou anos erguendo.

Seu foco deve ser o seu consciente, para que o subconsciente seja preenchido com crenças fortalecedoras e construtivas. É fundamental ocupar-se com a expectativa do melhor e viver na certeza de trabalhar por coisas agradáveis, verdadeiras e justas, para que sua energia e a qualidade de seus pensamentos conscientes prevaleçam e formem novas crenças que trabalhem a seu favor.

Você pode receber orientação do subconsciente durante o sono

O processo de autossugestão ganha especial poder naqueles momentos em que estamos dormindo se soubermos nos preparar para uma boa noite de descanso. Durante o sono, nosso subconsciente não descansa. Somente nosso consciente fica inativo. Isso permite ao subconsciente trabalhar sem interrupção na regeneração do nosso corpo e na busca por respostas para as questões que nos são importantes, principalmente nos assuntos em que pensamos, ou mesmo tememos, durante o dia.

Você já se perguntou por que durante o sono muitas vezes resolvemos problemas que não conseguimos resolver enquanto estamos acordados? Existem algumas razões reais e comprovadas para isso.

Durante o sono, nosso cérebro descansa e recupera-se, o que permite que ele processe e organize informações de modo mais eficiente, consolidando memórias e ajudando a fazer conexões entre várias delas; assim, ele pode ajudar a resolver problemas que pareciam insolúveis quando estávamos acordados e cansados.

O sono também facilita ao cérebro acessar informações que estavam escondidas no subconsciente. Essas informações podem incluir soluções criativas e inovadoras que não estavam acessíveis durante a vigília. Como a nossa mente relaxa, ela reduz a ansiedade e o estresse, deixando o cérebro concentrar-se em resolver aquilo que nos preocupa.

No entanto, para que o sono atinja seu propósito, é preciso dormir em paz. Por isso não podemos deixar que nossos últimos pensamentos antes de dormir evoquem emoções negativas, pois então será nelas que o subconsciente focará e produzirá resultados na nossa vida, o que não nos convém.

Antes de dormir, acalme seu corpo e relaxe. Pense nas coisas boas que lhe aconteceram durante o dia e nas maravilhosas que você ainda conquistará. Acredite em seus sonhos e em sua capacidade de realização e procure adormecer com energia e pensamentos positivos e construtivos. Ajude o seu subconsciente a trabalhar a seu favor e lhe trazer as respostas que você precisa para esclarecer as suas dúvidas e ser bem-sucedido.

E aproveite os momentos antes de adormecer para praticar o processo de autossugestão, mandando para o seu subconsciente as mensagens que você sabe que são boas para construir um mindset de riqueza plena – tenha o cuidado de que sejam mensagens admitindo, com uma certeza ímpar, que você "já tem" todas as qualidades necessárias.

Treine e habitue-se a acordar com a mesma paz com que se deitou. Crie mantras positivos para os momentos de dormir e acordar. Deixe os pensamentos fluírem sem preocupações. Assim você construirá, dia após dia, o caminho que o levará ao sucesso e à felicidade.

Encontre, crie e mantenha relacionamentos gratificantes

Seus relacionamentos dependem muito do que você pensa sobre si mesmo e sobre as pessoas com quem se relaciona. Por isso, a qualidade deles tem tudo a ver com o modo como você conduz os seus processos de autossugestão.

Por exemplo, não faz sentido ser uma pessoa gentil com os outros, mas não ter a mesma postura com as suas próprias necessidades emocionais. No mínimo, isso não é justo com você e pode até despertar em sua mente a crença de que você merece menos do que os outros.

Preste atenção nos pensamentos que nutre sobre as pessoas com quem convive. Faça questão de que eles estejam relacionados a harmonia, paz e amor. Não guarde rancor, não pense mal de ninguém, não sustente um relacionamento pernicioso, não discuta. E faça questão de aplicar essas mesmas recomendações com relação ao tratamento que você dispensa a si próprio. Lembre-se de que, em termos de autossugestão, aquilo que você alimenta é aquilo que você obtém.

Ainda dentro dessa linha de pensamentos, existem outros conselhos interessantes de se manter em mente:

➡ Procure pensar nos outros da mesma forma que gostaria que pensassem em você. Cuide da energia que você emite e estará cuidando da energia que recebe.

O poder incomparável da autossugestão

- Tente sentir pelos outros o mesmo que gostaria que sentissem por você. A boa reciprocidade nas relações tem que começar em algum lugar. Que seja a partir de você.
- Não julgue. A maneira como você avalia as ações de alguém é a mesma como avalia as suas. Ou seja, quanto maior o julgamento que você faz dos outros, maior o julgamento que faz sobre si. Diz a Bíblia: "Não julguem, para que vocês não sejam julgados" (Mateus 7:1).[96]
- Esteja atento para a maneira como você reage às notícias e aos outros. Se você incutir raiva, menosprezo ou até desprezo em quem estiver ao seu redor, é isso que receberá de volta. Diz uma frase popular, de autoria desconhecida: "A vida é um eco. Aquilo que você emite é o que você recebe".
- O que alguém diz não pode perturbar você, a não ser que você permita. Portanto torne-se emocionalmente maduro e deixe de ser afetado pelo que os outros dizem. Crie uma blindagem emocional para não deixar que o que lhe dizem, ou dizem a seu respeito, tire seu foco e impregne seu subconsciente com negatividades a seu próprio respeito.
- Perdoe as pessoas. Às vezes, elas são maldosas ou maliciosas sem ter a intenção, pois nem sempre sabem do que estão fazendo ou falando. Elas ignoram determinadas coisas e falam ou agem despreparadamente.
- Perdoe a si mesmo. É preciso perdoar suas falhas para alcançar o amadurecimento, a paz e a harmonia. Perdoe-se e regenere-se emocionalmente. Seja bondoso com você e abra espaço em seu coração e em seu subconsciente para as boas crenças a seu respeito.

Desenvolva hábitos positivos

As técnicas de autossugestão auxiliam-no a adquirir novos hábitos, muitas vezes mais saudáveis, que melhoram a qualidade da sua vida, facilitam o sucesso e a felicidade e impulsionam você ainda mais na formação do tão sonhado mindset de riqueza, crescimento e prosperidade.

O que é especialmente motivador e gratificante é que, uma vez que acertamos o caminho na direção do desenvolvimento positivo do nosso mindset, com o uso adequado e eficaz da autossugestão, entramos em uma espécie de ciclo virtuoso, que nos leva para o topo do pódio da realização pessoal e profissional.

Em outras palavras, as técnicas de autossugestão ajudam-nos a melhorar nossos hábitos, que nos levam a ter atitudes mais positivas e eficazes que, por sua vez, trazem sucesso em nossas autossugestões. E, assim, o processo vai acontecendo, criando uma espiral positiva de desenvolvimento.

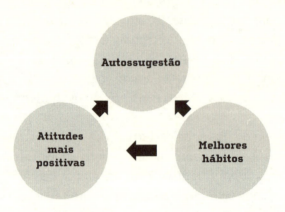

Para reforçar e renovar esses ciclos, além das técnicas de autossugestão propriamente ditas, existem certas atitudes que também colaboram para uma mudança positiva de mentalidade e que tornam a vida mais prazerosa e repleta de conquistas. Algumas delas, que você pode e deve praticar regularmente, estão listadas a seguir.

➡ **Acalme e relaxe o corpo**
Quando estamos estressados ou ansiosos, nosso corpo tende a ficar em um estado de tensão que pode afetar negativamente nossa capacidade de nos concentrarmos e nos conectarmos com os nossos pensamentos e objetivos. Acalmar e relaxar o corpo contribui significativamente para melhorar a qualidade dos resultados da autossugestão e, assim, ajudar na construção de um mindset de riqueza plena. Com a mente mais clara e focada, ficamos mais abertos e receptivos a novas ideias e sugestões.

Praticar técnicas de relaxamento, como a meditação, a respiração profunda, o alongamento e o relaxamento muscular progressivo ajuda a acalmar e a soltar o corpo, levando a um estado mais receptivo para a autossugestão e, consequentemente, a mais resultados positivos.

➡ Crie um mantra

Crie uma frase relacionada ao hábito que quer desenvolver e use-a como se fosse um mantra para potencializar ainda mais o processo de autossugestão. Repita essa frase com frequência durante o seu dia. Procure sempre colocá-la de tal maneira que você diga que já conquistou, ou está conquistando, esse avanço em sua vida (e não que você o conquistará no futuro). Por exemplo, diga "Eu estou me tornando ótimo em finanças" em vez de "Eu vou me tornar ótimo em finanças".

➡ Prepare um sono da vitória

Antes de dormir, imagine pessoas importantes da sua vida cumprimentando-o por ter adquirido um novo hábito ou por ter conquistado uma vitória que você busca. Repita seu mantra até adormecer e comece o seu dia declarando-o. Coloque fé e confiança em suas palavras.

➡ Faça questão de ser feliz

Um bom hábito para se adquirir é o de colocar a si mesmo em um estado genuíno de felicidade, todos os dias. É importante fortalecer a crença de que é possível ser feliz e, sim, que você é feliz todos os dias.

Uma vez que a minha proposta nesta obra é ajudá-lo a promover uma mudança de mindset que o leve ao sucesso e à felicidade, é preciso agarrar com força e determinação as ideias que levem nessa direção. No livro *Todo dia é dia de ser feliz*[97] existe uma frase especial que traduz a nossa intenção: "Não existem impedimentos se o que você deseja é ser feliz. Apenas aqueles em que você mesmo acredita. Portanto, está na hora de rever e mudar algumas de suas crenças quanto à felicidade".

Uma pessoa feliz é aquela que produz e pratica o que há de melhor dentro de si, obtendo resultados diários de uma mente tranquila. Abra mão da ideia de que você só será feliz quando tiver o que deseja. Você é feliz mesmo que ainda não tenha conquistado o que sonha e continuará a ser quando conquistar. A felicidade não está no fim do caminho, mas na jornada. Se você não a encontrar no percurso, jamais a terá. Você tem que ter prazer e felicidade enquanto caminha para os seus objetivos.

O comprometimento com a felicidade precisa começar ao acordar. Respire fundo, perdoe a si mesmo e às pessoas à sua volta, sinta a paz e a harmonia, agradeça pela bênção de mais um dia, mostre gratidão por tudo de bom que existe em sua vida e visualize a felicidade em todas as ações que planeja executar. Faça o mesmo ao deitar-se, pensando nas atividades que desempenhará no dia seguinte.

Entenda que essas sugestões não têm o intuito de criar um sentimento falso de felicidade, mas de procurar identificar no seu dia a dia, na sua vida e em você mesmo os fatores que lhe trazem contentamento, que o fazem sorrir satisfeito.

Compreenda, não existe "feliz para sempre" nem feliz a todo o momento. A vida é um alternar de momentos felizes e não tão felizes. Aceite isso como a realidade, porém uma realidade que não o impede de se ver como uma pessoa feliz.

Se você não estiver feliz em determinado momento, tudo bem, faz parte da vida. Não tente convencer-se de que está feliz nem forçar-se a ser feliz quando seu momento é de tristeza. A tristeza também faz parte da vida e deve ser vivida nos momentos certos. Apenas não a deixe tomar conta da sua vida.

Ao acordar, imagine o seu dia sendo lindo e admita que a felicidade é possível e estará presente. Entregue-se à possibilidade de ser feliz. E lembre--se: a sua mente, o seu mindset, define quem você é e como vive. Portanto adote um mindset feliz e a vida lhe sorrirá com muito mais frequência.

Enfim, da mesma forma que podemos usar a prática da autossugestão e todos esses artifícios para criar bons pensamentos e hábitos positivos e edificadores, podemos usá-los igualmente para perder um hábito ruim e eliminar pensamentos desagregadores e negativos.

Seja para livrar-se de um vício, seja para abandonar comportamentos perniciosos, essas técnicas funcionam perfeitamente. Só mantenha sempre muita atenção para jamais formular frases negativas quando fizer as autossugestões. Aborde cada tema e cada caso pelo lado afirmativo, positivo. Por exemplo, em vez de dizer "Eu não vou mais fumar" diga "Eu estou feliz porque estou abandonando o cigarro".

A palavra tem força. Com certeza, você já ouviu isso algumas vezes em sua vida. Pois acredite, é o uso adequado das palavras certas, em um processo de autossugestão, que transformará a sua vida para muito além do que você pode imaginar neste momento. Creia e siga em frente. Um novo mindset de riqueza, crescimento e prosperidade já está se formando em sua mente.

Você tem o potencial de ser, fazer e conquistar tudo em que acreditar

O dr. Joseph Murphy é conhecido por ser um dos principais defensores do Novo Pensamento, uma filosofia que enfatiza a importância do poder do pensamento, da visualização e da crença positivos na realização dos nossos objetivos. Pode-se dizer que Murphy lançou as bases dessa filosofia, que vem influenciando o desenvolvimento do pensamento positivo e da autoajuda há um bom tempo.

O Novo Pensamento foi inspirado em várias filosofias, incluindo o transcendentalismo, o espiritualismo, o movimento quacker e a ciência cristã. Seus adeptos acreditam que a mente humana é capaz de moldar a realidade física e que a crença e a visualização positivas auxiliam a alcançar objetivos e superar desafios.

Entre as figuras proeminentes do movimento do Novo Pensamento, destacam-se nomes como Ralph Waldo Emerson, William James, Napoleon Hill, Dale Carnegie e Joseph Murphy.

Entre os ensinamentos propostos por Murphy,[98] existem algumas reflexões que quero dividir com você para que fique bem claro que o poder de criar um mindset positivo e transformar definitivamente a sua vida está e sempre esteve em suas mãos. São pensamentos independentes, para sua análise e reflexão. No entanto, todos são conectados entre si e também com os demais assuntos abordados nesta obra, dentro de um tema maior, que é a mudança e a evolução da nossa mentalidade para um mindset de riqueza plena. Neste momento, a minha intenção é ajudar a consolidar esses conceitos em seu aprendizado e motivá-lo a aplicá-los em seu dia a dia.

Você tem o incrível potencial de ser, fazer e conquistar o que deseja. Mas esse potencial é nada se você não acreditar que pode ou não agir para realizar o que almeja.

Quando você tem uma crença profunda e inabalável em sua capacidade de realização, torna-se mais resiliente e perseverante em suas ações. E isso é fundamental, pois, muitas vezes, o caminho para o sucesso é longo e repleto de obstáculos.

Acreditar em si mesmo e agir de maneira decisiva rumo aos seus objetivos são as chaves para desbloquear seu potencial e alcançar o sucesso que você deseja. Primeiro acredite intensa e definitivamente que você pode. Depois, aja decididamente na direção daquilo que você quer realizar.

A lei da vida é a lei da crença. E a crença pode ser definida, de maneira simples, como sendo o resultado de um conjunto de pensamentos em nossa mente. As crenças moldam a nossa vida, portanto é lógico entender que as condições da mente, do corpo e das circunstâncias correspondem à maneira como pensamos, sentimos e acreditamos.

Ao aprender a usar os poderes das crenças, você descobrirá como criar a realidade que almeja. Quando você elabora em sua mente o que deseja e que acredita poder realizar, coloca em ação várias capacidades próprias que moldam o universo ao seu redor, que concentra a energia dele na consecução do que você pretende.

E quando você acredita que é capaz e merecedor, isso o motiva a agir e persistir diante dos desafios, melhorando ainda mais as suas chances de sucesso. Por outro lado, se acreditar que não é bom o suficiente ou que as coisas não darão certo, acabará desencorajado e, talvez, fracassando.

Portanto aprender a usar os poderes de suas crenças torna-o mais consciente de como elas afetam a sua realidade e ajuda a desenvolver certezas mais positivas e capacitadoras, que o auxiliarão a criar uma realidade que reflita seus desejos mais profundos.

A lei da mente é a seguinte: você obterá uma resposta do subconsciente de acordo com a natureza do pensamento que alimenta no consciente. Então tudo começa em seu consciente e continua com o seu subconsciente conduzindo os passos seguintes. Logo, está nas suas mãos controlar esse processo, afinal, você é capaz de escolher o que pensar.

O subconsciente aceita qualquer ideia e coloca-a imediatamente em prática. Ele não questiona o que lhe diz o consciente. Para ele, as ideias que você coloca em seu consciente são verdades absolutas, então ele as executa e tudo o que você começa a fazer passa a ser direcionado para que a elas se concretizem.

O que quer que você reivindique mentalmente (em seu consciente) e sinta que é verdade, seu subconsciente aceitará, transformará em uma crença e produzirá o resultado correspondente em sua experiência de vida. É preciso muito cuidado, pois nisso existe uma verdade interessante: o subconsciente funciona do mesmo modo tanto para as ideias boas quanto para as más. Portanto cuidado com o que você pensa.

Se com seu consciente você pensa de maneira positiva e construtiva, são colocados no subconsciente pensamentos construtivos, agradáveis e pacíficos. O subconsciente, por sua vez, responde e produz condições aprazíveis, um ambiente agradável e o melhor de tudo o que existe.

Uma vez que o consciente dá o comando e o subconsciente formula e executa fielmente um plano para fazer com que a sua vontade seja cumprida, você precisa definir conscientemente o que quer e acreditar que é capaz de realizar. Essa é a deixa para que o subconsciente assuma o comando e prepare todas as condições para que você aja rumo ao que deseja.

Usar o poder da afirmação a seu favor é uma prática que se baseia no preenchimento de seu consciente com elementos positivos. Dessa forma, pense de modo positivo, repita esses pensamentos regularmente e com convicção e, assim, substitua os padrões negativos do seu subconsciente por padrões positivos, que estão em sintonia com a verdade da abundância universal. Pensar positivamente com consciência e responsabilidade, apoiado em uma crença afirmativa e restabelecedora, assemelha-se a fazer uma oração com fervor e confiança na Providência Divina.

Para Joseph Murphy, fazer uma prece equivale a recitar uma afirmação com sentimento e convicção.[99] Diz a Bíblia: orai e vigiai – "Vigiem e orem para que não caiam em tentação. O espírito está pronto, mas a carne é fraca". (Mateus 26:41).[100] Disso podemos entender que devemos orar para que as nossas afirmações se tornem crenças, e nos vigiar para que elas sejam sempre positivas e construtivas.

Bem, você já sabe que por intermédio do consciente é possível reprogramar o subconsciente para pensar de maneira positiva. E quando este último assim faz, você começa a encontrar os meios de realizar aquilo que sonha.

Comece a crer nas verdades eternas e na essência da vida, que nunca mudam. Ocupe a mente com conceitos de harmonia, saúde, paz e benevolência, e sua vida tornar-se-á mais plena e cheia de harmonia.

É possível desenvolver crenças desejáveis com afirmações, sugestões por hipnose ou autossugestões.[101] Quando repetidas regularmente, elas são capazes de implantar novas crenças no subconsciente.

A autossugestão o ajuda a interiorizar tudo aquilo em que você deseja acreditar e realizar. Use os conhecimentos que reunimos neste capítulo e faça um trabalho criterioso de formatação do seu subconsciente com ideias positivas, construtivas e valorosas para a construção do seu mindset de riqueza plena, de crescimento e de prosperidade.

Os princípios verdadeiros da vida e a autossugestão

Como vimos, o processo afirmativo, também conhecido como autossugestão, é uma técnica poderosa que pode ajudar as pessoas a alcançarem seus objetivos e manifestarem seus desejos em sua realidade. No entanto, de acordo com um alerta especial de Joseph Murphy, para que essa técnica funcione é essencial que os seus pensamentos estejam totalmente alinhados aos princípios verdadeiros da existência e de acordo com o que você realmente deseja ver manifestado em sua vida.

É importante lembrar que a autossugestão não deve ser usada no sentido contrário às leis da natureza sob o risco de seus objetivos serem frustrados. Por exemplo, desejar que uma planta cresça sem água ou sol não é realista e, portanto, não pode ser alcançado com a autossugestão. Também não adianta desejar que a água do rio suba a correnteza, pois isso está em desacordo com os princípios da natureza.

Nesse contexto, é relevante considerar especialmente que os princípios da vida devem ser sempre respeitados e que as afirmações positivas em um processo de autossugestão têm que levar isso em consideração.

Também não adianta tentar iniciar um processo de pensar afirmativamente em uma mudança se ela não estiver de acordo com o que você, de fato, deseja ver manifestado na sua vida. Por exemplo, é um engano tentar usar a autossugestão para ganhar dinheiro se você acredita que dinheiro é ruim ou que não traz felicidade, ou que você não o merece. Isso só vai frustrá-lo, pois não terá resultados positivos.

Do mesmo modo, se você quer melhorar seu relacionamento com alguém, mas seus pensamentos estão cheios de ressentimento e negatividade em relação a essa pessoa, será difícil obter resultados positivos com a autossugestão. O mesmo se pode dizer se você deseja perder peso, mas seus pensamentos são constantemente negativos e críticos em relação ao seu corpo. Será bem difícil manifestar o resultado desejado.

Se você acredita que a saúde é importante e deseja ter uma vida saudável, pode usar a autossugestão para manter ideias positivas e encorajadoras em relação à sua saúde e ao seu bem-estar. E deve levar em consideração que, dentro do princípio da saúde existente no universo, nosso corpo é mantido pela nossa mente mais profunda, nosso subconsciente, com todas as funções necessárias ao seu funcionamento. Essa é a mentalidade que precisa ser usada como referencial – precisamos ter em conta que o nosso organismo está constantemente em busca de saúde, tentando restaurá-la sempre. Portanto nosso referencial deverá ser sempre de saúde, nunca de doença ou imperfeição.

Do mesmo modo, se você acredita que é capaz de alcançar sucesso financeiro e tem uma atitude positiva em relação ao dinheiro, a autossugestão ajudá-lo-á a concentrar-se em seus objetivos e ser bem-sucedido. E, aqui, podemos usar o princípio da abundância e não o da escassez. Vamos considerar que no mundo existe o suficiente para todos – embora muitos recursos estejam mal administrados ou mal distribuídos. Uma eventual crença na escassez desequilibra essa balança e incute em nós o medo de que algo "vai faltar".

Enfim, o ponto central neste tópico é entender que a autossugestão tornar-se-á uma ferramenta poderosa somente se você estiver alinhado aos princípios básicos da natureza e tiver crenças positivas em relação ao seu objetivo verdadeiro.

A mente subconsciente interpreta literalmente as suas palavras

Para fechar este capítulo, vou deixar um alerta especial e muito importante que sempre tenho a precaução de repetir: cuidado com o que você fala, porque seu subconsciente está ouvindo – e ele acredita em 100% do que você diz.

O subconsciente é uma parte poderosa e influente da nossa psique e é altamente responsivo às palavras e aos pensamentos que emitimos – dando respostas rápidas e claras para uma situação. Isso significa que se você estiver sempre pensando ou falando negativamente sobre si mesmo ou sobre suas circunstâncias, seu subconsciente acreditará nesses pensamentos e agirá de acordo com eles. Por outro lado, se você se concentrar em ideias e palavras positivas, seu subconsciente trabalhará para torná-las realidade.

Sendo assim, se você está tentando perder peso, é importante não falar ou pensar em termos negativos, como "Eu nunca vou conseguir perder peso" ou "Eu odeio meu corpo". Em vez disso, concentre-se em afirmações positivas, como "Eu estou ficando mais saudável a cada dia" ou "Eu sou capaz de alcançar meu peso ideal". Isso enviará uma mensagem positiva para o seu subconsciente, que trabalhará para tornar verdadeiras essas afirmações.

Outro exemplo é quando você está tentando melhorar suas habilidades em um determinado campo, como a escrita. Em vez de dizer coisas como "Eu nunca serei um bom escritor" ou "Eu sou péssimo em escrever", concentre-se em afirmações positivas: "Eu estou melhorando minha escrita a cada dia" ou "Eu sou capaz de escrever de modo claro e envolvente". Isso levará o seu subconsciente a acreditar em seu potencial e atuará a favor do que você quer.

Outros exemplos podem deixar essa ideia ainda mais clara:

- Nunca pense ou diga frases como: "Não tenho condições de comprar isso" ou "Não posso fazer aquilo". Busque formas mais positivas de tratar com o dinheiro, com suas potencialidades;
- Não enfraqueça sua afirmação dizendo "Eu gostaria" ou "Tenho esperança". Ter esperança não significa que você acredita que vai conseguir. Seja mais positivo e afirmativo ao falar;
- Declare a afirmação como uma ordem, como se você, em seu consciente, fosse o chefe, e o seu subconsciente um fiel executor que não questiona suas ordens. Afinal, é assim mesmo que as coisas funcionam;
- Seja categórico em suas afirmações: "Eu estou em harmonia", "Eu tenho saúde", "Eu tenho todo o dinheiro de que preciso". Jamais denote dúvida ou questione-se quanto ao que você diz. A sua certeza, a sua clareza e a sua determinação é que serão gravadas em seu subconsciente;
- Seja persistente e determinado. Transmita seus pensamentos positivos e construtivos para seu subconsciente até sentir convicção daquilo que você quer transformar em crença. Assuma o comando do seu processo de autossugestão.

Enfim, sabemos que o subconsciente interpreta literalmente as suas palavras e age de acordo com o que você diz. Logo, é crucial ter cuidado com o que você fala e pensa, porque o seu subconsciente está sempre ouvindo e interpretando palavra por palavra.

Ao concentrar-se em afirmações positivas, você treina seu subconsciente para trabalhar rumo aos seus objetivos e para ajudá-lo a alcançar o sucesso que deseja.

Com mais esses cuidados, acredito que agora você está pronto para praticar com eficácia os processos de autossugestão, assumir o comando da sua vida e realizar o que pretende, em especial construir um poderoso mindset de riqueza plena, de crescimento e de prosperidade.

13 Quando o caminho está certo

A mudança de mindset é o primeiro passo para a realização de sonhos e conquistas extraordinárias. Acredito que neste momento você já tenha entendido o que isso significa, estando consciente e convencido do quanto uma mudança positiva de mindset pode gerar prosperidade em sua vida. Tenho certeza de que, se você acompanhou todos os capítulos e envolveu-se efetivamente na leitura, recebeu insights e adquiriu aprendizados valiosos sobre como construir uma mentalidade de riqueza plena e prosperidade.

Esta obra deixa claro que a mudança começa de dentro para fora. O mindset é a chave para alcançar seus objetivos e é preciso desenvolvê-lo de tal maneira que eleve a sua capacidade de enxergar oportunidades e acreditar fortemente no seu potencial. Ainda, que a prosperidade não se limita ao aspecto financeiro, abrangendo diversas áreas da vida, como relacionamentos, saúde, família, espiritualidade, propósitos e reputação, e que é nessa completude que reside a verdadeira felicidade.

Agora é hora de colocar em prática tudo o que você aprendeu, para construir um mindset de crescimento, riqueza e prosperidade cada vez mais forte e duradouro, tornando-se o protagonista de sua própria história, consciente de que a mudança começa com você – mais propriamente em sua mente, em sua maneira de pensar – e que, portanto, essa responsabilidade não pode ser delegada a ninguém mais.

Um mindset de riqueza plena, de crescimento e de prosperidade vai ajudá-lo a escolher os melhores caminhos e a usar a sua sensibilidade para manter-se neles, a fim de tirar melhor proveito de cada gota de energia que você colocar na busca pelos seus propósitos.

Para ilustrar, gosto de citar um ditado muito popular da Índia que diz *"Easy is right and right is easy. When the path is right, all doors open"*. Em tradução livre, "O fácil é o correto e o correto é fácil. Quando o caminho está certo, todas as portas se abrem". Ou seja, quando estamos no caminho certo as coisas acabam sendo mais fáceis e fluem com mais naturalidade. Isso não significa que não haverá obstáculos, mas que haverá um senso de direção e propósito que o ajudará a superar as dificuldades. E o novo mindset tão desejado proporciona esse senso de direção e de propósito e ajuda a seguir pelos caminhos certos, sem estresse e sem ansiedade, confiante na vitória e fazendo o que for necessário para que ela aconteça.

Você vai perceber que, com o mindset de riqueza plena e prosperidade, estará em sintonia com seus objetivos e valores pessoais, e também com a energia do universo, e suas escolhas tornar-se-ão mais claras e direcionadas para as suas metas. E quando segue esse caminho, todas as portas se abrem, permitindo a você, com mais facilidade, ser bem-sucedido.

Ao concluir a leitura deste livro, considero que você já está equipado com as ferramentas necessárias para mudar a sua mentalidade e alcançar o mindset que o levará a conquistas muito além das que já realizou ou sonhou.

Você aprendeu como usar a autossugestão para reprogramar a sua mente e, com isso, habilitou-se ainda mais para superar crenças limitantes, construir uma excelente rede de suporte, enfrentar as adversidades, desenvolver a flexibilidade e a adaptabilidade, ampliar a sua força interior e construir uma mentalidade de riqueza, crescimento e prosperidade.

Você compreendeu, ainda, a importância de um mindset positivo, flexível e adaptável para a geração de riqueza plena e prosperidade em todos os aspectos da sua vida, e como o otimismo e uma perspectiva positiva são capazes de transformar não apenas as suas finanças, mas também os seus relacionamentos, a sua carreira e a sua saúde como um todo.

Para finalizar, aprendeu sobre o poder incomparável da autossugestão e como utilizá-lo com eficácia para alcançar suas metas, criando um mindset de riqueza que abrange todas as áreas da sua vida.

Ao adotar e aplicar essas lições em sua rotina diária, você está no caminho certo para construir uma vida plena, abundante, de crescimento, de prosperidade e de realizações.

Hoje você está consciente de que a mudança de mindset é um processo contínuo que exige dedicação e persistência, e que é necessário continuar a usar as ferramentas e as estratégias aqui apresentadas como uma base sólida para alcançar o seu potencial máximo e o sucesso permanente. E, também, que a cada pequena mudança você estará mais perto de alcançar seus objetivos e transformar a sua vida em uma experiência plena e enriquecedora. Lembre-se sempre de que nada acontece da noite para o dia e que é preciso ter paciência e perseverança. Tenha em mente que a prosperidade não é um fim em si mesma, e sim a consequência de uma mentalidade positiva e de uma atitude proativa.

Com essas lições valiosas em mãos você está pronto para a sua jornada rumo à riqueza plena e ao crescimento duradouro. Agora, está apto a enfrentar as adversidades de maneira eficaz, utilizando, para isso, a sua força interior e a sua rede de apoio, e sabe como manter e fortalecer o novo mindset adquirido, garantindo que as mudanças se transformem em hábitos fortes e benéficos.

Como eu havia prometido, apresentei a você a pedra filosofal de todos aqueles que sonham com uma vida rica, plena, bem-sucedida e abundante, e trabalham muito para conquistá-la. Ou seja, "ter uma mentalidade vencedora, um mindset de riqueza plena, de crescimento e de prosperidade". E também lhe mostrei os caminhos para transformar a sua mentalidade nesse mindset tão necessário para ter uma vida repleta de sucesso e felicidade.

Agora, posso dizer que você tem em mãos, no formato deste livro, uma pequena caixa de marfim, bem-construída e ricamente decorada, contendo um tesouro ancestral imenso: a sua pedra filosofal que lhe permite acessar um poderoso conteúdo que o ajudará a construir um mindset de riqueza, de crescimento e de prosperidade sem igual. Use este material para transformar a sua vida da melhor maneira que a sua mente puder conceber.

Recomendo, ainda, que você sempre mantenha esta caixa ao seu lado e a abra todas as vezes que sentir que precisa de um apoio, de um incentivo ou de uma orientação. Use a sua pedra filosofal sempre que achar necessário para construir as riquezas e a sua prosperidade.

Agora é com você. Não espere mais para começar a construir seu novo mindset em todos os aspectos da sua vida. Aplique as lições deste livro e inicie a transformação da sua vida hoje mesmo. O sucesso e a riqueza plena serão apenas consequências do seu melhor modo de pensar e agir. Então firme o passo, pegue o ritmo com obstinação e chegue aonde você quer chegar.

Lembre-se de que na construção desse novo mindset, a obstinação é essencial. Você tem que ser um verdadeiro obstinado. Seja obstinado que dá!

Abraço afetuoso.

JANGUIÊ DINIZ

Dados do Autor

É graduado em Direito pela Universidade Federal de Pernambuco (UFPE) e em Letras pela Universidade Católica de Pernambuco (UNICAP). Possui pós-graduação (*Lato Sensu*) em Direito do Trabalho pela UNICAP e em Direito Coletivo pela Organização Internacional do Trabalho em Turim, Itália. Além disso, possui especialização em Direito Processual Trabalhista pela Escola Superior da Magistratura de Pernambuco (ESMAPE). É mestre e doutor em Direito pela UFPE. Atuou como Juiz Togado do Trabalho do TRT da 6ª Região de 1992 a 1993 e como Procurador Regional do Trabalho do Ministério Público da União (MPT) na 6ª Região de 1993 a 2013. Também foi professor efetivo adjunto (concursado) da Faculdade de Direito do Recife (UFPE) de 1994 a 2010, e professor de Processo Civil da Escola Superior da Magistratura de Pernambuco, licenciado na Esmape. É professor titular de Processo Trabalhista no Centro Universitário Maurício de Nassau (UNINASSAU). Foi Reitor da UNINASSAU em Recife de 18/06/2014 a 01/10/2018, da Universidade da Amazônia (UNAMA) (Universidade da Amazônia) de 28/10/2014 a 19/09/2018 e do Centro Universitário Universus Veritas RJ (UNIVERITAS) de 18/01/2017 a 30/11/2018. Exerceu a função de Chanceler da UNINASSAU, da UNAMA, da UNIVERITAS, da Universidade Universus Veritas Guarulhos (UNIVERITAS/UNG), do Centro Universitário do Norte (UNINORTE) e do Centro Universitário Joaquim Nabuco (UNINABUCO).

Além de sua atuação acadêmica, Janguiê Diniz é o fundador, acionista controlador e presidente do Conselho de Administração do Grupo Ser Educacional, que é mantenedor das universidades UNINASSAU, UNINABUCO, UNIVERITAS/UNG, UNIVERITAS, UNAMA, UNINORTE, UNIFACIMED, UNESC, UNIJUAZEIRO, e das faculdades UNINASSAU, UNINABUCO, UNAMA e UNIVERITAS. Também é o presidente do Instituto Latino-Americano de Empreendedorismo e Desenvolvimento Sustentável (Instituto Êxito). Foi presidente do Sindicato das Instituições Particulares de Ensino Superior do Estado de Pernambuco (SIESPE) de 2001 a 2008, presidente da Associação Brasileira das Mantenedoras de Faculdades Isoladas e Integradas (ABRAFI) de 2008 a 2016. Além disso, ocupou o cargo de presidente da Associação Brasileira das Mantenedoras do Ensino Superior (ABMES) de 2016 a 2019, e atualmente é presidente do Conselho de Administração. Também foi presidente do Fórum das Entidades Representativas do Ensino Superior Particular (FÓRUM) de 2016 a 2019. É o criador e presidente do Movimento Filosófico Obstinados.

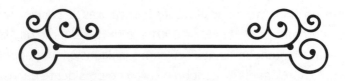

Bibliografia

1. SACKS, O. **Alucinações musicais:** relatos sobre a música e o cérebro. São Paulo: Companhia das Letras, 2007.
2. CHOPRA, D. **As sete leis espirituais do sucesso:** um guia prático para realização de seus sonhos. Rio de Janeiro: BestSeller, 2020.
3. CRICK, F. **The astonishing hypothesis:** the scientific search for the soul. Nova York: Scribner Book Company, 1995.
4. PINKER, S. **Como a mente funciona**. São Paulo: Companhia das Letras, 1998.
5. MURPHY, J. **O poder do subconsciente**. Rio de Janeiro: BestSeller, 2021.
6. HILL, N. **Pense e enriqueça**. Rio de Janeiro: Sextante, 2020.
7. SANCHEZ, A. Cuidado com o que você pede a Deus. **Esboçando Ideias**, 2009-2021. Disponível em: https://www.esbocandoideias.com/2010/08/cuidado-com-o-que-voce-pede-deus.html. Acesso em: 28 ago. 2023.
8. MURPHY, J. *op. cit.* p. 30. E-book.
9. CALDART, A. U. **Ative sua mente:** descubra como a neurociência pode alavancar o seu crescimento. São Paulo: Buzz, 2023. p. 21.
10. ZIGLAR, Z. **See you at the top**. New Orleans: Pelican, 2000.
11. CALDART, A. U. *op. cit.* p. 169.
12. BANDLER, R.; FITZPATRICK, O.; ROBERTI, A. **A introdução definitiva à PNL:** como construir uma vida de sucesso. Rio de Janeiro: Alta Books, 2019.
13. DINIZ, J.; MARQUES, J. R.; UEDA, E. **O poder da modelagem:** o sucesso deixa rastro. São Paulo: Buzz, 2022.
14. IMAI, M. **Kaizen:** the key to japan's competitive success. Nova York: McGraw-Hill Education, 1986.
15. BACH, R. **Manual do Messias:** lembretes para a alma avançada. Rio de Janeiro: Record, 2006.
16. DWECK, C. S. **Mindset:** a nova psicologia do sucesso. Rio de Janeiro: Objetiva, 2017.
17. JANGUIÊ, D. **Seja um fodido obstinado:** como transformar seu sonho em projeto de vida e tornar-se um autêntico empreendedor que cria riquezas! São Paulo: Gente, 2022.
18. MURPHY, J. *op. cit.*
19. DWECK, C. *op. cit.*
20. CALURA, S. Qual foi o real motivo da falência da Kodak? E como ela fez para retornar em 2020? **AAA Inovação**, 6 ago. 2021. Disponível em: https://blog.aaainovacao.com.br/kodak-motivo-da-falencia/. Acesso em: 2 set. 2023.

Bibliografia

21 IMAI, M. *op. cit.*

22 VAYNERCHUK, G. **Doze e meio:** potencializando os ingredientes emocionais necessários para o sucesso nos negócios. Rio de Janeiro: Alta Books, 2022.

23 SOUZA, L. A. Paracelso: cientista da saúde. **Brasil Escola**, 2023. Disponível em: https://brasilescola.uol.com.br/quimica/paracelso-cientista-saude.htm. Acesso em: 11 jan. 2023.

24 DWECK, C. *op. cit.* p. 206. E-book.

25 MURPHY, J. *op. cit.* p. 38.

26 HILL, N. **A filosofia do sucesso:** as 17 lições originais de Napoleon Hill. Porto Alegre: Citadel, 2023.

27 PROCTOR, B. **Você nasceu rico**. Curitiba: Editpress, 2018.

28 MILTON, J. **Complete works of John Milton**. Kiev: Strelbytskyy Multimedia, 2021.

29 SABATER, V. Reenquadramento positivo: como olhar para as coisas a partir de outra perspectiva. **A Mente é Maravilhosa**, 15 nov. 2021. Disponível em: https://amenteemaravilhosa.com.br/reenquadramento-positivo/. Acesso em: 2 set. 2023.

30 ELLIS, A. **How to stubbornly refuse to make yourself miserable about anything** – yes, anything! Nova York: Citadel Press, 2012.

31 BECK, J. S. **Terapia cognitivo-comportamental:** teoria e prática. Porto Alegre: Artmed, 2013.

32 ZIGLAR, Z. *op. cit.*

33 SITA, M. **NeoMindfulness:** mude sua vida em sete semanas. São Paulo: Literare, 2020.

34 DINIZ, J.; MARQUES, J.; UEDA, E. *op. cit.*

35 DINIZ, J. *op. cit.*

36 DINIZ, J.; MARQUES, J.; UEDA, E. *op. cit.*

37 DINIZ, J. *op. cit.*

38 ANDREI, M. Como a compra de uma empresa quase falida salvou a Apple da falência. **Blog do Iphone**, 23 dez. 2021. Disponível em: https://blogdoiphone.com/historia/apple-next/. Acesso em: 25 set. 2023.

39 J. K. ROWLING: conheça a história de superação da autora que vendeu mais de 500 milhões de livros. **Talentnetwork**, 31 jul. 2018. Disponível em: https://rockcontent.com/br/talent-blog/j-k-rowling/. Acesso em: 25 set. 2023.

40 ELLIS, N. Elon Musk: a trajetória do polêmico milionário. **Olhar Digital**. Disponível em: https://olhardigital.com.br/especial/elon-musk/. Acesso em: 25. set. 2023.

41 HILL, N. 2020. *op. cit.*

42 BROWN, B. **The power of vulnerability:** teachings on authenticity, connection, & courage. CD de áudio. Louisville: Sounds True, 2012.

43 TZU, S. **A arte da guerra**. São Paulo: Gente, 2021. E-book.

44 GOLEMAN, D. **Inteligência emocional:** a teoria revolucionária que redefine o que é ser inteligente. Rio de Janeiro: Objetiva, 1996.

45 ROSENBERG, M. B. **Comunicação não violenta:** técnicas para aprimorar relacionamentos pessoais e profissionais. São Paulo: Ágora, 2021.

46 DINIZ, J. **Gerencie seu emocional:** como administrar o seu império de emoções. Barueri: Novo Século, 2023.

47 CURIOSIDADES sobre Michael Phelps. **Globo Esporte**. Disponível em: http://app.globoesporte.globo.com/olimpiadas/10-curiosidades-sobre-michael-phelps/index.html. Acesso em: 25 set. 2023.

48 HEATH, C; HEATH, D. **Switch:** how to change things when change is hard. Redfern: Currency, 2010.

49 DINIZ, J.; MARQUES, J.; UEDA, E. *op. cit.*

50 COVEY, S. R. **Os 7 hábitos das pessoas altamente eficazes:** lições poderosas para a transformação pessoal. Rio de Janeiro: BestSeller, 2014.

51 CARNEGIE, D. **Como fazer amigos e influenciar pessoas**. Rio de Janeiro: Sextante, 2019.

52 TALEB, N. N. **Antifrágil:** coisas que se beneficiam com o caos. Rio de Janeiro: Objetiva, 2020.

53 MUSSAK, E. **Metacompetência:** uma nova visão do trabalho e da realização pessoal. São Paulo: Gente, 2003.

54 FILHO, C. B; MEUCCI, A. **A vida que vale a pena ser vivida**. São Paulo: Vozes Nobilis, 2014.

55 COVEY, S. *op. cit.*

56 KARNAL, L. **Diálogo de culturas**. São Paulo: Contexto, 2017.

57 DUARTE, L. O que são crenças limitantes, exemplos e como a Psicologia pode ajudar a superar. **Psicotér**, 8 set. 2022. Disponível em: https://psicoter.com.br/crencas-limitantes/. Acesso em: 2 set. 2023.

58 MERTON, R. K. The self-fulfilling prophecy. **The Antioch Review**, 1948, v. 8 n. 2, p. 193–210. Disponível em: https://www.jstor.org/stable/4609267. Acesso em: 2 set. 2023.

59 SAIBA o que são crenças limitantes e como vencê-las. **Alcântara Treinamentos**. Disponível em: https://alcantaratreinamentos.com.br/saiba-o-que-sao-crencas--limitantes-e-como-vence-las/. Acesso em: 2 set. 2023.

60 DINIZ, J. *op. cit.*

61 CUNHA, S. Crenças limitantes: veja o que são e 6 tipos de que você precisa se livrar. **Viva Bem Uol**, 11 nov. 2019. Disponível em: https://www.uol.com.br/vivabem/noticias/redacao/2019/11/11/crencas-limitantes-veja-o-que-sao-e-6-tipos-de-que-voce-precisa-se-livrar.htm?cmpid=copiaecola. Acesso em: 2 set. 2023; SAIBA *op. cit.*; SILVA, N. Veja o que é crença limitante e aprenda como seus tipos nos afetam! **Voitto**, 19 out. 2021. Disponível em: https://www.voitto.com.br/blog/artigo/o-que-e-crenca-limitante. Acesso em: 2 set. 2023.

62 ROOSEVELT, T. **The strenuous life:** essays and addresses. PortChester: Adegi Graphics, 1924.

63 CABEGGI, G. **Antes tarde do que nunca:** você tem o direito de ser feliz. São Paulo: Gente, 2010.

64 DINIZ, J. **O código secreto da riqueza:** as 12 chaves que lhe trarão sucesso, prosperidade e riqueza financeira. São Paulo: Gente, 2021.

65 ZIGLAR, Z. *op. cit.*

66 SHINYASHIKI, R. **Problemas? Oba!:** a revolução para você vencer no mundo dos negócios. São Paulo: Gente, 2016.

67 DINIZ, J. *op. cit.*

68 RIBEIRO, L. **O sucesso não ocorre por acaso**. Rio de Janeiro: Objetiva, 1993. Essa frase também é frequentemente atribuída ao poeta alemão Johann Wolfgang von Goethe (1749-1832).
69 KARNAL, L. **Todos contra todos:** o ódio nosso de cada dia. São Paulo: Leya Brasil, 2017.
70 SHINYASHIKI, R. **O sucesso é ser feliz**. São Paulo: Gente, 2012.
71 TZU, S. *op. cit.*
72 *Ibidem.*
73 MURPHY, J. *op. cit.*
74 ROSSI, M. **O que é impossível para você?** São Paulo: Buzz, 2016.
75 SHINYASHIKI, R. *op. cit.*
76 ROHN, J. **The five major pieces to the life puzzle**. Lake Dallas: Success Books, 2011.
77 VIEIRA, P. **Poder e alta performance:** o manual prático para reprogramar seus hábitos e promover mudanças profundas em sua vida. São Paulo: Gente, 2017.
78 HILL, N. *op. cit.*
79 EKER, T. H. **Os segredos da mente milionária:** aprenda a enriquecer mudando seus conceitos sobre o dinheiro e adotando os hábitos das pessoas bem-sucedida. Rio de Janeiro: Sextante, 2020.
80 TOLLE, E. **O poder do agora:** um guia para a iluminação espiritual. Rio de Janeiro: Sextante, 2004.
81 CARNEGIE, D. *op. cit.*
82 CARNEGIE, D. **Como evitar preocupações e começar a viver**. Rio de Janeiro: Sextante, 2020.
83 DINIZ, J.; MARQUES, J.; UEDA, E. *op. cit.*
84 CABEGGI, G. *op. cit.*
85 *Ibidem.*
86 ZIGLAR, Z. *op. cit.*
87 HEATH, C.; HEATH, D. *op. cit.*
88 CABEGGI, G. **Santo remédio:** tudo posso na fé que me sustenta. Edição do autor, 2014. E-book.
89 HEATH, C.; HEATH, D. *op. cit.*
90 SHAKESPEARE, W. **A tragédia de Hamlet**. São Paulo: Ubu Editora, 2020.
91 IMAI, M. *op. cit.*
92 HILL, N. 2020. *op. cit.*
93 *Ibidem.*
94 CABEGGI, G. *op. cit.*
95 MURPHY, J. *op. cit.*
96 BÍBLIA. Português. **Bíblia Online**, 2010. Disponível em: https://bibliaestudos.com/nvi/mateus/7/. Acesso em: 2 set. 2023.
97 CABEGGI, G. **Todo dia é dia de ser feliz**. São Paulo: Gente, 2006.
98 MURPHY, J. **Guia para o poder do subconsciente:** Reflexões para todas as semanas do ano. Rio de Janeiro: BestSeller, 2020.
99 *Ibidem.*
100 BÍBLIA. *op. cit.*
101 NAVES, L. **Visualizar, sentir e agir**. São Paulo: Instituto Lucas Naves, 2021.

LIVROS PUBLICADOS

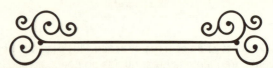

Este livro foi impresso
pela Gráfica Terrapack
em papel pólen bold 70g em
novembro de 2023.

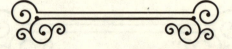